一点设计

新经济的召唤

设计明日世界

[英] 约翰·萨卡拉　著
马 谨　马 越　译

同济大学出版社
TONGJI UNIVERSITY PRESS

目　录

中文版序

今天，我们所面临的各种重大挑战的背后，有一道横亘于人造世界和生态圈之间的文化断层。我们要么根本不考虑河流、土壤和生态多样性；要么将它们视作资源，其存在的意义只是满足经济发展的需求而已。这道生命世界和经济世界之间的“物质转换裂缝”，让我们彷徨在意义和目的的迷雾之中。我们必须治愈这道破坏性的伤口。

这本书探讨的主题是关于如何将地方、社群和自然重新关联起来的设计。汲取半生周游世界寻觅真实世界行之有效的替代方案的经历，我在书中描绘了各种有生命力的经济形态在千姿百态的当地环境中欣欣向荣的实用路径。我认为，当所有这些项目汇聚在一起时，它们传达出一个“让世界变得更美好”的新的价值观，也绘制了一幅关于“增长”的新蓝图。在这幅蓝图中，增长意味着土壤、生态多样性和水体流域变得更健康，社群变得更富有弹性。

书中所写的这些关于转型的讯号，都不是抽象的概念，也并非生动的想象。它们正在发生，就在当下。但在谈论这本书时，我时常被问到同一个问题：那些小型的、本地的行动真的足以应对我们面临的全球挑战吗？

这些当下正在兴起的行动的数量和丰富多样性，是我针对这个问题的第一个回答。没有任何一个项目可以像“魔法橡实”[i]那样瞬间长成一棵参天的橡树。而健康的森林其生态一定是多样的，我们今日所见遍及全世界的社会创新行动所呈现的正是一种健康的多样性。

[i] 魔法橡实（Magic Acorn），网络游戏《巫师3》中增加技能点的优质道具。——译注

我的第二个答案是关于规模的。许多人（例如政府官员，或是大基金会的成员）告诉我说，若要应对我们面临的规模如此之大的挑战，大规模的解决方案是必要的。但我回答，那不是健康的自然界的工作之道。每一个社会的、生态的情境都是独一无二的，我们寻寻觅觅的解决方案必须基于无数的当地需求。存在一个正确的方法来拯救整个地球？世上哪有这样的事。

我的第三个答案与历史有关。人类历史上的大转型极少是由某个单一原因或行动导致的结果；它们是一系列各种各样、相互作用的过程和事件，以不同的节奏上演。德语单词“Eigenzeit”（适当的时间）很好地描述了这一现象：一个细菌、一片森林，或是一个经济体发生变化所需的时间各异，但它们都相互勾连。历史上也有过无数的例子，那些深刻的转型在当时看起来根本没有可能——直到它们真的发生：美国废除奴隶制；英格兰的妇女获得选举权；或是南非种族隔离制度的终结。纳尔逊·曼德拉(Nelson Mandela）曾有一句名言：“在事情未成功之前，一切总看似不可能。”这句话鼓舞了千百万人。

在这个背景下，为改变而设计，更多是关于创造令系统发生变化的赋能条件，而不是单一的解决问题的行动。

第一项，也是最重要的一项赋能条件，是具备生态思维的能力，一种将各种生命模式看作相互连接的整体的能力。将世界视为一张联系万物（人类、地方和自然）的大网，这种深深地植根于中国的文化，却已经被大部分西方国家遗忘。围绕城市的生态区域是研究这些联系（或者是联系的缺失）的最佳环境。生态区域的视角关注，通过我们生活的地方重新建立人类与生命系统、人与人之间的关联。它主张，我们生活在水体流域、食物流域、能源流域、纺织流域之中——而不仅仅是在所谓的市中心或是“农村”。

透过生态视角进行思考，为“增长”这个概念赋予了新的意义和目的。较之用诸如钱或 GDP 之类抽象的手段来衡量进步，在一片生态区域内的增长意味着土地的健康和承载力，以及社区的弹性发生了可观测到的改善。价值创造发生在对生命系统的照管之中，而不是在榨取“自然资源”的过程中。人们在这里使用的语言，讨论的都是如何照管看护系统，而不是“生产力”。

系统改变的第二项赋能条件，是关注社会。在发达国家，分享或是点对点式的经济被当作近年来的新鲜事物，但纵观历史，人们一直都在通过合作、分享资源来抚养家庭、教育后代、照管土地，并在困难时期相互支撑；以亲属关系为根基的社会系统和分享资源的方式，在中国、非洲、南亚和拉丁美洲有着深厚的传统。尽管在现代历史中这样的传统在很大程度上被忽略，它们在今时今日依然拥有巨大的潜力。我们需要问：过去发生类似的情况时，谁解决了难题？我们如何学习或是依靠曾经行之有效的答案加以解决？

系统改变设计的第三项赋能条件，是将设计的焦点从场所**营造**转向场所**连接**。曾经仅仅关注建筑物单体的建筑设计——或是为单件产品而进行的设计——都不再是重点；取而代之的优先考虑是**关系**。正如生物学家安得烈亚斯·韦伯（Andreas Weber）指出，这也是大自然工作的方式：生态系统的运作**正是**编织各种关系。

系统改变的第四项赋能条件，是一种新型的基础设施——社会基础设施——优先于具体的、硬质的基础设施。随着我们改变治理自己的社区和生态系统的方式，完全不同的行动者和利益相关者们需要一起共事。例如，探索社会和文化资源就需要一系列全面的技巧和能力：地理学家熟知当地地质地貌的知识；

生物学家对各种栖息地的特质了如指掌；生态学家对生态系统如数家珍；经济学家能够测算资金和资源的流线和漏损。众多专长的汇聚离不开有组织的支持。我们当前的学习任务，其规模之大、复杂性之高，虽然令人却步，但也并非史无前例。在从农业经济向工业经济转型的过程中，人们建立了无数的区域性组织来辅助转型。许多这样的组织可以换一个目的再次被用来做同样的事。

我们同样需要新型的企业：食品合作社、社区厨房、邻里餐饮、美食花园，以及食品分销平台，等等。在此类新型企业当中，关注不同群体如何合作的过程与决定要完成的事项同样重要，甚至可能更重要。我们所需要的社会基础建设正开始在新的社会和商业模式中萌芽：共享和点对点；作为服务的交通出行；公民生态学；食品与纺织品流域；转型城镇；生态区域；作为服务的住房；关怀经济，等等。特别是合作平台，它能够为服务共享提供有效的方式，在此过程中创造价值的人们得以公平地分享价值。

在对此类新型社会关系的基础设施发挥支撑作用的过程中，技术也占据重要的一席之地。再次兴起的礼物交换通过电子网络得以实现。移动设备和物联网便于当地人群分享设备和空间，或是通过去中心化的方式维护信任关系。技术能够帮助我们从交易型经济转变为关系型经济。技术还可以帮助人们在乡村环境中重拾合作的模式，包括分享、以物易物、借贷、交易、租借、馈赠、交换或者对调，如此一来，货币不过是众多具备保值或者交换价值的工具中的一种。

关注本地和社会并不意味着将国家或是国际层面的合作抛之脑后。我们可以在全球生态系统中利用技术连接项目、行动和个人。在生态区域内部，以及在它们之间进行的学习，同样可以通过天天在软件世界中找到所需的支持而不断升级。人们互相提问，这一切都是实时的。例如，“技术为善”（Tech For Good）这样的社群就在GitHub上不断保持更新。

这本书不讨论那些“定食式”的解决方案。它探讨在人类各种社会文化历史阶段中已经完成的局面上如何更进一步，它讲述正在发生的事，就在全球各不相同的土壤上。它呈现的积极改变，既有自上而下，也有自下而上；既有长期，也有短期。它激励我们所有人去寻找各种关联，有些已然存在且行之有效，有些需要我们去建立或是修复。地方的健康与生活在那里的人的健康，本质上是一回事——只是故事有许多不同的版本。

约翰·萨卡拉（John Thackara）

1

改变：
改善始于减少破坏

6 从坎普尔（Kanpur）通往勒克瑙（Lucknow）的漫长公路横亘于印度北方邦的广袤乡间。在一个尘土飞扬的十字路口，我们遇见一辆平板卡车载着一个硕大的屏幕。我们同十多个村民，其中四个骑着脚踏车，甚至还有一头母牛，都诧异地驻足观看。屏幕左半边的画面，也正是我们脚下的土地，恒河两岸辽阔肥沃的平原，被渲染成炎热、灰蒙蒙的糟糕样子。屏幕右半边描绘的则是更好的未来——繁忙的城市、自动化装配线，还有高速列车。在这个对比画面之后，是一段电脑合成的全屏幕动画——无数公寓楼从恒河两岸的茵茵绿草中如雨后春笋般破土而出。“欢迎来到跨恒河高科技新城！”画外音说道。

“愿幸运之神眷顾你。”我的一个年轻同伴在一旁咕哝了一句。“这简直就是现实版的《饥饿游戏》。”她向我解释，刚才那句话出自一部已经风靡全球而我还没看过的电影。它讲述了在一场世界范围的大灾变之后，一位名叫凯妮丝（Katniss）的年轻女子如何生活在一个反乌托邦[i]国度的故事。每年富人们居住的“国会区”会动用武力从周边地区的贫苦居民中随机征募青年
7 男女，组织一场名为“饥饿游戏”的电视真人厮杀秀。“愿幸运之神眷顾你”这句话便是电影中那个阴郁可怖的统治者宣布游戏开始时的台词——这场游戏最终将只有一人作为胜者生还。

这样看来，所谓的跨恒河高科技新城实在是像极了电影《饥饿游戏》中的场景：一座光鲜耀目、地界森严的大都市矗立于艰辛人世和凋敝万物的中央。跨恒河新城是开发商想要在扫除了乡间农家、剥夺了生态多样性的绿色原野上，通过一揽子承包合同打造的一百个新城之一。投资者们已得到承诺，政府将通过

[i] 反乌托邦（Dystopian），又称为“敌乌托邦”，指幻想中充满极端罪恶、恐怖和不公的国家或社会，与“乌托邦”相对。—— 译注

特别法律来确保数百万低收入印度人“被排除在这个宏伟基建项目的利益之外”。[1]这种消息已然让人对可能造成的环境和社会冲击忧心不已。但愈发加深这种忧虑的，是电视上随处可见的那些志得意满的洪亮聒噪，妄言这些开发建设是为了普罗大众的福祉。每当有反对的声音要求人们关注这些计划的负面影响时，不可一世的权势者就将不幸归咎于弱势群体自身：找个工作吧！更努力些！愿幸运之神终将眷顾你！

选择适当的词语来理解新的时代，这至关重要。一个人眼中的“能源枯竭时代”在另一个人眼中却可能是“能源转换时代”。谈到“潜在的危机”总让人不寒而栗；但让大家意识到危机已然发生，也许反倒少了几分恐怖。“增长的终结”听上去令人毛骨悚然，但这并不意味着是一切“生命的终结”。说起“文明的崩塌”，那真是一个恐怖的画面，但“新文明的诞生”这个说法似乎又带来了希望之光。自称是苦行僧式科学家的意大利物理学家乌戈·巴蒂（Ugo Bardi）曾经这样揶揄：“除了事物变化的速度比往常快了些，所谓‘文明的崩塌’到底是指什么？”[2]

在危险和崩塌的语境下，潜台词就是末日灾难即将来临。“末世论者”[ii]声称，工业文明已经开始分崩离析，我们所能做的，唯有在大难临头时开着满载枪支弹药和花生酱的皮卡躲到山林里求生。另外一种极端是乐观的科技拥趸坚信很快会有新的技术突破让这个世界能够照常运转。那么其他人是怎么想的呢？我身边的大多数人对周围发生的一切感到焦虑，但默不作声。他们忙于求职谋生，养家糊口，几乎无暇去思考什么“文明的崩塌”。但是他们，或者说我们，正在一点一点丧失安全感。

[ii] “末世论者”是指对未来持极端悲观主义者，他们相信人类社会注定会遭受例如人口饱和、气候巨变、污染、资源耗尽等生态灾难，导致工业文明毁灭、人口极度萎缩。—— 译注

8 充斥于媒体上的各种愚蠢建议其实完全于事无补：开特斯拉电动车？换个节能灯泡？——得了，都歇歇吧。

本书的内容恰是值得人们歇下来一读的。它将向你介绍伴随着全球危机的深化而兴起的第三波社会浪潮，远比那些背着来福枪的末世论者，或希冀于环保科技的梦想家们的格局更为远大。虽然这波浪潮仍然在主流媒体的视野之外，参与其中的群体和组织却已有百万之众，且仍在继续扩大。世界大多数地方都有不为人知的团体在埋头努力，试图自下而上地发展一种替代经济。你会在接下来的内容里读到，他们中有“能量天使”“风力法师”、流域管理专家，还有生物区域规划师、生态历史学家，以及城市护林员。除了移除水坝、恢复河道、收集雨水，人们还从事都市农业、经营种子银行、保护自然。你还将看到他们如何拆除建筑、翻新办公楼、修建谷仓，会遇见使用自然涂料的画家、绿色管道工、野营车基地再造师、土地共享中介，等等。这波浪潮还涉及电脑回收、硬件重组、织物的升级改造等领域，甚至当地货币的设计者也投入其中。行动者中还有社区医生、老年看护者和生态学教师。

对于大多数本书所提到的人来说，他们所投身的，绝不是类似生活方式那样的个人选择，而是势在必行的变革。他们中几乎没有人是为了赚取政治权力，或是为了准备参选而努力，凝聚他们的，是社会与团结经济[iii]这面大旗。不同的团体和组织都有各自的名字，比如“转变之城”“分享团”“点对点”“退行增长”“好生活”。他们中还建立了数制工坊、黑客空间，发起了创客

[iii] 社会与团结经济（Social and Solidarity Economy）是一种新经济形态，是指基于某一地区或社群，提升所在地的生活品质的各种非营利性活动，它不仅服务于社会目的，还希望通过体现团结性来伸张正义。—— 译注

运动。有些已经接手管理起一些被遗忘的建筑，包括城堡、停车场、港口、码头、医院，以及废弃的军事基地。还有一些组织致力于提倡慢食，为自然界维权，号召人们抢救种子，更不用说宣传“生物区域主义”以及“共有权行动”。我们的数字还在不断增加。在瑞典、比利时、法国、荷兰，以及意大利，有多达 12% 的具备经济能力的公民在为某种社会企业工作，而大量在家务和照料老幼过程中正在进行的无偿工作还未曾被计入其内。

9 虽然这些项目丰富多样令人叹为观止，在西班牙作家阿玛多・费尔南德兹－萨瓦特尔（Amador Fernández-Savater）看来，它们都“承载着世界新局面的信息”。[3]这个新局面贯穿着一条绿色的线索：人们日益清晰地认识到，我们的生命与周围的植物、动物、空气、水体和土壤是一种共生共存的关系。哲学家乔安娜・梅西（Joanna Macy）把这个新局面的出现称为“伟大的转折”——这是一次意义深远的转变，人们将重新思考我们是谁，重新认识到，作为地球这个复杂生态体系的一部分，我们与她不可分割。[4] 从亚微观的病毒，到树木赖以生存的、庞大的下层土壤网络，无不是上演这一巨变的舞台，各种生命、岩石、大气和水体之间复杂的相互作用，使得整个地球因此而生机盎然。从科学，同时也可以说是哲学的角度来看，地球不是一个各种呆滞资源的储存库。相反，健康的土壤、生命的体系，还有我们帮助生命体系再生的方式，诠释了一切经济活动的根本目的，而主流认识对此却从未提及。在这个新局面下，地球上生命的生生不息，才是唯一有意义的“增长”。

“有生命的经济”这一说法听上去颇有诗意，却语焉不详。你可能会问，它的纲领是什么？领导者是谁？这些都是过于老套的问题。对于这个润物细无声的转变，哲学家梅西女士的描述恰好与科学家对于复杂系统变化的解释异曲同工。根据他们的描述，各种各样的变化相互影响，相互干扰，长时间积累起来，直到整个系统到达一个临界点。然后，在某个无法预知的时间点，一次极其微弱的能量释放将触发巨大的能量释放，或者是阶段切换，整个系统也将随之而变。换言之，所谓的可持续并不能够被人为安排，或者从政客那里争取得到；它是一种通过无数次不同程度的渐进修正，并同时伴以剧烈突变而达到的状态。"所有伟大的转变都曾是无法想象的，直到它们真的发生。"法国哲学家埃德加·莫兰（Edgar Morin）强调道："一种信仰体系即便深入人心，也并不意味它就不能被改变。"[5]

所以，这是一本持乐观态度的书，但并非白日梦般不切实际的乐观。如果我试图让你确信即将呈现的各种案例，正是我们迫切需要的新经济的前奏，那首先我需要发掘那些隐蔽的有力论据，来证明为什么说"回归正常"实在是痴人说梦。

能 源

1971 年，地理学家厄尔·库克（Earl Cook）评估了在不同的经济体系中人们需要"从环境中获取"多少能量。[6] 他发现，一个现代城市居民每天大约需要 230 000 千卡的能量以维持生计。与之有着天壤之别的是，一万年前采集狩猎时代的一个原始人每天大约只需要 5 000 千卡即可生存。这种简单和复杂生活之间的鸿沟，自 1971 年以来还在加速扩大。一旦所有的系统、网络，以及现代生活所需的各种器具设备都被作为因素考虑进来（例如汽车、飞机、工厂、建筑、基建设施、供暖、制冷、照明、食物、水、医院、信息系统，以及服务于这一切的设施），那么，一个今天的纽约客或伦敦人人均消耗的能源和资源要比一个采集狩猎者高出大约 60 倍。换句话说，今天的美国人在一个月内消耗的能源和实物资源要比他们的曾祖父辈一生用掉的还要多。

只需冷静思考，这样的数据飙升轨迹已经足以让人警醒，然而我们依旧浑浑噩噩。我们偏偏忽视了一个事实，即：所有这些“需求”依赖于廉价、高效的能源不断增大流入。我们想当然的是一回事，而基本的数学计算、物理法则告诉我们的却是另一回事。任何实物或能源消耗的指数级增长，在一个有限的宇宙中都不可能无限持续。美国物理学教授汤姆·墨菲（Tom Murphy）耐心地解释说，即使未来我们的经济体系对于复合能源的消耗量降至低于今天的水平，我们仍将看到每 100 年增加10倍的结果；275年后，我们的能源消耗量将达到今天的600倍。当然，你可能会反驳说，难道经济增长不可以同能耗增长脱钩，由此自由地无限扩张？好吧，答案是否定的。财富的累积必定会增大我们的经济体对地球的物理冲击。“能量是做功的能力，它是一切活动的命脉。”墨菲教授这样解释道：“深入思考一下：让 GDP 基于一个固定的能源消耗量而实现无限增长，意味着所有
11 消耗能源的经济成分在整个 GDP 中的占比将不断缩小，直到小得可以忽略不计。但是吃饭、穿衣、供暖这样的基本需求永远不可能缩小到忽略不计的程度。各种经济活动固然有广阔的节能空间，但并不意味着它们的能耗有朝一日可以降低到零。”[7] 因此无止境的GDP增长绝对不可能发生。

我们这个世界，短期甚至中期内并不存在能源完全枯竭的危险。所以严格来说，我们所面临的，不是能源危机，而是高品质能源的危机[iv]，也就是说，短缺的是高效能、易获取、能方便

[iv] “Exergy crisis”字面意义为“有效能源的危机”。—— 译注

用于驱动经济的能源。基于热力机械的工业经济在其最具活力的时期就依赖石油进行发展，当时的石油即便不是自己涌出地表，也可以借助石油驱动的机械装备不费气力地从地下抽取。从那时起，我们依靠燃烧这种容易获取的燃料，一路高歌猛进，而能源开采的难度和成本却变得一年比一年更高。更糟糕的是，人类的物质社会也变得愈加纷繁复杂——想想那些电脑网络、航空系统、豪华医院——仅仅只是为了让“系统”保持运转，我们今天耗费的能源就远远高于前一代人用一个简单却有效的产品或服务解决问题所消耗的能量。

为了弄明白这些趋势将把我们带往何处，我前往位于伦敦的英国议会大厦。美国生态学教授查尔斯·霍尔（Charles Hall）受邀在这里做一个关于“能源的投入产出”（Energy Return On Energy Invested，简称EROEI）的讲演。他解释说，EROEI的核心原则，就是获取能源的过程本身需要消耗能源：如果这个过程需要太多的投入导致成本高企，那就不会获得投资，而我们也就无从得到维持整个体系运转所需的能源。霍尔教授给大家列出了长期以来在石油生产行业每消耗一桶石油用于开采所产出的原油数量变化：

20世纪30年代，可以产出100桶；

20世纪70年代，25桶；

20世纪90年代，15桶。

霍尔教授继续说，今天被鼓吹的大部分能源问题解决方案，从加拿大艾伯塔省的油砂开采，到西班牙的太阳能电池阵列，产
12 出投入比例都远远低于15:1这个门槛，而低于这个比例，就意味着生产活动是亏损的。“没有能源就没有经济。能源是一切的

驱动力！”霍尔教授这样总结道。这与汤姆·墨菲所说的“劣质的燃料意味着劣质的发展”不谋而合。演讲结束之后的全场肃静令我终身难忘。最终，一位资深议员起身感谢霍尔教授做了一个“非常有意思的演讲”，随后他补充说，“但是当然，对于作为民意代表的政治家来说，让社会财富减少是不可接受的。”言毕入座。而作为科学家的霍尔教授说，自己只是研究客观数据，对于政治政策则一窍不通，说完亦黯然入座。然后所有人都离场了。

对科技发展持乐观态度的人相信，技术创新将凭空带来可再生能源，让我们一切照旧、生活继续——但他们必定陷入失望。几乎所有转而拥抱可再生能源的雄图大略都罹患一个存在性缺陷：把全球的能源“需求”看作一个理所当然的前提，据此来计算满足这个需求的可再生能源的总量，然后——事情就变得有些模糊。绿色能源乐观主义者无法应对一个逻辑上的难点，那就是，部署“绿色”能源系统需要投入天文数字般的化石燃料能源，还有金钱。举一个简单的例子来说，一台风力涡轮发电机里面就有长达200公里的铜缆。如果我们只使用风能来生产、安装并维护风力涡轮发电机的话，那我们能看到的风力发电机的数量会少得可怜。对一个规模大到足以支撑今天工业社会的能源系统进行改造更新，需要巨额物资、财力，以及组织协调工作；而这些，在今天全球经历通货紧缩危机的情况下，都无从谈起。保险精算师、博客作家盖尔·提维伯格（Gail Tverberg）直言不讳地说：“且不论数学计算，或热力学，或最基本的逻辑是否说得通，单单是基建投资的资金匮乏就足以让整个计划寿终正寝。”[8]

用数学法则、物理学理论和基本常识来衡量，我们一厢情愿地相信一个能源集中型的经济体系在一个有限的物质世界里能够无止境地扩张，这可完全谈不上理性。更准确的描述应该是——“**习惯性**”。很多聪明人相信增长会永远持续下去，因为他们一生所见如是。他们深信，前进不可阻挡，因为至少在他们的有生之年，事物确实一直在进步。他们相信应该采取大胆的行
13 动而不用计较后果，因为未曾出现过任何负面的后果，或者更准确地说，他们未曾亲身经历过负面后果。他们相信人类生而特殊，前进步伐永不会停止，因为没有任何前车之鉴让他们有理由做别样的思考。理性、进步、主宰大自然——这些当今时代的神话都是石油驱动的故事。米尔顿·弗里德曼（Milton Friedman）在20世纪50年代阐述的经济思路主导了政治话语并绵延至今，而当时一桶石油的价格只有区区3.5美元。

金 钱

能源峰值发生的时间点和严重程度是个有争议的话题，但越来越多的人却乐于将我们的经济困境归咎于金融行业。这种责备是被误导的结果。那些衣冠楚楚的金融男女中固然少有能博人好感的，但与其说他们是一个功能失调的系统的主宰，不如说是这个系统的囚徒，而这个系统，就是我们的资金体系。资金体系的命运，现在看来，与能源体系的命运紧密相连。金钱和能源，本质上应该被看作是一体的。

在写这本书之前，我曾经有一些模糊的揣测：银行所做的事情似乎就是从一部分人手上收集储蓄，然后把资金以贷款、抵押贷款、信用卡消费的形式借给另外一些人。其实完全不是这样。虽然银行业声称他们的核心工作就是“借出”资金，但其实不如说是“**创造**资金”。当你从银行借钱时，银行会通知你钱

“转入”了你的账户，但那些钱既不是从银行金库取出，也不是从别的地方汇出，这些钱都是在此时此地刚刚被创造出来的。银行创造出来的资金中，只有一小部分是有实际资产与之对应的——比如与房地产或者金条相关的交易，那些资产都安全地保存在他们的金库里；而大多数时候，他们只是随心所欲地创造出贷款。更加奇妙的是，即使你我现在得到了资金去消费，这
14 些贷款在银行的账目清单上都被记录为资产。依据似乎是因为你我付给银行的贷款利息对他们来说是一种持续稳定的利润。并且许多银行经理通过成功放贷可以得到佣金，这样的机制激励着他们尽可能多地放出贷款。

当一个经济体在增长时，这种特殊的动态活动并没有太大问题：人们购买更多的商品，就会更频繁地使用银行提供的信用卡，而企业也会申请到贷款来生产更多的商品提供给市场，贷款利息就会被付清。但当经济增长停滞不前时，例如由于缺乏低价能源来驱动经济，新的资金不再流入这个体系，一种破坏性的恶性循环便会取而代之：企业无法支付贷款的利息；违约罚金不断翻倍；工人失业；人们被迫节衣缩食；企业减少贷款申请；进入经济体系的新资金愈发萎缩——债务危机由此加重。

对于这种资金体系雾里看花般的逻辑，人们很难透过数字去真正了解。在写这本书的时候，全球债务估计有200万亿美元之多，但是这样一个数字究竟意味着什么？好，我们这样来看：想象有一个世界政府，负担着这200万亿的债务，决定以每秒1美元的速度进行偿还。以这个速度来偿还100万美元需要11.5天；偿还10亿美元需要32年；而偿还所有200万亿美元，需要650万年。[9] 再联系能源方面的难题一起来看，这就是为什么无论我们多么希望一切能像过去那样继续发展，也不可能如愿。

正如盖尔·提维伯格所说：“经济无止境地增长，就必须要让仓鼠的滚轮越滚越快，直到仓鼠累死为止。”[10] 所以，将仓鼠的死之将近归咎于金融从业者完全是没有抓到问题的要点；推动那个轮子的，是“资金－能源”体系本身。

增 长

如果对于经济增长的狂热只是为了追求数字，我们尽可将其当作无伤大雅的幻觉抛诸脑后。但资金并不只是一个抽象概念。正如墨菲教授和霍尔教授在前文中解释的那样，在现实世界里，资金是真正驱动事物运转的力量。而当一个系统必须增
15 长才能存续，而且它所衍生的都是破坏性的事物时，结局将是毁灭性的灾难。

我曾参加过一次瑞典某著名家居行业巨头召开的会议，该公司有 200 位负责可持续发展的专员出席，在那里我见到了为了增长而增长的宗旨给企业带来的严峻后果。经过 20 多年艰苦努力，这家公司在可持续发展方面已经做出了数千项经过严格测试的改进，它们都被记录在一张“开放的清单”上面。改进的范围之广令人惊诧，甚至让人心生崇敬，但唯一的问题是：这家庞大的公司从未质疑过它自身是否还应该继续增长。相反，这家公司决心在 2020 年实现体量翻番。到那时，每年它遍布各地的庞大门店接待顾客的数量将从目前的 6.5 亿增至 15 亿。但这一切是为了什么？在会议上做出这个增长计划简报的高级经理为其提供了背景原因：“我们需要增长，以此资助针对可持续的改进，而这些改进是我们共同的目标。”

请让我以木材为例，来说明这种论据存在的致命漏洞。作为

世界排名第三的木材消耗大户，这家公司已经承诺，到 2017 年，其所消耗的木材中的一半是回收木材或来自其自营林场，而目前这个占比为 17%。相对于 17%，50% 确实是一个巨大的进步，但这也引出了一个问题：消耗的那另外 50% 木材从何而来？随着公司的体量翻倍，没有任何证明文件、无可靠来源地的另一半木材，将是这家公司目前总用量的两倍。这家公司对于林业资源的胃口对全世界森林造成的冲击将是骇人听闻的。我在瑞典所遇到的那些有才华、有决心的人才——还有全球数百个大企业的可持续发展团队——他们正面对着一个可怕的两难境地：无论他们如何努力工作，无论他们在生产流程中堵上多少漏洞，在今后几年，我们仍将看到他们所效力的企业的经营活动将给世界生命系统带来更为巨大的净负面影响。所有这些都是拜复合经济增长所赐。不管多少公司声称它们的产品在可持续方面是经过验证的、有资质的，或者有证书的，只要增长仍是一个企
16 业的第一要务，任何让这个世界“尽可能不受损害”的承诺都是一纸空谈。

如果我们的主要问题仅仅是缺乏数据，那么帮助可谓唾手可得。经过各国间的通力协作，一整套名为“生态系统和生物多样性经济学”（The Economics of Ecosystems and Biodiversity，简称 TEEB）的财务统计工具把大自然给各行各业提供的“服务”都标出了价格；很多政府和企业已经签字加入这一框架。[11] 不幸的是，TEEB 却让事情变得更糟。虽然其初衷是让企业了解生态系统的价值，从而给予系统更多的呵护，但是 TEEB 提供的数字，好比海水里的血滴，也吸引了掠夺型投资者的注意。各种生命体系——水域、矿产、食物，还有土地，现在都被转变成了“金融化”的资产，被渲染成抽象概念，成为新的投机筹码。[12] 这些

财务工具经过设计，能产生强大的激励效应，刺激它们的拥有者加速“剥削”潜在资产。这种把大自然商品化的行为还催生了一个同样有害的相关现象，它被称为“生物多样性的补偿”。就是说，由采矿、开发自然绿地或大型基建项目对生态系统造成的破坏，可通过在别处人工创造一片自然环境来进行“补偿”。[13] 这个主意对于那些挖掘矿藏或者浇筑混凝土的公司来说太伟大了，它也为无数的中间商提供了工作机会，但实际产生的结果却是对环境的加速破坏。大自然独特而又复杂，有些生态系统经历了数百年的发展才达到它们今天的状态。“生物栖息地可以随心所欲地重建”不过是又一个虚假承诺。[14]

风 险

以上提到的严峻形势绝非盲目悲观的揣测。全球风险管理的中心伦敦劳埃德保险社[v]已经警告，“中短期内有可能发生一场石油供应危机”。另据资本热点世界经济论坛（World Economic Forum，简称 WEF）的报告，石油峰值论只是“反乌托邦种子”清单上的一项而已，即导致未来大灾难的众多原因之一。这项调查报告列出的重点还包括一种杀手级的病毒大传
17 播、失控的通货紧缩、令全球互联网陷入彻底瘫痪的地磁风暴、全球食品短缺，以及“史无前例的地球物理灾变”等。[15] 世界经济论坛认为，这些位列榜首的趋势性风险“是对我们最关键的系统提出的健康警告”。认为前景暗淡的，不仅仅是世界经济论坛一家。《全球风险》（*Global Risk*）报告对经济做了悲观预测，《全球趋势2030》（*Global Trends, 2030*）报告同样也对地缘政治和安

[v] 伦敦劳埃德保险社（Lloyds of London），也称“劳合社”。—— 译注

全问题提出了悲观看法。[16] 这后一份报告，由美国国家情报委员会发布，报告警告说，“我们正处在人类历史的关键时刻……自然灾害有可能导致政府垮台。”气候学家和生态学家也重申了这一警告。例如，斯德哥尔摩复原力中心（Stockholm Resilience Centre，简称SRC）已经勾勒出九个“行星生命边界”，即行星生命系统最关键的几个极限，是我们万不可逾越的边界。[17] 然而SRC给出的图表已经相当可怕：九大系统中，我们已经越过了四个系统的红线，而这还只是针对已知的风险而言。更加可怕的，是所谓“生态突发灾害”的可能性：一种会发生在一个或多个自然或人造系统中的彻底改变，可能是突发的、非线性的、毁灭性的。复杂系统研究员诺亚·拉福德（Noah Raford）解释道，太多的相互关联使得系统非常脆弱，很容易发生“相变”[vi]，这个词事实上可不像听起来那样温和无害。兰福德解释说，当一个系统达到了一个关键状态，“即使是最微小的变化也会触发

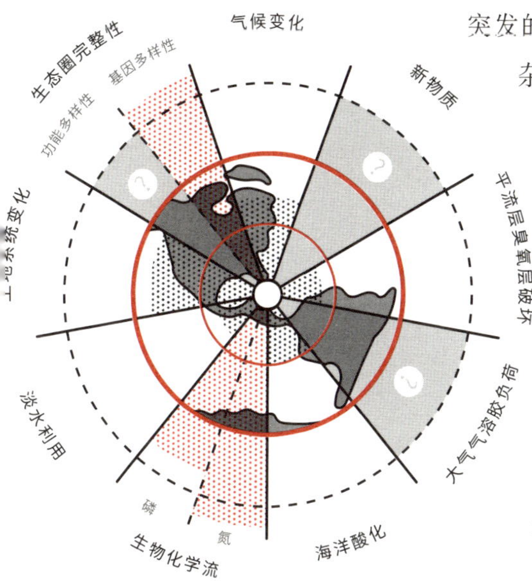

超过不确定区域（高风险）
尚在安全区或不确定区（风险增加）内
界限未量化区域
不确定区边界
安全区边界

* 根据瑞典斯德哥尔摩复原力中心的行星生命边界图重绘。见**尾注17**

[vi] 相变（phase transition），指物体状态的彻底变化，或者从一种事物转变成另一种事物。—— 译注

大规模的波动和崩塌”。[18] 我们知道这些事件有可能发生，但我们并不知道具体什么时候发生；它们完全不可预测。

所有这一切对于末世论信徒来说，都是他们今朝有酒今朝醉的理由，但不是每个人都觉得我们该把这些危机当真。相反，一些在你我眼中意味着“风险”的趋势，却被另一些人视作机遇，得到他们的由衷欢迎。对某些技术狂来说，系统互相依赖度的增加是个好消息；这标志着我们的经济体在一个“进化的上升通道”里，向着“后生产”模式进军。[19] 世界经济论坛也很不屑“界限”和“限制”之类的说法；在其充满悲观论调的报告里，危机仍然被说成是我们应该满怀欣喜努力抓住的“转型机遇”，从而“改善世界的状态”，并追求“未来的增长……这一关键目
18 标”。[20] 而关于复合型经济增长有可能是威胁生态圈的种种趋势的始作俑者这一点，报告中却毫无认知，只字未提。至于在一个星球上保持指数级的经济增长有违物理法则和数学计算这一事实，[21] 同样也直接被无视了。

我并非要否认“弹性”(resilience)的存在。有一本书[22] 提供了一个完美的解释:“[弹性即]恢复到原有状态的能力。”这正是人们所渴望的。麻烦在于，不管是在动态的还是其他什么语境下，很多人把弹性理解成是一种新的风险管控方案，让他们有机会继续像过去那样做事。“在一个日益复杂的世界，震荡打击不可避免。”一个评论员说，“我们只能准备更好的避震器。”如果我们身处的这个世界的确是一条坑坑洼洼的柏油碎石路，那这个比喻还算贴切；然而，世界并非如此。如果一定要用比喻来形容的话，不如说，那些我们正在驶过的“颠簸”路面，正是被我们碾压的各种生命体系消亡后留下的遗骸。

物质变换裂缝

为什么居然有人想要这样碾压过去？有权有势的人并不愚蠢，为什么他们如此执著于一个导致生态灭绝的系统？在我看来，最好的解释就是在人类和地球之间存在着一道“物质变换裂缝”[vii]。也就是说，各种铺装整洁的地表，加上无处不在的媒体，让我们完全丧失了对生态系统的健康状况的认知。[23] 对此蒂莫西·莫顿（Timothy Morton）的说法令人印象非常深刻，他认为关于物质变换裂缝的正确理解就是“生态灾难已经发生了”。[24]

物质变换断裂能够被修复吗？托马斯·库恩（Thomas Kuhn）在他 1962 年所著的《科学革命的结构》（*The Structure of Scientific Revolutions*）一书中，使用了一个新词语“范式的转变”来描述科学世界观会周期性发生的颠覆性变化，这种变化在发生的当时看似是突发性飞跃。[25] 其实在这种“突然的”世界观的范式转变发生之前数年，甚至数十年，科学家们就会注意到很多与当时的主导范式不相符的异常情况。我们对于“进步”和“经济”的理解，是否即将迎来一次“范式的转变”？对于“生物圈是一个能为永无止境的增长提供动力的资源库”这一现代神话，我们是否有坚实的理由去乐观地相信它会被新的故事取代？

19 在接下来的章节中，我会阐述为什么说一个历史新局面的确正在浮现。这个新局面将是一个基于社会能源的经济体系，需要的资源仅仅只有今天消耗量的 5%——那不仅现实可行，而且会让这个世界变得更美好。这不是想象中的未来乌托邦；但我们今天就要采取行动，努力让人类历史的这一新篇章进一

[vii] 物质变换裂缝（Metabolic Rift），语出卡尔·马克思，后成为马克思主义生态哲学、经济哲学等领域的重要研究议题。—— 译注

步浮现，并成为现实。德国全球气候变化咨询委员会（German Advisory Council on Global Change，简称WGBU）这一重量级科学团体为德国联邦政府提供了关于“地球系统大趋势”的专业意见，这份意见书认为，“紧扣这些主题的全球价值观的转型”已经逐步开始。[26] 这种后唯物主义思潮不只限于富裕国家的环保主义者。在韩国、墨西哥、巴西、印度，还有中国，WGBU发现，相当规模的主流社会“支持雄心勃勃的气候保护措施”，并且乐意迎接一个有助于实现环境保护目标的“新型经济体系”。[27] 虽然 WGBU 描述的观念尚属“潜在”，还有无数的法律条款、机构惰性都将是重重阻碍，意见书的结论是：实质性的政治和社会变革已经确凿无疑地发生了，并且正在不断发展。

由此也出现了一个有趣的问题：如果科学世界观会发生深刻的范式转变；如果“生态突发灾害”会像科学家们展示的那样彻底改变自然体系；如果今天的国际格局会像军事智囊团预测的那样向“多极化”转变；那么，我们就有理由期待，一个文化信仰体系的深刻“相变”正在为新生事物的发展传播开辟一条绿色通道。其发展的结果更是会让所有人欢呼雀跃。如果说，在网络时代，即便是微不足道的行动也能为整体的改变添砖加瓦，那么，我们迄今所付出的热忱但微小的努力或许不会白费。就像拼图游戏，随着一小片一小片的增加，全貌才逐渐得以展现。

2

扎根土地：
从治愈土壤到
像森林那样思考

20 我曾在法国塞文（Cevennes）山区小住。烈日炎炎的一天，我在山麓上把骨粉、干血粉、碎牡蛎壳和草木灰混合起来，撒到用木块、细树枝、树叶、麦秆逐层堆起的小丘上。每一层都要撒上这种粉末状的矿物质和生物催化剂，就像烹饪时用盐和胡椒粉调味。经过这样的制备，才会更有利于植物根系的发育，促进土壤内微生物的繁殖和腐殖质的形成。虽然给塞文山脉增加这样一个小土堆花了我们六个人整整一天的时间，我们的老师罗伯特·莫雷兹（Robert Morez）却说，它将在未来四年甚至可能更长时间里为植物提供养料，并能有效保持水分。[1] 这个活动的邀请函上说，我将学到“如何建造生物密集型培植堆”。但我所想到的是，这是我有生以来第一次制造土壤，而不再是仅仅向其索取。

在劳作间隙我们小憩片刻，给自己也补充些许“养分”。这时我又了解到，健康的土壤本身就是一个生命系统——是地球上最密集、最多样的生物共生共存的媒介。一餐匙土壤里大约有 500 亿个微生物；单单一铲土包含的生物数量就多过地球上出生人口数的历史总和。[2] 在我们脚下，同样存在着一个智能互联的世界。那里发生的难以想象的各种复杂互动支撑着我们
21 所有人赖以生存的植物群落和食物网。在一片原生林[i]中，有数百万种极其纤弱的菌根真菌在地下和植物的根系彼此相连，形成一个下层土壤中的庞大神经网络。交织互嵌的菌丝体钻入它们栖息的土壤，在地下形成了一张膜状的信息分享网络，它们能意识到外界变化，并做出反应，一同守护其生长环境的长期健康。这个看不见的庞大网络不仅传递水和养料，它也会远

[i] 原生林（Old-growth Forest），是指一个森林已经达到非常长久的年龄而没有遭到显著的干扰，从而表现出独特的生态特征。——译注

距离传播信息；要知道，一株典型的菌根真菌的菌丝长度会是树根的几百倍甚至数千倍。植物之间可以通过传递化学物质进行通信，[ii] 从而激发应对寄生虫的防御机制；当相隔遥远的某处的植物受到昆虫侵害时，尚未受到攻击的另一处植物会发展出更强的抵抗力。真菌学家保罗·斯塔梅兹（Paul Stamets）将这些网络叫作“大自然的互联网”，他推测，真菌可能是某种全球范围的跨物种交流中的一环，有朝一日人类或许也将学会参与其中。[3] 这个广大无边却看不见的网络本身不仅能自给自足，它还决定了所有陆生生态系统是否能够保持健康的吐故纳新，包括我们人类自己。我们的食物当中有 99% 都来自土壤。[4] 詹姆斯·梅里韦瑟（James Merryweather）对此的解释令人印象非常深刻：所有生命体——动物、植物、细菌、真菌，以及其他一切——无不是这个世界级、多层次的互助共存网络的一部分。[5]

直至到塞文山来的前一天，我对这一切都一无所知，没有一星半点的了解。我为自己的无知懊恼不已，但又对这些新知识深深着迷，忍不住开始进一步探究。我了解到，一万年前当人类发现用犁耕地能让农活变得轻松一些时，我的祖先们浑然不知正是密集耕作让那张广袤但纤弱的地下网络变得支离破碎。他们不知道真菌与植物相互依赖而生存，用犁翻开土壤就打断了生产食物的流程，而这个流程经历了数百万年的演进才得以形成。在一派快乐的无知中，我们不顾一切地犁地，经年累月，才幡然领悟，我们需要越来越多的资金、运输、能源和进口原材料来生产粮食养活自己。用工业化方式去生产的食物越多，我

[ii] 也称化学通讯（Chemical Communication），指生物之间利用向环境释放或排放的化学物质并借助感应器官进行信息交流。——译注

们对土壤这一生命系统造成的破坏就越严重。使用重型机械更
22 加速了这种破坏，它们把土壤夯实，植物的根系在地下难以伸展——土壤储水和导水的能力也随之减弱。随着生产的增长，更大面积的土地被翻搅割裂，受到风雨侵蚀。使用劣质水源进行灌溉，滥用化学合成肥料，以及土地盐碱化，都让形势变得愈加恶化。两个世纪以来的工业化生产所造成的土壤污染更是让这一切雪上加霜：全世界有 300 万个地方遭受重金属和矿物油的毒害。并且，每年有大面积的健康土地被直接覆盖，用于造楼、铺路、建设机场。[6]

因此，“世界依靠高科技农业才得到了充足的粮食”这一说法是非常有误导性的。真实情况是，产业化的农业生产是一种竭泽而渔的生产方式；土壤中的养分被“开采”后得不到复原。自第二次世界大战至今，我们毁坏的土地和印度的国土面积相当，[7] 而今天，每年我们损失的健康土壤均摊到地球上每个人头上，是 3.4 吨之多。[8] 当最早的挪威移民抵达明尼苏达州的古德修县（Goodhue）时，一些地方的黑色表层土曾经深达 2 米；而现在，却只有 30～90 厘米。[9] 在英国，科学家已经发出警告，大不列颠未来将只能迎来 100 次像样的收成，这一切都拜过度耕作所赐。[10]

治愈土壤

治愈土壤的代价有多大？土壤的自然形成是一个极其缓慢的过程，有时需要数千年之久；但是越来越多的有识之士发现，如果遵循正确的方法，这一过程可以奇迹般大幅提速。澳大利亚土壤科学家克里斯汀・琼斯（Christine Jones）博士是这个领

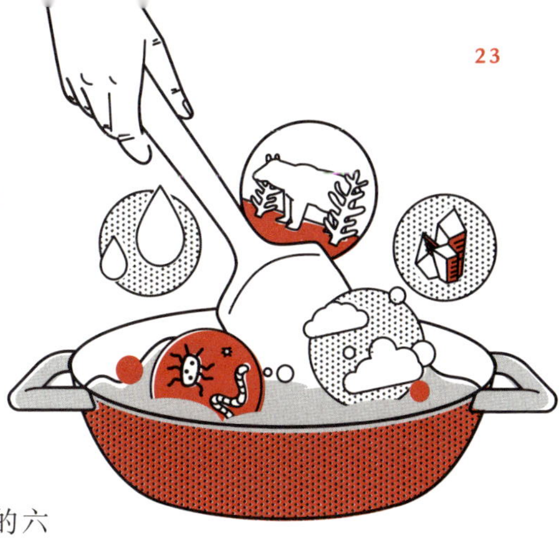

域的先锋人物之一，她已让人们看到，在特定的生物质[iii]和植物根系更新的自然作用下，可以快速、自然地形成新的表层土。土壤形成的六个关键要素，被琼斯博士戏称为她的“烹饪配方”：矿物质、空气、水、土壤中的生命（包括植物、动物及其副产品）、土壤上的生命（涵盖如前），最后，是她称之为“间歇性、补丁式的干扰机制”。“只有活土才能生成新的土壤，”琼斯解释道，“土壤中的生命会创造适宜的环境，容纳更多的生命，并制造更多的土壤。这就是为什么说健康的地被植物、大量的根系生物，以及高度活跃的微生物活动，是产生新的表层土壤的基础。”如果农民把覆盖作物作为天然肥料，三至四年后会产生1厘米厚的新土壤。更妙的是，如果把这些作物的经济收益计算在内，再生土壤的净成本将是负数。[11]

在津巴布韦开展的一个名为“希望行动”的项目，[12] 表明这些土壤再生方法已经大规模见效。2 600 公顷以上龟裂退化的草原已转变为丰饶的牧场，并伴有多处池塘和溪流，即使在旱季也不会干涸。更令人惊讶的是，这是在放牧牲畜数量急剧增多的情况下取得的成果。“希望行动”将一个名为“全局管理”的方法应用于其牧场的经营实践，这个方法由前野生动物学家、

[iii] 生物质（Biomass），指所有的植物、微生物，以及以植物、微生物为食的动物及其生产的废弃物。生物质能则是太阳能以化学能形式储存在生物质中的能量形式，它一直是人类赖以生存的重要能源之一。—— 译注

农场主、政治家艾伦·萨沃利(Allan Savory)研究发展了50多年。萨沃利的方法建立在他所洞察到的一个基本事实之上：牧草的生存依赖于动物的啃食。早在人类涉足之前，这片土地上的食草动物和多年生的草本植物便已经在共生共存中一起进化。当食草动物群落自由迁徙，还有捕食者伺机跟随其左右时，它们会在草地上集中便溺。没有动物喜欢沾有自己粪便的食物，于是它们不得不停留一至三天之后就离开，直到排泄物被风化干净之后才可能回来。

食草动物在草原上成群结队地徜徉，把土壤踩踏得更加坚实，同时也用富含养分的排泄物滋养了土壤。萨沃利的方法本身是与大自然全方位协调一致的，它促进植物生长，新增的牲畜有助于人们重建生计，同时通过全局管理方式，野生动物数量也有所增加。牧草依靠食草动物来帮助它们完成腐败过程。如果像捻角羚和非洲黑水牛这样的大型食草动物消失，老朽的牧草只能靠自然氧化作用缓慢地腐坏。当百万吨的植物保持直立姿态自然枯萎后，阳光会被遮蔽而无法抵及地面上的嫩芽；到了来年，整株植物将宣告死亡。草木的死亡导致地表裸露，沙漠开始蔓延。

24 踩踏作用对于植被的健康至关重要，了解这一点的其实远不止萨沃利一人。早在20世纪70年代初，德克萨斯和亚利桑那的农业研究院就设计制造出机器来模拟一度常见的大型食草动物群在土地上造成的物理效果，比如曾经漫步北美大陆的数百万头野牛。像迪克森压印机这样的机器曾经在美国西部数千英亩土地上被用来打碎表层土壤的结壳，并在土地上制造压痕和参差变化，同时，让植物倒伏，成为覆盖在土地表面、对土壤健康至关重要的枯落物层。这种被称为“压印”的技术沿用至今，还有多个国家的农业实验室都开发了滚轧机械来模拟水牛群的牛蹄踩踏，把天然绿色肥料和植物茎秆碾入土壤。[13] 问题是，这种方法并不能帮助修复土壤。这些机械实在太笨重。一头大水牛大概有1吨的重量，而在超大型农业中使用的怪兽级拖拉机可重达45吨。这样巨型的机械只要驶过一次，就会对底下的土壤造成可怕的破坏。

而在艾伦·萨沃利看来，有血有肉的动物的蹄子、嘴巴和消化系统可以更为有效地完成这项工作。动物不需要消耗化石燃料，而且可以零成本地持续往复工作。大型食草动物能踩碎土壤表面的结壳，但不会破坏下层土壤，打破表层的硬壳可以让土壤充分吸收水分和空气，从而让更多的植物发芽生长。当食草动物受到猛兽捕食的威胁时，作为应对，它们会集中起来成为一个密集的大群，这时它们的踩踏效果就更为显著。因此，“希望行动”采用一种萨沃利称为“掠食者友好型”的方式管理牧群。“我们不去猎杀狮子、美洲豹、鬣狗、野狗，或非洲猎豹，它们的存在会驱使动物四处移动，从而让土地健康发展。”每天晚上牧群会被圈护在具备防狮能力的移动式畜栏（corral，在非洲南部称为“kraal”）里。大型动物的蹄子也会让土壤变得紧实，“被马蹄踩到过脚的人都会明白。”萨沃利说笑道。但这种紧实程度恰到好处，能让植物种子和土壤完美接触，有利于种子发芽。园丁会在幼苗或播下的种子周围用力踩上几脚，也是为了紧实土壤。反刍动物还会帮助草本植物更快地回到土壤表面，如果没有动物来访而任由植物自然枯萎倒伏，这一过程会缓慢得多。人们只要观察一头奶牛或水牛如何踩踏和排便，便能了解这点。简单来说，把植物转化为枯落物层或者动物粪便是完成生物腐败过程的重要部分。这一点，模拟动物的机器根本无法做到。

重要的是时间，不是数量

有旱雨季之分的草原需要周期性的干扰来保持整体健康，但干扰必须恰到好处、不多不少。过度放牧的问题是时间造成的，而不单单是牲畜的数量。长时间的动物踩踏会让土壤粉末化，从而更容易遭受风雨侵蚀；如果动物们停留太久，和任何东西过剩时一样，过多的粪便和尿液就会变成污染物，用工业化规模经营的被称为“饲育场”的养牛场很快受到了这个教训。不管那边有一头还是一千头奶牛，萨沃利解释说，这都不是太重要；重要的变量是时间。像踩踏、排便、排尿之类的高强度的物理冲击，被安排在很短的时段内发生，它们穿插在让植物和土壤生命复原所需的较长时段之间。不超过三天的放牧，之后需配以三到九个月的恢复期，这成为一条管理指南。但是，因为他们采用的是整体管理，希望行动的牧民没有依从抽象的时间机制。每一片土地，在每一个时间点上，都是独一无二的。

萨沃利利用增加牲口数量来逆转土地沙漠化，这对传统的土地利用和农业发展方式是一种颠覆。虽然“绿色革命”[iv]极大地增加了全球粮食产量，但在这一过程中，由于化肥、高强度灌溉和重型机械的依赖，破坏了农业赖以生存的生态环境，也导致相关联的社会体系的倒退。所谓的生产型农业单纯地追求效率提升、产出增加，大规模投入杀虫剂和除草剂，只关注眼前的收成，并将大量的牲畜圈养在污秽不堪的饲养场里。但是萨沃利说，好消息是，通过重新生成被覆盖的、富含有机质的、生机勃
26 勃的土地，他口中的“褐色革命”将修复所有这些破坏，这一革

[iv] 绿色革命（Green Revolution），指20世纪30年代至60年代之间兴起并广泛采用的致力于全球农业增产的技术转化研发。—— 译注

命的最终成果是让数百万人口回到土地并且从事农业生产。“宏观来看，失去生物多样性、沙漠化、气候变化，并不是三个独立的问题，它们根本就是同一个问题。”萨沃利这样说，“如果不能逆转土地沙漠化的趋势，气候的变化不可能被彻底解决。”世界上湿润多产的地区需要大力发展新的农业模式，模拟当地环境中自然生成的多层次植被结构，建立小型化、生物多样的农场。未来大多数的粮食、水果、坚果和蔬菜，以及大多数的奶制品和部分肉类都将产自这样的农场。萨沃利倡导的这种模式也有着巨大的社会效益。全球有 13 亿人口受雇于小规模畜牧业，并为大概 9 亿最贫困人口提供生计，其中相当一部分是妇女。他们将在帮助土地复原的努力中扮演着重要角色。

虽然萨沃利将这些真知灼见称为“常识”，为了给自己提出的方法做出科学解释，他已奋斗了 50 年。他一生中大部分时间都在和传统农业研究者做抗争，他们曾经竭力反对，并试图“证明”萨沃利的方法无效。虽然姗姗来迟，主流学界最终对萨沃利方式的认可标志着科学界对于能量和营养在生态系统里如何转化的理解已发生了深刻的转变。萨沃利从牧场所获得的洞察，已经被针对植物、动物，以及陆地、水生和海洋生态系统的生物学研究结果证实，动植物和生态系统之间的互动情况亦佐证了他的主张。人们终于明白，系统作为整体的属性，并不能透过科学家们此前单独研究其局部，随后将局部相加的方式进行解释。为了回避复杂性，我们曾经受到单纯依靠扩大规模来增加粮食产量的强烈诱惑，然而，扩大规模这样一个在汽车制造或者计算机软件开发领域行之有效的管理方针，在应用于土地时却适得其反。

像森林那样思考

如果保持土壤肥沃是生态农业的一条核心原则，那么，另外一个核心原则就是必须做出比市场更长远的思考，甚至长于人
27 类个体的寿命。我们需要像森林那样思考，而不能像一台机器。在加拿大新斯科舍省的温德霍斯（Windhorse）农场，詹姆士·W. 德雷舍（James W. Drescher）是“富集型林业”实验的现任管理人，这个实验历经了整整四代人——而对于森林来说，这只是弹指一挥间。“温德霍斯农场在一个非常古老的领域里处于非常领先的地位。”德雷舍说，“对于森林来说，生物物质就是财富。”因为一片健康的森林必然有着丰富的生物多样性和大量的碳储备，保持其长期健康的关键在于如何守住创造出来的财富。德瑞彻意识到，保存财富，依赖于大量死亡林木非常缓慢的分解过程。那些朽烂的木头正是森林的生命力所在，在一片原生林中，几乎有一半的动物在枯木的里面、表面，或者在其周围生活，德雷舍这样解释。护林员是土地的管家，而不是工厂的经理，因此他们会精心挑选，决定哪些树到了采伐的时机而哪些树需要被移除。大多数死去的树，或者自然倒伏的树，会被留在原地。在一个林段只采伐生长速度最缓慢的树木，这样森林的总体活力才能得到提高。出于相似的思路，最高的树永不会被砍伐；这样能提高整体林冠高度。在一个林段里，数量处于劣势的树种会得到保留，从而保护物种的多样性。林间小径不是用水泥而是用锯末和树皮铺就；动物和植物可以沿着这些连接走廊迁徙和扩散。值得注意的是，这个“森林健康第一”的方针也能确保经济效益，实际上，比起主流商业化林业一刀切的砍伐方式，它能带来更大的收益。德雷舍说，如果我们在 1840 年将加拿大阿

卡迪亚地区 40 公顷的森林砍伐一空，随后在 1890 年、1940 年和 1990 年分别再彻底砍伐一次，总共获得的木材数量要比每年使用选择性轮伐方法的收益少得多；而且，那样做的话，今天在那片土地上我们将遍寻不见任何一棵有商业价值的树木。

当今追求短期利润的思想大行其道，很少有人有这样的智慧和技艺来让一座森林在一个世纪甚至更长的时间内实现收益最大化。但是温德霍斯农场的实验放眼未来，它已经证明，尊重而不是伤害同样生活在那里的各种生命形式的方法，也可以
28 成为人类的谋生之道。林业最主要的产品是森林本身，而不是卖出去的木材。从这个角度来说，温德霍斯的育林法并非提供了一个可以任意复制的样板，而是为我们确立了一系列必须遵循的原则。将这些原则付诸实践，需要辛勤的研究、专注的观察、有洞察力的分析，以及充足的投入。护林员、育苗场负责人，以及其他花费大量时间在林间漫步的工人，德雷舍把他们每天的实际工作描述为“深度静止”：他们研究、观察、反思、工作，并且像德雷舍所说的那样，“投入很多很多时间努力让人类的干预越少越好”。[14]

“全局牧场管理法”和“零干预育林法”听上去可能依然是边缘理论，或许，目前来说的确如此。但在越来越多的现实案例中，可以看到人类和生命系统之间可贵的相互依存正在回归。你会在后面的章节中读到更多的例子，但是在这里我想告诉诸位，人类修复与土地的紧密联系，并积极主动地帮助土壤复原，必将成为未来世界的主流意识。在瑞典的斯德哥尔摩复原力研究中心，珀·奥尔森（Per Olsson）和他的同事们正在收集越来越多关于如何以健康的方式在土地上生活的真实故事。[15] 奥尔森把这些实例称为“社会生态系统”，不同的社会群体在将土地

和土壤的利益放在首位的前提下，寻求途径来分享权益、责任和权力。

生态区域

研究者口中所谓的“基于生态系统的自适性管理”，其核心是一个社会过程，也是一个文化过程，与技术无关。对土地的归属感，以及对土地共同的责任感，是把不同的群体凝聚到一起的社会纽带。生物区域这一全新的政治和地理概念，正在让这些纽带变得更加牢固。

用国境来划分土地已经是过时的做法。在南半球，很多边界线是当初殖民列强在沙地里划线决定的，因此城市和乡村的布局关系尤其扭曲；在南半球250个最大的城市中，有将近一半是由曾经的欧洲殖民当局建立的。在美国，也是如此，大多数州县的
29 边界线也是任由完全不了解这片土地的人在地图上用直线划分得来。当前，一种基于自然区域的治理城市及其周边地区的新途径正在兴起，这使土壤、流域和生物多样性的再生成为可能。“生态区域”（bioregion）从字面和词源上来说，就是“生命的地方”，用罗伯特·赛耶（Robert Thayer）的话说，生态区域的边界是自然形成的，而不取决于任何政治或经济边界。它的地理、气候、水文和生态学的特质，也就是说它的物质转换机制，是复杂且独特的。[16] 生态区域的理念也重新定义了人工世界：和能源、水、食物、生产、信息一样，人工世界只是众多生态系统之一，并与其他系统有着千丝万缕的相互作用和相互依存关系。生态区域考虑了流动、生物走廊和相互作用。它也考虑了大城市的吐故纳新和“毛细作用”，河流和生物走廊都被给予了应有的位置。[17]

一场日益高涨的世界性运动正透过这个新视角来看待我们的城市——但透过这个视角看到的绝不是玫瑰色的幻想。现代的生态区域理论并不是追求回到一个完璧无瑕的自然，或者说回到未遭染指的过去——难道生态变化还真能够完全复原？生态区域的真正理念在于，我们的福祉与生命系统的活力密切相关，我们的努力应当聚焦在这些系统和它们之间的互动上。生态区域不是野生动物园；它们与城市景观相融合，让城市本身成为一个生态体系，并具备承载我们的潜能。[18]

照 管

策略的改变是对巨大文化转变的回应，因此，“土地使用”这个概念正让位于“土地**照管**”。“照管”(steward）一词（来源于古盎格鲁 - 撒克逊语 stigweard）最原始的意义是“为缺位的国王托管”。这个词的含义几经演变也包含了“为离开的业主代理地产”的意思，但现在，更为常用的意义是关于照管环境。像森林管理委员会（Forest Stewardship Council）这样的机构，提倡负责任地照管森林；海洋管理委员会（Marine Stewardship Council）也在努力促进可持续发展的渔业，维护以捕鱼为生、为食的人口的长远利益；在英格兰，田园管理计划(Countryside Stewardship Scheme）维护了乡村景观之美及其多样性，保护和拓展了野生动物栖息地，保留了历史遗迹，令荒芜的土地重生，
30 使人们更好地享受乡村生活。越来越多的教育项目把自然和文化联系起来，并促进人们去了解两者之间的紧密联系。例如，最近有一个叫作“土地生命”的欧盟项目，将土地照管推广成为各国政府达成约定的生物多样性目标的手段之一。[19] 在土耳其，全

国有数百名教师通过一个专门的课程，获得“具备生态学资质的教育工作者”资格认证，课题涵盖从“土壤侵蚀”到“合乎道德规范的林业”等多方面内容。而他们的教室就是一个林木示范园。[20]

伴随着栖息地网络在有活力的边缘地带不断生长，照管的概念正悄悄地从“边缘”渗透进入主流的土地管理之中。篱笆、水渠、河岸、水道、荒地，还有森林，所有这些边缘栖息地都是生物多样性的港湾。当繁花遍野的草原地区被牲畜啃食或被人类收割后，这些边缘地带在筑巢季节的首尾为动物们提供着饲料植物。边缘栖息地也是动物筑巢和冬眠的所在地；这些地方有非常多的草丛和啮齿动物废弃的洞穴，因此提供了相对遮风挡雨且不受干扰的环境。整体来看，这些边缘栖息地也起到了把多个大面积的栖息地连接起来的重要作用。在英国，一个名为“篱笆链接”（Hedgelink）的机构把农民、规划师、环境保护主义者和当地社区组织起来，参与一个全国范围的“篱墙生物多样性行动方案”（Hedgerow Biodiversity Action Plan）。各个志愿者团体收集了广泛多样的数据，从篱墙的年数，或者是否建有沟渠，到篱墙所在土壤的类型，或者篱墙间隙的位置。[21] 蕴含生物多样性的其他景观生态位，还包括学校操场、圣林[v]、公园、公路周边区域、工业园区和医院。丹麦政府正致力于发展自然的“田地边缘的生态群落交错区”，在高度开垦的农田之间开辟不施杀虫剂和添加剂的缓冲地带。这些缓冲地带应该有多宽，固然值得商榷，但有一份政府报告主张宽度至少是 6 米。这样的地带将吸引很多允许猎杀的鸟类前来觅食，因此农场主还可以从打猎爱好者身上赚取额外的收入。[22]

[v] 圣林（Sacred Grove）是指对某一文化具有特别的宗教意义的树林。—— 译注

苏格兰的福克兰庄园（Falkland Estate）建立了一个“照管
31 中心”，创始人尼尼安·斯图尔特（Ninian Stewart）确信建立土地照管新模式的时机已经成熟；他的主张是，“师从过往，把握今天，创造出一个可持续发展的未来”。和今天典型的管理机制相比，斯图尔特的方法把他所谓的“思考的范围圈”扩大到了未来，并远离了私利。他说，我们需要“约束当今社会的国王们，阻止他们轻率地开采、消耗和破坏我们的社会和生物资产”。[23]“世界正在召唤更多的负责任的长远考量。”斯图尔特在邮件中告诉我：“在这样一个时代，追求速度、利润和消费正在破坏我们这个世界的可持续性，采取更为警醒、长远的道德投资，并且广泛关注社会各阶层，这才是明智的做法，才是高质量监管的标志。”

生态区域的理念在实用、文化和生态等多个层面都颇有道理。通过把土地的健康，以及土地上生活的人作为整个故事的核心，生态区域给未来的新经济——而不是我们眼前的这个夕阳经济——设定了框架。正由于它的核心价值是照管，而不是永久增长，生态区域调转了全球体系的发展方向。生产将由一段时间以来的土地健康水平和承载力所决定——这个因素将被持续监测，而不再让人无止境地滥用土地，一味追求粮食或棉花达到更高的亩产量。决策者将是从事土地工作，且最了解土地的人。价格将由土地能够承受的产出量所决定，并确保农民获得足够的收益。对于“增长”的衡量，应该取决于土地、土壤、水体是否变得更健康，社区的复原能力是否变得更强。

生态区域的理念已经开始发挥作用，修复前文提及的物质变换裂缝。它提醒我们，我们今天居住的城市不是能够脱离土地的空中楼阁。和“可持续”这样的抽象词相比，生态区域这一理念在某些方面有着巨大的动员力。这个词激发人们去寻求实际可行的方法来重新建立与土壤、树木、动物、整体图景、能量系统、水体，以及所有生命所仰赖的能量来源之间的关系。

当然，对生态区域以及“全局图景”[vi]的管理相当复杂。生态区域无法被简单划入任何一个城市规划类别，无论是中心区、
32 附属区、农村，还是工作区、休憩区、娱乐区。生态区域是一种自然和人类加工后的生态系统交错组合的马赛克式格局，并且会随着生态、历史、经济和文化进程的互相影响而时刻发生变化。[24] 它们的面积也大小不一，小至几百，大到几万平方公里。生态区域的治理，没有现成的规则：每个社区必须自行摸索，度身定制。[25]

生态区域治理的工具尚在开发之中。美国西北部有数所大学联合开设了一门关于生态区域的课程，这将塑造未来的专业人士从事因地制宜的发展的方式。这门课程由来自普吉特湾（Puget Sound）和卡斯卡迪亚（Cascadia）生态区的专家们亲自授课，分为很多课题，例如生态系统健康、水体和流域、地方情感和意识、生物多样性、食品体系和农业、伦理道德和价值、文化和宗教、循环和系统，以及公共参与理论。[26] 已经完成的项目是非常珍贵的财富，它们进一步证明了生态区域理论已经不再是仅仅停留在纸面的学术课题。多个跨学科研究小组评估了水质数据，因为这是生态系统健康水平的重要指标；他们还绘制了当地流域的河道地图；探明地质情况、水文情况、土壤和当地城镇的山体稳定性；分析开采金属矿藏的环境成本；研究历史上原住民在本地区的生活方式，并讨论如何将他们的经验智慧

[vi] 全局图景（Whole Landscape），在上下文中强调将当地的生态系统当作一个整体看待的含义。而“landscape”原指风景，也有全貌、形势的意思，在这里为避免将城市或者乡村的生态系统仅仅当做“景观”对待，故特地译为“图景”。—— 译注

与当今发展的新模式完美结合。如果说生态区域这个名称本身还未被世人熟知，其背后蕴含的思想却已经开始影响自上而下的方针政策。超过 50 个国家的政府和主要机构——从非洲野生动物基金会，到世界银行——都已承诺，在他们追求可持续发展的过程中，将努力遵循“全局图景方法”。[27]

土壤和灵魂

关于生态区域的思考和行动，有实践范畴，也有精神范畴。我们天生的审美倾向便是乐于与世界建立密切联系。当你读到这里可能会问，现代人怎么可能会对土壤的健康产生兴趣，尤其
33 是居住在城市里的人们；大多数城市居民思考的多半是如何与他人互相联系，而不是与土壤建立联系。在当今世界，我们当中亲眼见过或亲手碰过土壤的人只有一半都不到，如果要城市居民对蚯蚓产生同情心，听上去确实过于苛求了。

多年来我一直怀有这个疑虑，直到有一天，在瑞典一座小岛上的所见所闻令我醍醐灌顶。50 名设计师、艺术家和建筑师，聚集在一起成为暑期学校的学员，他们被要求探索两个问题：“这个食品体系的味道如何？”“这片森林是如何思考的？”生活在城市的设计师们对“有生命的土壤”产生了浓厚的兴趣，显然我的担忧一直是庸人自扰。就像推开了一扇虚掩的门，在这座叫格林达（Grinda）的小岛上，我们的学员们在森林里四处“摸爬”探索。他们设法捕获森林的味道，并保存在罐子里。他们用森林里的野生浆果烘制饼干，和游客以物易物。他们开辟了触感丰富的小径，这样我们可以用脚来感知森林。一名拉脱维亚设计师制作了松果糖浆，并送给了老师，这让老师欣喜不已。有一个团

队还设计了一个“品尝土壤”的仪式。他们提取了岛上 10 种不同的浆果制成果味浸剂，并把从每种浆果生长地点采集来的土壤样本放在葡萄酒杯中一同展示。随后我们受邀去静静地品味用天然浸剂泡制的茶水，并和土壤的味道进行比较。这是个极具冲击力的时刻。我的结论是，系统思维一旦和系统**感受**相结合，就会发生真正的变化——而这正是我们所有人期待的结果。

“我们向往互相联系，向往同灵魂相连。”阿拉斯泰尔·麦金托什（Alastair McIntosh）写道：“但我们却忘了，我们同蚯蚓一样，也是土壤的一个有机体。我们同样需要扎根于土地。”[28]

3

守护水源：从收集雨水到恢复河流

34 巴西有一种高大的热基蒂巴树，[i] 它每天会汲取数百加仑的水，输送到高耸入云的树冠。它无需借助抽水泵，也不消耗电力，更不需要像现代城市那样耗费大量金钱和资源建造基础设施。在我看来，热基蒂巴树是一个鲜活的象征物，它象征着在未来，我们或许能够重新基于对当地生态和水资源情况的深入了解，因地制宜地利用水资源，并做出相关的思考和决断，而不再粗暴地使用能耗巨大的机械方式从别处抽调水源。几个世纪以来，人类挖掘水渠，建造水坝，分流河道，用水泥填埋河流甚至整片水域，肆无忌惮、不计后果。我们在河流湖泊上建造城市，向水中倾倒垃圾污物。自然界从远古时代起缓慢积累所得的地下水被我们以百万倍的速度攫取挥霍。我们的水坝星罗棋布——光大型水坝就有 4800 座，且数量还在不断增加，[1] 生物种群悉数被迫迁徙，所有水域、河口和潟湖的水文地质平衡被打破。我们以产业化的规模攫取地下水也导致了气候加速变化。我们不断从自然形成的集水区域和地下蓄水层抽走水资源，河流由于水量不足无法抵达海洋，蓄水层枯竭，沙漠进一步扩张。地表的植被消失后，能吸收雨水的绿色生物质亦不复存在；云层裹携来的水汽消散殆尽，生机勃勃的生态系统就此被沙漠彻底取代。

35 热基蒂巴树对全世界的设计师和城市规划者来说是一种启发，因为人们正面临着水资源供应日益不稳定的难题。这个问题，虽然稍加留意便会发现，但我们却视而不见。正是由于第一章中提到的“物质转变裂缝”，我们从未认识到水体本身也是一个活的系统这一现实； 如果我们谈到水，所想到的无非是从水龙头里流出的液体。为了看看我们的认知和现实相隔多远，不妨试一试以下这个思维试验。想象一下，如果你把 500 瓶一升装的水倒

[i] 热基蒂巴树（Jequitibá tree），卡林玉蕊属，生长在巴西的高大乔木。— 译注

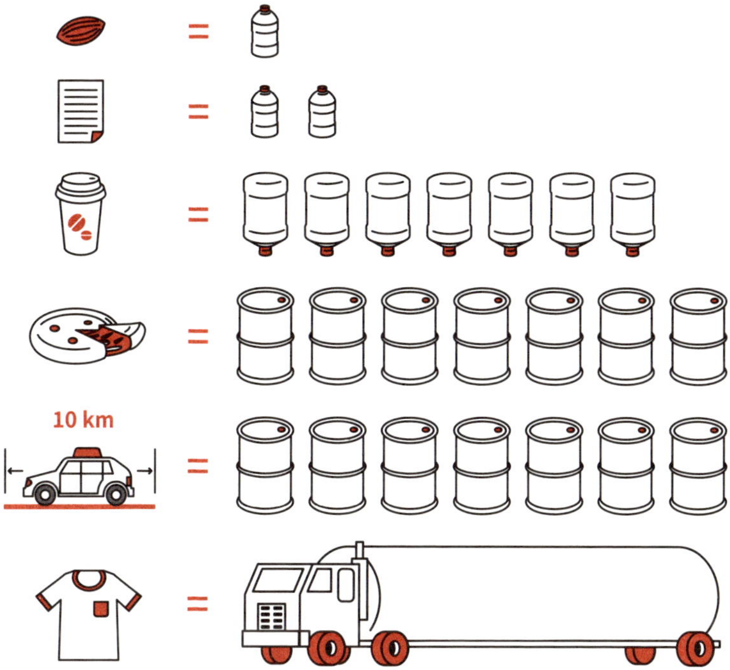

入一个巨大的罐子，并背着它行进80公里，一年365天，天天如此。搬动这么多的水听上去相当艰辛吧？事实也的确如此——这就是维持一个美国人一天正常生活所消耗的水量，以及这些水被运输的距离，其中包括在农业、制造业、汽车清洗、窗户清洁、洗衣、庭院中的装饰性水池、健身俱乐部、游泳池、维护高尔夫球场等各方面人均用水量份额的总和。热带度假村中一名游客一天消耗的水量，是一个当地居民100天的用水量。种植制造一件T恤衫所需的棉花，需要2700升灌溉水；生产一张办公用纸，需要10升水；[2] 用1500升水种植的油料作物，生产出的生物燃料才刚够一辆汽车行驶10公里；一杯咖啡所需的咖啡豆，需要浇灌140升水；一个玛格丽特匹萨的背后消耗了1455升水；[3] 在加利福尼亚的中央山谷，这里每出产一颗扁桃仁就需要消耗

4 升水——并且，我会在第五章里提到，这里的扁桃仁，85% 都会出口到中国和印度。

这疯狂的现实并不能单单归咎于当今的资本主义经济。在干涉水体自然状态这一点上，工业时代之前的人类社会其实与今天别无二致。历史上，人类热衷于建造各种隧道、水渠和大坝，数量之多令人瞠目。[4] 在埃及，人们建造了无数暗渠将水井连接起来，形成了覆盖尼罗河西岸辽阔沃土的灌溉网——这可是早在公元前 500 年。在今天的伊朗，有 2 万多处建造于 3000 年前的暗渠至今仍在发挥作用。1153 年至 1186 年之间统治斯里兰卡的国王帕拉克拉玛巴胡（Parakramabahu）甚至声称："但凡雨水，未经利用，滴水不得入海。"这位日理万机的国王在他统治的 33 年内，建造并修葺了多达 65 座水坝，3910 条运河，163 座大型水库，以及 2376 处小型蓄水池。帕拉克拉玛巴胡为后世的
36 斯里兰卡历任君主开创了大兴水利的传统；这个岛国如今拥有 1000 多个水坝，每平方公里土地拥有的人造水利设施数量举世无双。[5]

甚至早在罗马时代，我们的城市就已经和有生命的水资源系统相隔离，城市的基本设计决定了这一点。那时的人们想办法通过建造特定的工程结构来"除去"不需要的水。罗马人最早设计了与建筑环境相结合的快速输水系统，用来保持土地相对干燥，这些系统不仅提供饮用水，还排放生活废水。历经许多世纪，这些"硬质"方案——污水管道、下水道、水处理工厂，以及类似的设施——已经逐步淡出人们的视野，它们被生态学者口中的"表层不透水区域"（Impervious Surface Area，简称 ISA）所覆盖；它们之上是不断扩张的公路、停车场、机场、建筑物、车道，以及人行道。中国是 ISA 面积最大的国家，但是从人均来看，美

国以每人分摊到297平方米的ISA拔得头筹。[6] 和面积大小相比，ISA的物理位置的意义更为重大：大多数的表层不透水区域都位于主要的流域盆地，对自然水域有着最大的人为影响。在印度，人们都说河流是文明的摇篮——而人类文明最终却成了河流的坟墓。

数个世纪以来，人们对所有这些基础建设并未给予关注和思考，直至我们迟钝地意识到，随着气候变迁，许多水利基础设施已经不再适用。[7] 例如，降雨的频率降低，但雨量变得更大，我们现有的很多水库显然太小而无法容纳额外的水量，因此在下游地区暴发洪水的可能性大幅增加。遭受水患的房屋业主会向官员们怒吼“必须做点什么”来保护他们最大的资产——即便如此，他们所能想到的措施也无非是建造更多我们已经无力承担的硬质设施。此外，在千余年时间里大兴土木建造水利工程，导致大量自然水体湮灭之后，我们现在才幡然醒悟，池塘和植被、自然的溪流、溢水缓冲区和漫滩的存在，其实都是城市健康的标志。

37 可持续的城市排水系统

摒弃建造水利设施这样的“硬质”工程似乎是一个艰巨的转变，但这个意义深远的变化却也来势迅猛。水资源管理的新典范，也称为“水敏型城市设计”，其特点就是回归到钢筋水泥输水系统出现之前的城市的自然水文状态。我们的着眼点，将从建造水库和污水管网这样的高熵工程，转换到“柔性”的生态系统，以保持水资源的自然状态为优先；这种方式规模小且本地化，可以保存水源、改善水质、减少洪水和水土流失，并促进植被恢复。在街道层面，可持续的城市排水系统（Sustainable Urban Drainage Systems，简称 SUDS）需要重新设计屋顶、人行道、街道和停车场。取而代之的，是依靠雨水灌溉的花园、地表湿地、恢复原貌的池塘和溪流、芦苇荡，还有蚯蚓的栖息空间。当然，我们也需要一些新设备来使城市变得更“水润”：雨水采集罐、大型储水囊系统、灰水[ii]管道、沉淀池、物理过滤器、用于系统监控的智能感应器、新的维护系统，等等。但设备只是整个解决方案中相对较小的部分。水资源收集在很大程度上都是简单、低技术含量的工作。

体力劳动和草根社会组织，是该项工作最重要的“成分”。在地区和国家层面的预算都面临极大压力的情况下，越来越多的社区正在亲力亲为采取行动，从一座座住宅、一条条街道做起，恢复城市的水文面貌。在美国亚利桑那州的图森市（Tucson），年降雨量只有区区 305 毫米，那里的居民正与非营利组织及当地企业一道，积极参与水资源保护和采集工作。“水域管理集团”（Watershed Management Group，简称 WMG）是一个先驱性的非营利组织，其最初灵感来自于亚利桑那大学“水域管理项目”的 5 位毕业生。[8] 他们注意到，绝大部分的环境保护项目都把目标放在农村、自然保护公园，或者纯粹的荒野地区，而完全忽视了他们日常生活所在的城市街道。因此，他们的关注点落到了城市，通过一种互助合作计划，WMG 帮助住宅业主们在他们各自的宅院内以最低成本进行雨水收集。业主一旦加
38 入这个互助合作计划，将作为志愿者贡献业余时间参与建设别人家中的雨水收集设施，其志愿工作时间会被记录并得到累计。

[ii] 灰水（Greywater），是指所有家用或者办公单位产生的废水（但不含厕所污物），包括来自洗涤槽、淋浴、浴缸、洗衣机、洗碗机排出的废水。—— 译注

当贡献的工作时间积攒到一定数量后，这位业主就可以为自己的房子开启一个雨水收集设施的建设项目，而小组中的其他业主会来贡献劳动。一般而言，一个这样的工程需要 6 至 15 人参与合作，而且其中至少包括一位专家成员。现在亚利桑那州各地已拥有 12 处 WMG 示范点，人们可以看到如何在真实的日常生活中进行雨水收集。该组织还建立了自己的培训计划：他们的“雨水收集设计证书”覆盖了绿色基建、高级蓄水池应用、灰水的高级应用、小规模水土流失的控制，以及河岸复原等多个课题。为了获得协调统一、可持续的设计，越来越多的建筑师、景观设计师、规划师、创业者和社区管理者都参与到他们的培训中去，学习如何对住宅区和商业网点进行改造。

在印度，人们也已经可以感受到来自草根阶层谋求改变的努力。维斯玛纳特（S. Vismanath）是一位在水资源管理计划方面有三年经验的资深人士，在他看来，“超级本土领导”是解决世界上超大城市的卫生和水资源问题的关键——即便这场战斗似乎败局已定。例如，印度的班加罗尔一度被称作千湖之城，但城市化导致的破坏、任意倾泻污水和逐步的蚕食致使如今只剩下 34 个湖泊勉强保持着原先的健康状态。[9] 但是，维斯玛纳特告诉我，趋势也许真的正在发生逆转，越来越多的成功案例就是证明。其中一个名为“丑陋的印度人”的运动，尤其具有启发性。这个运动由班加罗尔的设计专业学生发起，旨在清理简陋的公共厕所、被垃圾覆盖的人行道、非法垃圾场等对水供应造成极大污染的源头。[10] 一些小组会单方面采取行动，比如他们会清理一条人行道，随后他们会与这条街上包括拾荒人、店主、城市环卫工、乱抛垃圾的公司员工等在内的所有人进行沟通交流。他们利用清理行动后的视觉效果作为沟通的开端——“看看，我

们的街道也可以这么干净！”——并让制造脏乱的人们（基本上人人有份）去想象，他们都是一条干净而不是肮脏的街道的主
39 人。“丑陋的印度人”这一运动并不谴责他们的同胞、政客，或者是“体制”。他们行动在先，随后展开对话。他们将存在的问题定义为“我们的”问题而不是“你们的”问题。这种社交技巧和系统思维的组合取得了令人瞩目的成果。“丑陋的印度人”行动已经扩散到十多个印度城市，在巴基斯坦的卡拉奇，也有一个类似的项目正在开展之中。

河流复原

与河流和流域重新建立联系的强烈愿望，在最不可能的地方产生了共鸣——其中希望最渺茫的地方莫过于墨西哥城。我的朋友艾利亚斯·卡坦（Elias Cattan）是一名年轻的建筑师，他执著地相信，与河流重新建立相互依存关系是他所生活的城市未来发展的最好方式。[11]

同班加罗尔一样，墨西哥城也曾经是一座拥有互相连通的湖泊、60 多条河道纵横其间的城市——现如今，它却是一个遍布着繁忙公路和购物中心、尘土飞扬的巨型城市。最早改变这座城市的自然水文节奏的是阿兹特克人，他们一方面是为了控制洪水，另一方面是为了建造一座易于防御的枢纽式都城；但是后来的工业化进程，加上汽车产业的兴起，更加深了最初造成的损害，因为当时的城市规划者把河流看作是需要通过大兴土木加以解决的一种问题。水道被强行引入沟渠，被遮盖起来，甚至在其上方加盖建筑。现在，卡坦的设计事务所与一个由生态学家和建筑师组成的团队合作，提交了一份建议书，建议把部分

繁忙的公路改建为环绕市中心的河流和公园，在此过程中至少恢复三条河流；这些区域将成为各种植物、鱼类，以及鸟类的家园。[12] 市政官员对这个想法大为倾心，但又表示他们缺乏足够的资源去实施。艾利亚斯认为官员们过于悲观，于是向他们介绍了一些在世界其他地方已经成功完成，并且同样具有挑战性的项目。卡坦告诉我，来自韩国首尔的一个例子让墨西哥城的当地官员倍受触动——时任首尔市市长的李明博将一条快速主干道拆除，让位于一条名为清溪川的河流。[13]

在伦敦，为了应对气候变化，也有雄心勃勃的计划试图恢复数百英里长的隐蔽河道：创造的滩地将在严重暴雨时，保护当
40 地的住宅和产业。[14] 同班加罗尔和墨西哥城一样，伦敦也正待迎头赶上。1086 年颁布的《英国土地志》中曾有记载，在伦敦地区的众多河道溪流之上，曾经有多达 6 000 多处水力磨坊和淡水渔场，然而自中世纪起，伦敦就开始填埋河流，起初的原因是许多河流早已沦为垃圾场和污水池。1858 年的“大恶臭”事件中，整个城市都被泰晤士河散发的腐臭味熏呛，事件之后，不少河流和水道被砖石砌没。到了 20 世纪，为了治理洪水并配合城区建设，又相继有更多的工程项目导致无数河流消失。数个世纪以来的发展结果，就是人们以各种各样的方式改变了总长超过 400 公里的自然河流。戴夫·韦伯（Dave Webb）是一位在伦敦协调河流复原工作的生态学家，他的工作所需要的技能清单长得让人咋舌。“在普查一条河流时，我们使用一种叫作地貌学的技术来绘制河道的形状。我们研究它的生态环境和动植物栖息地。我们测量无脊椎动物的物种多样性和数量，以及边缘植被群落的丰富性（或单调性）。”但是，生态学家可不仅仅专注于研究沼泽里的动植物，韦伯对英国《卫报》的朱丽叶·乔维特（Juliette

Jowit）谈到，人际沟通技巧同样重要。韦伯需要与商界、实业界、社区团体、政客、志愿者和科学家等各色人等打交道。“这可有点儿像要管住一群猫那样难，”他调侃道，“而且还是一群掉进水里的猫！”[15]

绿 肺

植物，同人工劳动一样，正作为新型水资源基建的重要新资源而崭露头角。例如，在中国，人们用植物来净化遭受重工业污染的流域。彼得·桑德斯（Peter Saunders）教授将一簇簇这样生长在水中的植物比喻为河流的“绿肺”。[16] 很多种类的杀虫剂、溶剂、染料，以及农业和工业排放的其他副产品都最终转移到自然植被和农作物上；如果人们食用这些植物，毒素将在人体器官内累聚起来，对健康造成可怕的影响。但是，在“根际过滤作用”的过程中，植物也能通过新陈代谢将有害物质去除。仅仅在中国，就有多达400个物种已经被确认具备修复土壤和水体的潜力。这种修复
41 过程不需要外界干涉，一旦湿地的植物修复体系建立，植物的光合作用自然而然就能使其生存下去。在中国西南部的昆明，凤眼莲[iii]就是被委以此项重任的明星植物。凤眼莲在贪婪吸取养分的过程中，会吸收大量生活污水中常见的氮和磷，这些废物会聚集在植物的根部，变成宝贵的堆

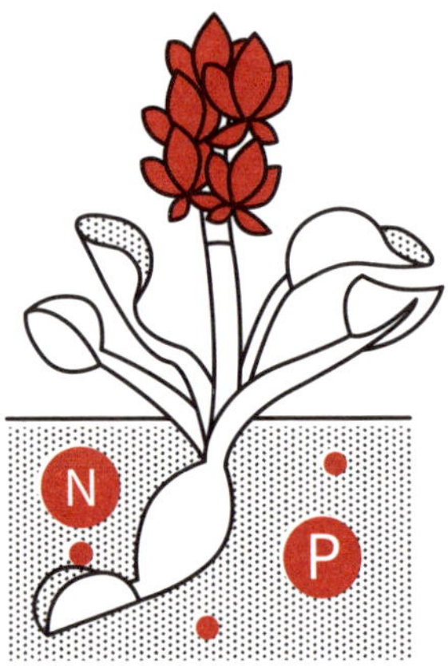

[iii] 凤眼莲，在中国还有一个更广为人知的名字——水葫芦。——译注

肥或有机肥料。正是由于凤眼莲在污水中能够茁壮生长，它们作为自然的污水净化系统，成本不及常规污水处理设施的零头，其应用前景着实令人兴奋。

在乌兹别克斯坦，因治理水资源而备受青睐的植物是甘草。[17] 在该国西北部的咸海盆地，数百个农业社区曾经不得不放弃3万公顷因过度灌溉而退化的土地（在第六章中将会提到，人们之所以采用这种生态灭绝式的生产方式，只是为了种植棉花用于制造人们只穿一两次就丢弃的T恤）。农民们现已开始在排水渠附近的盐碱地上种植野生甘草。这种植物不论是从旧根还是从种子生发出来的地上部分，都可以收割下来作为牲畜饲料；到了第三年，有些农民就把甘草根挖出来作为经济作物出口到日本、韩国，以及乌克兰等地。甘草根部的提取物是医药、糖果、食品、酒类，甚至化妆品的重要成分。土壤科学家安德鲁·诺勃（Andrew Noble）解释道，关键在于甘草深入地底扎根的特性；它能够降低地下水位，从而防止了盐分蔓延到土壤表层。这样，土壤中蕴含的盐分会逐渐被冲刷掉，使得土地可以再次适合灌溉并种植新的作物。

中国和乌兹别克斯坦获得的成功，在欧洲亦有迹可循。我曾经参观过一个土木工程商业展览，在充斥整个展馆的各种巨型管道和水泵展品的夹缝中，我遇到一个名为“不列颠草木”（British Flora）的展位。[18] 我了解到，“不列颠草木”与那些大规模混凝土工程毫无干系，它擅长的领域包括依靠植物和其他生物进行环境修复、河道和生物工程、保护野生动物，以及建立盐沼地和海洋栖息地。它的客户包括土木工程师、水文学家、环境治理顾问、景观工程承包商、规划师，以及政府机构。“不列颠草木”的成功取决于其在物种选择、基因净化、粮食作物生产方面的专长。它旗下的设计师们对不同栖息环境中本土植物的行为特性有着深入了解，他们激情四射地谈论着什么样的本土植物和种子对盐碱环境具备高耐受性，什么植物能够吸收重金属或碳氢化合物这样的话题。

100 万个蓄水池

在巴西，数百万贫困农民在半干旱地区艰难生存，然而同样在这片土地上也可以看到，人与生命系统之间那种珍贵的互相依存关系正在逐渐回归。在干旱和半干旱气候条件下，日照强度集中、水分蒸发率高，露天水库的储水会出现大规模的损失。一个名为“连接半干旱的巴西”（Articulação no Semiárido Brasileiro，简称 ASA）的杰出项目，在面积约为德克萨斯和加利福尼亚总和的广袤半干旱地区帮助 2200 万人口，每年采集到 750 毫米的降雨。[19] 他们的设想是为将近 8 个月的旱季储备水资源，优化利用有限的供应，并防止水分蒸发。自 1999 年以来，数百个社区和宗教机构、合作社、教会、非政府组织，以及农业工人联合会，一起帮助当地居民建造了 35 万个家庭储水箱，9000 个灌溉蓄水池；他们的目标是在 2020 年完成 100 万个蓄水池。[20] ASA 是又一个社会和生态实践的成功样板，在保护生态区域内的生态系统和传统文化的前提下，设计建造专门的人工装置，帮助当地社区居民适应严酷的气候条件。项目管理的方式和蓄水池的设计同等重要：安装项目被分组管理，按照“微地区管理单元”进行实施，这样就把通过公开流程选择的数个市镇联系到一起。

社会和生态思考的交汇在另外一个鼓舞人心的例子中更为

明显，从生态设计师霍华德·西弗曼（Howard Silverman）那里我得知了这个来自夏威夷的案例。[21] 在夏威夷，由于水族馆产业的驱动，珍稀热带鱼类的数量遭受过度捕捞的威胁，一个名为“消失鱼类联盟”的组织成功地指定30%沿岸水域禁止以向水族
43 馆提供展品为目的的捕捞。这个协议是以弱胜强的胜利，西弗曼将其归功于名为“阿胡帕阿”(ahupua'a)的传统土地分割和社区责任体系——这是一种古老的习俗，却出人意料地无比适合当今时代。当地人熟知这片土地，并深知只有合作劳动才能共同获得收益，他们将资源分割成小块进行管理。这种整体协调的方式，提高了土地、水资源、森林和草场的管理质量，被称为“多角色生态系统参与”。[22]

水资源管理的实践

在受到旱季影响的印度安得拉邦，非法钻井的数量激增，威胁到整个地区地下含水层的长远存在。当不切实际的管理规则被证实无效之后，来自当地600多个村庄的小农户们学会了如何把当地水域作为共有资源进行管理。现在大约有2万名农民是自学成才的赤脚水利技工，生态复原能力的研究人士把这种社会实践称为“参与式地下水管理”（Participatory Groundwater Management，简称PGM）。[23] PGM方式的基础是小型的“水文单元”——一组微型水域即为一个单元。每个单元都采集水文数据：每天的降雨量、水位、井眼出水量，以及每天的溪流流量。身处现场，农民们就有条件利用这些数据更好地了解地下水资源是否在当地范围内得到了适当的回补。除了现场测量，农民们还开始使用全球卫星定位系统远程接收来自水

井、雨量观测站和地下水人工回灌设施的数据。这些信息在社区内共享，雨量观测站每天都会显示收集到的降雨量信息，这些显示板就成了村子里讨论诸如旱情、洪水、水位，以及农业实务等话题时的集聚地。可靠且独立的信息是 PGM 成功的关键。在引入新模式之前，农民们为了获得相关数据不得不依靠所谓“农业物资经销商”，即化肥、种子和杀虫剂厂商，而他们经常低估了实地信息的巨大价值。

44 在这个以小农户为中心的模式中，植根于社区的机构处于核心位置。比如，在农民水资源学校，农民和科学家在一起平等地探索不同的管理方案。数据分析是连续的、多维度的，也是多尺度的。每个水文单元都有一个“基础文档”，它们是农民和支持机构制订计划时的参考点。关于水资源的描述都从生态系统的层面出发：气候、降雨、排水、地下水、土地利用等。文档同时也记录了水土保持方面的活动，农作物利用的范围、饲养何种牲畜、它们的产出量和净回报值，等等。

生态区域的规模

在德国有一个名为“阿奎伦”（Aqualon）的项目，堪称是发达国家区域规模下的社会生态水资源管理的样板。[24] 该项目覆盖了 200 平方公里的土地，环绕着德国第二大饮用水水库大杜恩水坝，将 30 多个参与其中的市镇联系起来，并与来自该地区大学的学者建立了合作关系。学者中包括由克劳斯·K. 罗恩哈特（Klaus K. Loenhart）教授带领的来自格拉茨技术大学和伍珀塔尔大学的景观学和建筑学研究生组成的团队。他们对于阿奎伦项目的贡献是从该地区流域的整体角度设计一系列社会生态情境，其中包括新形态的农业、可持续的林业、以土地为本的城市污水处理、雨水采集——甚至包括为海狸这种对生态环境颇有价值的动物寻找定居点。格拉茨技术大学的项目分为两个阶段。第一阶段是调查和测绘区域内的生物多样性、文化活动，以及当地生产的模式；由此可以得出一幅关于多种经济流程和生态系统的初步图景。第二阶段是寻求在未来大都会的区域体系中让这些不同的资源得到开发利用和互相补充的方式。其指导原则是，在科技的促进作用下，自然界的进程和人类的活动将相互关联，彼此互动，促发再生和再关联的效应，而不是一味抽取资源、导致环境退化。

45 在瑞典，社会和生态活动的联系并没有被放任自流。在斯德哥尔摩复原力研究中心，由阿维德·伯格斯滕（Arvid Bergsten）领导的研究人员在对比自然系统的地图和行政区划地图时，仔细找寻两者间的差异。在一个项目中，伯格斯滕的团队把城市周边市镇范围内 641 处湿地的生态联系程度绘制成地图，然后拿它与这 26 个市镇之间的日常通信状况相比对。他们发现，负责土地利用规划的政府部门与负责湿地管理的机构之间沟通不足。这种测绘工作可以帮助改善不同城市政府机构之间的协调，而他们各自的行动都会对整个流域的状况产生直接影响。[25]

水是一个“社会 - 生态”体系

以上给出的例子，在我看来，证明了将河流和水域重新建立纽带的潜在热忱能够释放出社会、文化和设计的巨大能量。这些项目并不意味着我们要掉头回到现代社会之前的时代；新的技术和新的物质是全局的重要部分。但是，这一新进程和正被其取代的硬质基建方式的主要不同之处在于，让有生命的生态系统健康发展正激励人们为此付出种种努力。

社会和生态系统之间的互动，并非什么新鲜事物；我们可以从它深厚的文化根源中得到启迪。印尼巴厘岛的农民们至少从 11 世纪起就开始在梯田上种植水稻。岛上的火山岩富含矿物质，水从山上流淌至稻田，又使一块块稻田变成了某种形式的水塘；在这样的条件下，农民们数百年来都可以获得一年两季的收成。他们采用一种独特的合作农耕形式，尽管水源稀缺，还有经常性的病虫害威胁，他们的农业依然十分兴盛。水稻种植和水资源分配依靠“苏巴克”（Subaks）系统进行协调；由于共享同一水源，例如一眼泉，或一条灌溉渠，农民们被一个又一个苏巴克团结到一起。苏巴克系统还在合作互助的基础上调整收割
46 模式，以此让足够大的区域获得休耕期，并将害虫的扩散控制在最低点。史蒂芬·兰辛（Stephen Lansing）对这种独特的区域性水资源管理模式进行了长达 30 年的研究，他的结论是，巴厘岛的苏巴克管理体系是一个“社会 - 生态”组合系统。在这种情况下，灌溉不单纯意味着把水输送到植物根部。因为水稻梯田中的水是互通的，农民们必须解决一个复杂的协调难题：谁可以获得多少用水？何时用？以及如何用？这个复杂的、宛若有脉动的人造生态系统历经了一代又一代人的改造演进，其中，水资源的分配由水神庙的祭司裁断。分配安排是动态的，由数百个农民展开连续的合作，他们的人际关系网覆盖了整个流域。“水神庙的存在，可以通过复杂的适应性系统加以解释。”兰辛说道，“同时，还有一种复杂的文化上的解释。神庙绝不仅仅是进行数学计算的地方，人们还投入了大量精力进行象征性的仪式活动，例如献祭食物、向神明祈祷，还有煞费苦心的云游朝拜。”兰辛

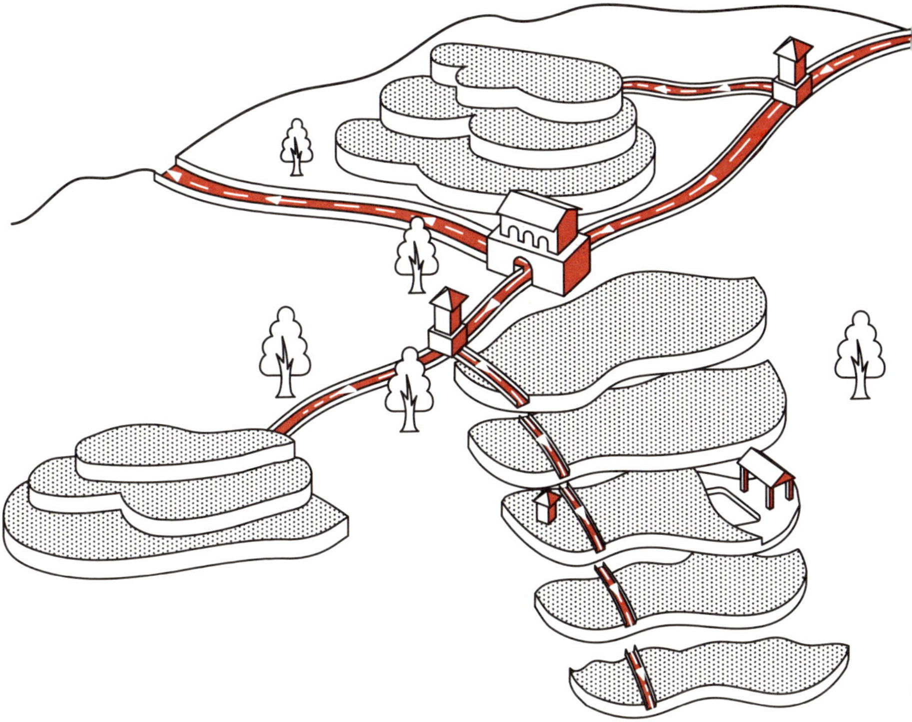

说，宗教仪式起到了将经验成果规范化的作用，体现了上下游之间的互相依赖关系，并将经历了漫长的试错过程才琢磨出来的水源共享和虫害控制之间的平衡关系编纂成法则。仪式物化了数世纪以来累计的经验。[26]

在 20 世纪 70 年代，这个系统被严重阻断。当时的印度尼西亚因人口膨胀而大量进口粮食，导致经济捉襟见肘，由此领悟到大力提高农业生产的必要性。印尼向绿色革命组织的早期创办者之一亚洲开发银行（Asian Development Bank，简称 ADB）发出求助。政府开始对使用化肥和杀虫剂进行补贴。农民被迫转而种植被称为“奇迹”的高产水稻品种，而且迫于压力，抛弃了灌溉临近稻田的传统计划，并尽可能加大种植频率。这个实验在短短十年间就几乎完全摧毁了苏巴克系统。经历了短暂的产量提升之后，由于水量短缺、虫害肆虐，收成急剧萎缩。奇迹水稻招揽来了奇迹虫害，水稻飞虱成灾让收成损失殆尽。到了 1974 年，巴厘岛的实地调研人员在他们的报告中描述了当
47 地“水资源调度混乱”以及“水稻虫害大爆发”的情况。1984 年，兰辛告知亚洲开发银行，巴厘岛农业所面临的问题的根源与当地传统的水资源管理系统遭受破坏有关，而且亚洲开发银行带来的高科技农业物资和官僚化的管理模式，显然已经损害了当地的粮食生产能力。亚洲开发银行的官员却仍对此抱有怀疑，直到兰辛和生态学家吉姆·克莱默（Jim Kremer）一起搭建了一个计算机模型来证明他们的观点。模型模拟了农民们长期采用的各种协作策略，结果证实神庙层面对于从单个农民之间到整个流域层面的合作起到了最佳的协作作用。最终，印度尼西亚的官员成为神庙管理系统的忠实信徒，30 年后的今天，苏巴克水资源管理系统被联合国教科文组织确认为世界级的重要“人文景观”。“苏巴克系统把神、人、自然三者结合到了一起。”联合国教科文组织的公告曾经如此评价。[27]

从时钟时间到生态时间

巴厘岛的故事，讲述的是一种过分死板的所谓科学方式几乎摧毁了历经数千年发展的有效系统——所幸的是，祖辈们积累的智慧在最后关头重新得到了认可。这种智慧告诫我们，大自然并不是一台机器，它是各种有生命的系统组成的复杂综合体，其中也包括我们人类的各种社会系统。这些不同的系统，在众多环境因素决定下以各不相同的速度进行着周期运作。自然界的时间不是线性前行的，不同地域的特质塑造出该地域特定

的循环模式。祖祖辈辈在某一片土地上繁衍生息的人们，例如巴厘岛上的稻农，就深谙其中的道理，而不假思索的全球化思维却根本无法理解这一切。植物、动物和生态系统组成的错综复杂的“临时状态”，在一切都按照预制程序按部就班发展的世界里无处容身。史蒂芬・兰辛说，巴厘岛人思考时间问题时，参考的是从自然中发现的多个并行且相互关联的周期。他们的主日历是水稻种植周期的写照，它包含 210 天，恰好是巴厘水稻的生长周期。还有一个为期三天的市场“星期”，已历经千年未有变更。

巴厘岛的故事给我们的启示，并不是说土生土长的经验知识必然优越于普遍意义上的科学；这两者我们都需要，只是我
48 们所知的科学未必凌驾于其他知识之上。如果有些人的生存方式可以顺应大自然，而不是与之作对，那么我们也应该让机器的时间服从于有机的、生态的，甚至地理的速度节拍。我们赖以生存的大自然运作的速度，远比当今人类经济的运作节奏来得迟缓；自然界的反馈循环历经时日层层传递，远远慢于我们已经成功嵌入到机器里的神经突触那快如闪电的反应速度。

多种多样的认知方式，是我们推动这个转变过程的一个重要因素，在第十章中我会继续加以阐述。对于巴厘岛的农民们来说，他们的音乐也是一种生态认知的形式。音乐理论家朱蒂斯・贝克（Judith Becker）在她所著的《爪哇岛的时间与曲调》(Time and Tune in Java) 一文中叙述道，甘美兰（一种印尼传统乐器）音乐有助于人们与自然界的多种循环周期建立纽带。[28] 同大自然一样，甘美兰音乐由多个互相交错的循环、分部循环，以及同心循环谱写而成，它们还相互嵌套，同时循环。如果这些循环组合协调得当，就会呈现一种自然而然的秩序，贝克解释说。反之，如果没有很好的协调组合，结果听上去定会让人心绪

不宁。我想象不出，根据你所居住的流域的自然环境创作出的类似甘美兰的音乐会是什么样子——快去找一位作曲家开始谱曲吧。

水的智慧

通过以上种种事例，希望你已经相信，即使是微不足道的行动，只要应者云集，亦会众志成城，为一片流域产生巨大的积极成果。[29] 这样的行动可能仅仅是设计一个雨水采集桶，帮助净化一条小溪，绘制一片流域的生态资源分布图，种植凤眼莲治理污染，或者为所处的生态系统编写一份乐谱。如果我们决心改变流域的生态系统，必然需要多方协同——来自正式或非正式的、或大或小的行动者和利益相关方的共同努力。这显然绝非易事，并且，每座城市及其水文环境都是独一无二的，不可能存在一个全球通用的设计蓝图。如此多的挑战可能令人却步，然而，为我们的江河湖海重新注入活力，这个愿景拥有无比强大的文化力量。[30]

4

住：
从重现城市土壤
到授粉昆虫的小径

49 9月初至，在我工作室檐下呢喃了一整个夏天的燕子，如今已是按捺不住，随时会动身飞往南方越冬。它们中的大多数将沿着非洲大陆的西海岸迁徙，绕开撒哈拉沙漠南下；也有部分会折向东路的尼罗河谷。旅程的初期颇为从容，这些鸟儿每隔数英里就会稍做停顿休憩，积蓄体内的脂肪，随后会逐渐发力，加快行程。在未来四个月内，当北方迎来圣诞的时候，它们将到达目的地：博茨瓦纳、纳米比亚，或是南非。在那里，燕子们会用两个月的时间饕餮朵颐各种昆虫，随后踏上史诗般的归程。最强健的燕子仅需四周即能返回，每日行程长达320公里（它们迫切返回筑巢地，以防被其他鸟类捷足先登）。相比之下，**我的**空中旅行实在是铺张奢侈至极。

作为一种“造物”，燕巢相当简陋，当然无法与泰姬陵这样的人类杰作相提并论；它主要是由黏土和稻草黏合起来的一个松散结构，通常歪歪扭扭地附着在墙上。但这似乎非常适合燕子——确切地说，是周边的**栖息环境**很适合它们生活。它们的黏土住所是哺育幼雏的安全港湾，然而吸引燕子们每年归来的，是这里的整体环境：适宜飞行的开阔空间，来自河流的淡水，还有很多飞虫作为成鸟和幼雏的充足口粮。听着燕子们在我头上啁
50 啾不断，我不禁对它们可以如此轻松过活而心生妒意。这些鸟儿对外部世界的能源需求简直微不足道，而我们的城市，却需要巨大的能源、从千里之外攫取的十亿吨计的资源，才得以维持运转；唯其如此，我们才享用着摩天大楼的电梯，输送水和空气，或是维持地铁隧道干燥的巨泵，商店里出售的工业化生产的食品，以及水龙头中流淌出的自来水。

我们人类和燕子的生活方式的巨大反差让我心事重重，于是，在一个北欧国家住房协会的经理人会议上我提出了以下问

题：我们真的有必要建造更多的火柴盒式的住宅吗？除了用混凝土覆盖更多的地球表面，如何为人类提供安身立命的处所，我们是否在这个课题面前已经黔驴技穷？坦率地说，我并不奢望能够轻松地说动这群专业人士。他们的日常工作是管理遍布北欧地区的 240 万套住房，而且住房需求还在不断增加。但出乎意料的是，他们之中的很多人对房地产行业联合会（Real Estate Industrial Complex）的不良影响表示了同样的担忧。建造水泥盒子可以拉高 GDP，建筑公司也有利可图，因此这种做法会有一些拥趸，但我们还可以选择用呵护、改善环境的方式满足人类社会对居住的需求，大可不必破坏自然。

自上而下的大自然

我的唐突在雷克雅未克得到了意料之外的包容，这说明我们对城市建设的思维正在发生深刻的转变。我最早留意到这种变化的信号是在 2009 年，时任法国总统的尼古拉斯·萨科齐（Nicholas Sarkozy）邀请 10 位建筑师畅谈“后《京都议定书》时代”世界上最具可持续发展能力的大城市将会是怎样的面貌。[1] 建筑师们充分发挥了想象力。有一位提出，环绕首都打造群岛式分布的无数个“经济点”。另一位建议，让森林面积翻番，并在城郊发展蔬菜种植。还有一位建筑师谈到用植物形成绿色华盖罩住公路和铁路线。两位意大利建筑师建议，城市规划应该设计成多孔的海绵状，河流水道应处于优先位置。在这场竞赛中，“海绵城市”的设想似乎最为让人耳目一新，得到了萨科齐的赏识。然而，迄至撰写本书为止，以上这些提议没有一个真正付诸实施。2011 年，获批的唯一一个项目，是耗资达 300 亿美元、名为“大8字”(Le Grand Huit)的公共交通网络建设——而“海绵”式设计的说法，在其规划中只字未提。

巴黎没能成为一座海绵式的城市，至少短期内不会，但在我的第二祖国，这并没有阻挡胸怀梦想者的脚步。2010年，有一场盛大的展览，名为“丰饶之城：奔向融于自然的城市”，从历史、社会、文化、植物和生态等多个角度探索了如何将自然引入城市。[2] 一条巨大的步道把观展访客引向来自世界各地的16个项目——从贝鲁特，到布宜诺斯艾利斯。展览引人入胜，蔚为壮观，但大部分美好的画面，只是生活优渥的都市居民悠闲地倚躺在茵茵绿草之上。所谓丰饶的城市生活，看上去只是公园野餐而已。这就好比是一幅水果静物画：徒具装饰性，实则毫无营养。这个展会上看不到有关社会和经济变革的内容，更没有提及实现这样的变革会遭遇的困难，人们要做何努力——只有这些才能真正让我们的城市变成一块内涵丰富的海绵。[3]

另外，有一个关于芝加哥的概念项目，是根据“生态大道”(Eco-Boulevards)的理念提出的。[4] 每一天，都有超过38亿升来自五大湖区的水会被芝加哥人浪费掉，这一事实着实让人震惊。马丁·费森南德(Martin Felsenand)和萨拉·邓恩(Sarah Dunn)因此建议将现有总共占据三分之一以上城区面积的道路、人行道、公园等整体改造为一个全方位、分布式的水资源再利用体系。这些长条状的公共面积，将从灰色的道路和人行道变成互通互联的公园、湿地、保护区、生物通道，以及原生景观。自然生物修复处理，即利用植物来净化受到污染的土壤，也可以去除暴雨和污水中的污染物。这样经过处理的水就可以回归湖泊，完成芝加哥地区的水体循环。“生态大道”计划如果得以实现，芝加哥将会被重新塑造为恰如其城市格言所称的——“花园中的城市”(拉丁语原文: *Urbs in Horto*)。在撰写本书时，这个计划依然停留在概念阶段，但已获得了热烈的反响。

这些美好愿景虽然还未能成功启动，但在法国波尔多市，一个名为“波尔多五万五”的项目已经如火如荼地展开，力图让“城市中的自然”成为现实。[5] 共有五个多学科团队受邀加入
52 项目，探索如何把55000公顷的区域改造成自然状态。他们得到的任务是“恢复自然和人类的资产”，寻求治愈受污染土壤的方法，并且在提案中体现“永续设计”的原则。为了达到这样的宏观目标，这些团队集结了一支由专业人士组成的精锐部队，他们的专业领域各不相同，有建筑、地理、经济学、农艺学、生态学、规划、开发、景观、社会学、旅游、水文、哲学、历史，甚至还有故事叙述。虽然“波尔多五万五”项目大胆创新，但这个在建项目绝对是一个典型的大投入工程。这个旨在让城市融合于自然的项目还伴有一个投资浩大的高速铁路基建工程，目标是把波尔多建设成为“欧洲西南部的交通枢纽”。计划虽雄心勃勃，却没有立足于资源紧张的现实。一旦能源供应走低的问题凸显，整个项目都可能被迫陷于停顿。所以，如果要寻求能源短缺城市的代表性发展蓝图，人们还得向别处求索。[6]

狂野之城

有一个名为“狂野之城”(Wild City)的项目。在这里，来自荷兰鹿特丹的“隐秘”(Stealth)研究小组试图了解，貌似混乱无序的非计划进程是如何在动荡的20世纪90年代改变了贝尔格莱德。[7] 他们发现，许多先前由政府机构提供的职能和服务，都被不断增加的有关贸易、住宅，以及其他公共服务的自发行动重

新改造。“隐秘”小组还发现，对这座城市最为彻底的改造，是各种街道商贩进入并重塑了公共空间。

根据经济合作与发展组织的报告，到 2020 年，世界上将有三分之二的劳动者受雇于非正式的地下经济。美国作家罗伯特·纽沃瑟（Robert Neuwirth）在他所著的《地下经济》（*Stealth of Nations*）一书中，以生动的细节描述展现了当我们的正规经济停滞不前时，阴影中的地下经济会如何改变我们的城市。[8] 这种地下体系经常戏剧化地出现在我们多数人从不关注的地方：例如中国深圳到广州的高速公路下的庞大露天市场；巴拉圭、巴西和阿根廷交界处的三角地带；布宜诺斯艾利斯边缘一度广受
53 欢迎但终遭废弃的度假村；敖德萨郊外的集装箱仓储地；冷战时期遗留、如今已成无人区的铁幕[i]地带，等等。在这些地方，非正规市场虽然并不固定，但都占据了一席之地。这一现象的研究者海尔格·穆莎莫（Helge Mooshammer）认为，地下经济活动地带标志着城市结构的深度转型——“从地理上相对固定的区域，转变为发挥过滤和流通渠道作用的生态网络”。[9]

非正规的食品供给

这些非正规市场所需的设施和资源极为简陋，相比之下，城市的运转则依赖大型供给系统为人们提供食物和水。我在第五章里会进一步阐述，养活城市的产业体系本身，消耗的能源要比其输送到你我口中食物所含的能量高出 10 倍。这些食物系统只有在化石能源充足的情况下才能正常运作，为了弥补这一弱点，非正规的食物和水的供给模式也正在遍地萌发，这是一种自然

[i] 铁幕（Iron Curtain），指冷战时期前苏联、东欧社会主义国家与西欧国家的边境。——译注

而然的应对。仅仅 5 年之前，都市农业还是一个幻想。今天，正式的都市农业项目已经在数十个北方城市扎根。强大的草根阶层的运动让社区支持农业和本地的蔬果在本地进行盒装分销的计划成为现实，也带来了“100 英里食品”[ii] 和“慢食”[iii] 等社会活动。蔬菜种子的销量大增；在后院饲养家禽如今已相当常见；校园中的花园，有机农场和农贸市场已经成为自然的趋势。伴随着数千个雨水收集和去除硬质地面的民间项目，食品和水资源供给的“非正规化”正在改变城市和乡村的关系，同步改变的，是城市新陈代谢的方式。

一些城市已经改变了它们的规划方式，以此适应这样的新趋势。在美国，波特兰市派专员撰写了一份名为《可挖掘的城市》的报告，该报告旨在确定其所属地产中有哪些可能适合被改建为社区花园，或是用于其他类型的农业用途。[10] 报告指明了 289 处地点，并据此产生了一份行动方案，涵盖土地所有权的变更、水源获取、平整坡度、场所治安，以及其他需要考虑的各个方面。芝加哥市还设立了名为“邻里空间”的项目，在城市以及寻求开发闲置
54 公共土地的社区组织之间发挥土地管理的中介作用。[11] 社会实践是这座城市努力转型中的关键部分。都市农业不仅关乎在花床中埋下什么种子，更在于如何设计出合作和共享的有效方式。食品供应的合作组织、公共厨房和食堂、社区花园、合作分销的平台、种子银行、温室、育苗场，还有其他各种社区食品供应系统的改进和完善，这一切都需要新的服务、政策和基建设施的配套支持。

[ii] 100 英里食品（100-Mile Diet），是指鼓励人们选择其居住地半径 100 英里范围内出产的食品。—— 译注

[iii] 慢食（Slow Food）运动，由意大利创业家卡洛 · 佩特里尼（Carlo Petrini）和他的朋友们在 1989 年共同发起，他们号召人们将自己视为食物的共同生产者，而非消费者，因为通过了解食物的生产过程，积极支持食物的生产者们，人们也变成了生产过程中的一分子和合伙人。慢食运动倡导一种看待食物消费的新视角。—— 译注

郊外亦然

美国作家詹姆斯·孔斯特勒（James Kunstler）曾经把郊区描述为“世界史上最大的资源错配”。[12] 他的看法也许是对的，但事已至此，况且我们大多数人除了选择去适应所在的生活环境，别无他法。但从积极的一面来看，虽然缺乏规划拓展的地区经常因为以环境破坏为代价，而形成了高密度交通、社区瓦解，甚至是人们的肥胖症，因而饱受诟病，郊区居民恰恰也坐拥尚未被水泥和沥青覆盖的社区土地。大部分土地被分割成易于打理的大小，一旦我们移除草坪恢复土壤，便能将其转变为农业生产用地。朴门永续设计运动（Permaculture Movement）的创立者之一比尔·莫里森（Bill Mollison）认为，把郊区转变为零散分布的半农业区，从而实现食物在当地自给自足，这个设想拥有巨大的潜力。在任何居住形态中最普遍存在的几种土地所有权，同样也存在于世界各地的郊区当中，这一事实支撑起了莫里森的愿景。[13] 很多具有潜在农业用途的土地，都需要去除表面的铺装——但随着对汽车依赖程度的降低，可供利用的土地面积将是巨大的。在大部分城市中心和购物中心，公路和停车场覆盖了 50% 以上的土地面积；单单美国的城市，就有多达 20 亿个停车位。这些不透水地表阻止雨水渗透到达土壤，并且把雨水导入附近的水道。雨水裹挟着路面的污染物，比如油、抗冻剂、塑料、杀虫剂，还有重金属，一起流入当地的河流和小溪。[14]

最初，行动主义者把土壤从停车场的禁锢中解放出来的做法是一种违法行为。一些小规模组织，像游击队一样，用鹤嘴
55 锄和独轮车把地面的硬壳去除掉，让底下的土壤露出原貌。在 2005 年，一个较为主流的、名为“停车场公园日”（PARK[ing]

Day)的艺术项目也追随这些行动的脚步，把计时停车场转变为微型花园。曾经不过是一个在停车位上历时两小时的装置，现在已经变成了一场全球运动；2012年，有遍及六大洲1000多个停车位参与了这个活动。[15] 去除地面的人工铺装这一运动进入主流的标志是成立于波特兰的非营利组织“去铺装”(Depave)，它致力于促进在城市中去除不必要的地面铺装，创造社区绿地，减少雨水漫溢。很多郊区经过人工铺装的地面和道路也可以被重新改造，收集雨水用于农业灌溉。

成本考量是去除地面铺装运动的强大动力。建造一条道路的成本是每平方米215美元，而去除路面铺装、将其变成城市农场的成本仅为54美元。在一些乡村地区，成本削减对去除地面铺装运动的推进作用比行动主义更大。翻新一条柏油马路的成本在过去十年内已经翻了一倍多(很大程度上因为沥青胶泥这种材料来自于石油)。美国的一些郡县宁可选择以每公里1600美元的年支出来维护去除了路面材料的公路，因为采用沥青材料进行路面重建的价格高达每公里46800美元。[16]

挪出空地！挪出空地！

去除地面铺装是否能真正有效释放足够的土地来应对人口

膨胀导致的食物短缺？单单在欧盟，每年就有 1000 平方公里的土地被用于建造住宅、工业区、道路，或是休闲设施——这一面积比柏林还大。[17] 扭转这种趋势，并把水泥覆盖的土地复原成富饶的农田，是一项艰巨的工作，但绝非不可能。乌戈·巴蒂(Ugo Bardi）告诉我们一个故事，一对居住在意大利都灵的夫妇决定把一小块肥沃的土地作为礼物留给他们的孩子。[18] 为了获得土地，他们拆除了一排祖辈用水泥建造的车库。这项工作很繁重，必须要把混凝土切割并捣碎成小块，再运走。然后为了恢复土地的肥力，他们运来了一卡车一卡车的泥土、木炭，以及其他肥
56 料。工程进展非常缓慢、脏乱，且投入不菲。但这也是一个颠覆性的方案，且具有推广的潜力。直至今天，土地开发的概念仍被等同于在土地上进行建造，那就是赚钱的模式。任何一个思维正常的人通常都不会去摧毁房产，把房屋恢复成良田。但的确有人这么做了，这让巴蒂十分惊讶。最终的成果，就是一块长满了绿草和鲜花的土地。虽然只有几十平方米大小，完全无法和有待改造的万亿数量级的土地相提并论。但这是我们迈出的第一步！

过度建造

让我们再看看前文提到的燕子。许多动物和鸟类都采用和原始人类一样的方式来满足自身的需求：他们打猎，他们采集。我们并不需要刻意去模仿燕子或者原始人的采集狩猎生活，但我们大可以从他们看待空间的智慧中获得启迪，并且问自己：我们到底需要多少建筑物？荷兰的国家级建筑师弗里茨·范·东根（Frits van Dongen）给出的答案是：零。范·东根曾经在

2013 年号召停止一切新建项目，让他的同僚们和整个建造业都大为惊诧。他说："我们有 50 万平方米的办公楼和产业园，还有 3 万套住宅，都处于空置状态。"因此他建议应当优先发展例如都市农业这样的"绿色、柔性的基础建设"。[19]

在很多新兴工业化国家，人们也开始认识到，高速发展的城市化是一种系统性顽疾的症状，而不是出路。本书第一章曾提到，2014 年，印度新政府宣布计划兴建 100 座"智慧城市"，这一消息着实让我惊恐。而这个计划得到的反响也低得出奇。批评者指出，全印度主要能源需求总量的 25% 已经消耗在生产建筑材料上，而这场计划中的建造狂潮将让这个国家业已严重的能源危机雪上加霜。[20] 甚至新建筑的潜在客户也对这种资本投入集中的不动产需求本身（姑且称之为需求）提出了尖锐的质疑。例如，许多高速进展的"批量建造教堂"运动，正在迅速翻倍蔓延，然而根本不存在这样大量建造实体教堂建筑的需求。"大兴土木的工程通常都在浪费资金，它们成为了指数型高速增长的障碍。"企业家兼牧师里克·沃伦（Rick Warren）这样认为。
57 沃伦提醒他的信众，基督教发展最为迅猛的时期是最初的 300 年——而当时世界上一座教堂也不存在。[21] 在商业领域，也有类似的启示。比尔·梅恩－怀特（Bill Mayon-White）是伦敦政治经济学院的教授，他认为，对大部分巨型企业来说，其名下的有形资产都是"挂在脖子上的重负"。摆脱有形资产的拖累，专注于获取知识产权并围绕知识产权开展业务，才是盘活企业之道。

当今城市经济中最有价值的部分，在于城市空间紧密相连——如果共享的工作空间散布在城市的街道之间，将比一座座大楼更为有效地支持同类经济活动；简单的技术平台就能把城市中任意一个地点变为一个潜在的工作场所。在孟买，名为

“暴击”（Crit）的城市研究小组已经开发出了一个诊断工具来测量城市的交易容量。基于发现，“暴击”小组还部署了社会创新工具用以提高服务、关联性和物理空间的整合，从而使我们的城市真正实现智能化。[22]

即使我们停止盲目新建，大量空置建筑物已然存在——对此我们应该如何处置？在 1969 年出版的《城市经济》（*The Economy of Cites*）一书中，作者简·雅各布斯（Jane Jacobs）预测，城市将成为“未来的矿藏”——这可不单单是个比喻。世界上最富裕的十个国家里，大量的工业金属就“蕴藏”在林立的高楼和各种产品之中，其总量若用当时（20 世纪 70 年代）的速度生产，要耗费 60 多年时间。[23] 雅各布斯的预言在 40 年后变成了现实，众多草根行动正在各地扩散发展，他们拆除建筑，改造高楼，翻新房车公园。被废弃的建筑物一般都含有数量可观的实物能源，因此建筑拆除行业正欣欣向荣。美国有一个拆建课程，专门培训具备“绿色劳动力”的行业人员。人们可以选择在道奇堡、苏城、斯皮里特湖、锡达拉皮兹市等数个地方接受为期 8 周的课程。[24] 在佐治亚州的萨凡纳，从一个公屋拆除工程中回收的建筑材料被转而用于女童子军生态训练营、公立学校的操场，以及社区花园等地。[25] 在英国，始于2009年的名为“砖块和
58 面包”的拆建回收资源中心已经拥有了 6 万多名成员。创办人特鲁迪·汤普森（Trudy Thompson）继而开创了社会加盟连锁的模式来复制其体系，传播知识经验；现在已经有多达 300 多家加盟机构在使用她的创新方法。[26] 作为其职责之一，英国的资产转让部门也会帮助社区团体以合法的途径接管未能物尽其用的土地或建筑。[27]

拼图城市

透过建筑拆除行业的繁荣我们认识到，让城市恢复到自然状态并不在于创造大片的开阔空地；我们更应当在城市中缀上无数小块的自然空地，如同马赛克拼图或大海中的群岛那样星罗棋布。20 世纪，人们在建造公园时，将其称为“城市的绿肺”。经历了数十年石油能源驱动的过度发展之后，肆意扩张的时代迎来了终结——但大量人为建设留下的遗产却给了新一代“绿色环保”设计师绝佳的机会去做一做文章。他们可以去改造公园、墓地、河道、马路、花园和庭院。马路边缘、屋顶和建筑立面，都是种植绿化的所在。运动场、空地、任何废址和垃圾填埋场都可以被改头换面重新利用。还有数量庞大且不断增加的地方可供改造，例如被废弃的建筑和废墟、清空的购物中心、已经停用的机场——更不消说停放在那里等待报废的飞机（以往它们只会长久地被遗忘在那里，听之任之）。

在维也纳，名为“生态城市”(Biotope City) 的设计事务所专门开发“微型绿色空间”，让社区面貌焕然一新。例如，在拥挤的哈士林格街区，该公司在墙面、阳台，以及 150 栋社会住宅楼的窗台上栽种绿化。[28] 在本地学童的参与下，为鸟类和昆虫准备的筑巢盒也被加了进来。在自然景观被石油经济破坏殆尽的挪威雅伦地区，类似的分布式的绿化活动也在涌现。建筑师克努特·埃里克·达尔（Knut Erik Dahl）不惧困境，教导年轻设计师们如何去寻找和利用哪怕是最不起眼的生物：单独生长的植物、罕见的苔藓，甚至是生存在人类周围、在货物或建筑物中的昆虫。学生们在纸上手工绘制每一个地点的大型地图。这项工作成本低，且需要亲自动手。因此他们将其戏称为“脏脏的可持续”。[29]

这种新方式的目的是为了培养发展小块的绿地（即便有些小得微不足道），并将它们相互联系起来。[30] 再看看“我家的”燕
59 子吧。它们不能活在封闭的环境里，只有在开阔的栖息地才能健康地繁衍生息。和住豪宅的富人相比，居住在逼仄空间里的穷人想必对此深有体会。在低收入国家，人均建筑面积大概是 8 平方米，而美国的人均数据是 60 平方米——差距将近 8 倍。[31] 然而，在美国，千篇一律的堂皇大厦可能是孤单的地方，而人们也会对狭小住所情有独钟，只要共享空间和服务能够到位。其中的秘密就在于人与人之间的联系。当生物栖息地被过度分割变得支离破碎时，生物多样性就会被削弱。对于人类也是一样。我们的城市也面临着栖息地碎片化的问题。具有生态保护意识的景观设计师因此力图让有价值的绿化地块不要变得太小太孤立，尽可能容纳更多物种生存其间。在法国，多个城市正努力在硬质多沙的城市环境中建立“生态社区”。他们的设想是让“雨水收集”或“可持续城市排水系统”这样的新举措在城市里“播下种子”，期望即便离开市政当局持续的支持和拨款，它们也能不断自我发展和扩散。

向南方学习

透过生态区域视角来看，非洲撒哈拉以南的很多地方原本就是“绿色”城市。[32] 农田环绕着房屋，这样的市容很常见。“农民经济学家”提奥多·沙宁（Teodor Shanin）认为，非正规经济支撑着世界四分之三的人口，并且全世界有 4.45 亿座农场，其中 80% 的占地面积不超过 2 公顷——很多这样的农场都位于城市或者城郊。从秘鲁的利马，到刚果（金）的金沙萨，人们已经积

累了深厚的经验技术来管理城市和郊区农业的复杂社会生态网络。其中最重要的一条启示是：城市转型，不仅源自市容美化的追求，更多的是切实的必要。

都市农业所产出的食品是否真的意义重大？最近在美国的一项研究工作发现，情况确实如此——或者说，至少能够如此。研究者探索如何让克利夫兰——一个拥有大量潜在农业用地的锈带[iv]城市，在食品方面实现自给自足。研究结果让人惊讶：在某个假设情境中，如果把80%的闲置空地利用起来，便能生产
60 出该市所需的22%～48%的蔬果，25%的禽蛋，以及100%的蜂蜜。如果把商业和工业建筑的屋顶统统计算进来，这座城市完全可以产出满足自身需要的全部新鲜蔬果，94%的禽蛋，当然还有全部的蜂蜜。[33]

除了栽种食物，如何储存食物也是一个问题。为了降低能源消耗，人们开始研究借鉴过去的人保存食物的方法。数千年来，不同国度的人们都曾利用乳酸发酵来长期保存食物和蔬菜；这个过程无需任何化石能源，乳酸作为一种自然的防腐剂能够抑制导致腐败的细菌。随着越来越多的人不再依靠冰箱和化学防腐剂，转而寻求可行的自然的食物保存方法，这种先前对美食的一时爱好正迅速地成为主流。我曾经到访韩国首尔，在一家紧邻市政厅的农贸市场里，发酵腌制过的鱼肉和蔬菜被放在一排排桶里展示给顾客，其间还放着一坛坛亮红色的泡菜酱。与可以杀死食物中所有微生物的真空罐头和巴氏消毒法相比，发酵法恰恰反其道而行之：它通过自然条件让细菌和酵母充分繁殖，使得那些对人类健康不利的微生物失去生存空间。在韩国，腌

[iv] 锈带（Rust Belt），指美国从五大湖区到中西部北部呈带状分布的工业区，该地区曾经以发达的钢铁业闻名，如今遭受去工业化重创，经济萧条。—— 译注

制的泡菜被存放在“瓮器”——即韩式陶瓮之中，由整个社区共同管理和享用。[34] 类似用途的陶器和桶在韩国北部许多城市的面包房和酿酒坊周边社区中也随处可见，这意味着越来越多的人在不经意间成了实践生物共栖共存理论的专家。[35]

授粉昆虫小径

小块分布的城市种植区域成为一个活的基础设施，在支持本地面包和啤酒生产的同时，对授粉昆虫的繁衍也十分有利。随着蜜蜂和其他昆虫在美国和欧洲生存数量急剧萎缩，小型田园极有潜力成为散落分布的自然保护区。例如，英格兰地区的1 500万个城市家庭的后园，总占地面积比整个国家所有官方确立的自然保护区的面积总和还要大。[36] 为了把如此众多的微型种植园连接起来，加强城市的自然食品生产网络，我们需要一个为授粉昆虫建立的通道网络。在美国的西雅图，艺术家兼生态设计师萨拉·伯格曼（Sarah Bergmann）沿着哥伦比亚大街建立了数条长达1.6公里的种植带，作为连接城市两端绿地区域的走廊。每一条种植带——通常情况下只是道路和人行道之间的一条种草窄带——对身负

61

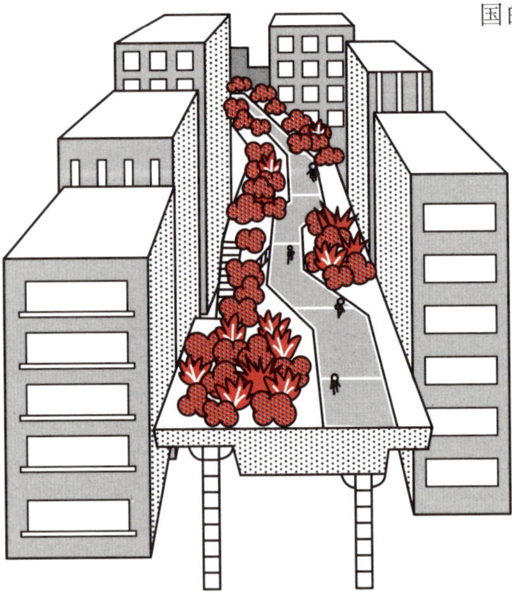

重任的授粉昆虫来说，都成了适宜觅食生息的花园。[37] 在英国，有一个全国性的项目已经启动，其目标是建立遍布全国的“蜜蜂公路”；这对授粉昆虫来说，将会是食物来源丰富的主要活动路径。[38]

用花草和树木填满我们的城市还能带来能源方面的益处。城市能够像热带雨林一样，发挥调节生态系统的功能。当研究人员探查遍布莱斯特市的公园、高尔夫球场、废弃的仓库和私家花园时，他们发现，城市中的植被所储藏的二氧化碳比原先估计的要高出 10 倍。[39] 成年树木的树冠为建筑和街道遮阴降温，这就起到了节能的作用。在街边进行种植也要求人们去除土地表面的混凝土，经过护根覆盖处理的树木将帮助雨水透过裸露的地表，渗入底下的土壤。树木还能防止水土流失，保持土壤水分，为儿童遮挡紫外线，产出食物，帮助病人战胜疾病，减少暴力倾向，为野生动物遮风挡雨并提供栖居所。在波特兰，近期一项研究还揭示了城市绿化又一项令人惊异的益处：提高新生儿的健康水平。研究人员发现，妇女如果在妊娠期居住在周边林木葱郁的住所，婴儿体格发育不足的概率会显著降低（报告未提及体型较大的婴儿是否会消耗更多的资源）。[40]

安迪·利浦基斯（Andy Lipkis）是一位城市林业项目的先锋人士，他也善用创新的社会组织来开展此类项目。他于 1973 年在洛杉矶创建了“树人”组织。该组织的“城市护林员”项目发起了在整个洛杉矶县的城市道路和社区里进行志愿植树护林的活动。“树人”组织还向低收入社区分发了数以千计的果树；在住宅的后院、学校校园、社区花园里，这些果树渐渐长成发挥着积极作用的社区森林。栽种树木并不是这个组织工作的全部。在栽种后至少五年时间里，树木的成长情况都在“护林协调员”

的监控之下，如有必要，他们会开展林木养护工作；如此一来，树木顺利成长到成熟期的概率就大幅提高。[41] 利浦基斯的开拓性工作为2005年“可持续城市林业联合会”的成立铺就了道路。在这个平台上，很多人聚拢组成一个团队共同努力，其中包括城市规划师、教育工作者、景观建筑师、非营利组织领导人、科学家、林木栽培师、育苗员，还有其他很多热衷、关注、支持城市林业发展的专业人士。[42] 美国林业局也随后建立了“城市和社区林业”网站，刊登大量让人欣喜的事例。载满最佳实践案例的手册被分发到1000多家规划设计事务所。[43] 在欧洲，一个以城市林业为主题的论坛集结了各种关于如何更好地管理较长历史的城市森林、公园及墓园的讨论信息。岛国新加坡计划将其全境森林化，从“花园城市”转型为“花园中的城市”。新加坡绿色建筑协会主席戴礼翔认为，城市规划师在着手开始绘制规划图时，几乎不可避免地会先设计道路，这是个令人痛惜的错误。戴先生意图扭转这个工作顺序。他引用来自美国国家航空航天局的一项估计，地球上每一个人可均摊到57棵树，因此，他宣布，新加坡的目标是将这一比率提升至100:1。

城市放归自然

随着重新和城市中的一切真实存在打起交道来，我们对大自然在过去38亿年中逐渐演化出的各种解决方案不由得心生敬畏。贾宁·班亚斯（Janine Benyus）提醒我们，除了我们人类，其他生命形式也有能力完美地做到输送水、采集太阳能、搭建居所、存储食物、循环利用养分、共享资源、建立群体、控制种群数量、管理生态体系，这一切都无需人类的干预。我们一直试图凭借化石能源去掌控这个世界，现在已经殚精竭力——但偏偏忘了其实生态体系不费吹灰之力便能实现自我调控。

这也引出了一个有趣的问题：如果砖缝中有了杂草，是应该伸手去拔，还是放任自然？越来越多的人开始倾向于听其自然。

63 如果把生物多样性看作是一种财富，城市实际上比我们想象中的更富有。在许多地方，城市的生物多样性要高于城外。在乡村，产业化的农业生产让大片土地都被单一品种的农作物覆盖；世界上已知的2万多种可食用植物中的不到20个品种占据了当今世界粮食生产的90%。比较之下，一些城市的风景则更为多姿多彩。城市生物学家克劳蒂娅·毕曼斯（Claudia Biemans）是荷兰海牙当地的一位博物学家和可食用植物研究者，她已经在该城市1平方公里的范围内找到了约300个物种；与之相比，附近相同大小的乡村地区只能找到50个物种。她指出，“蜜蜂对这一切了如指掌，所以现在蜜蜂在城市中更为常见”。在名为“追随自然”的徒步活动中，毕曼斯带领人们探寻城市中的各处生态秘境，在那里植物不但能够存活，而且生机勃勃。[44]

大部分城市植物都是可食用的。在墙壁上、马路边，行道砖的缝隙，以及其他无人照看的空间，各种草本植物的果实、叶子，还有可食用的花朵随处可见。阿姆斯特丹的林恩·肖（Lynn Shore）从事城市草药的事业，她也是众多的都市神农氏之一，帮助人们寻找可用于烹饪和制药的草本植物。肖所做的，还包括种子和植物的物物交易，以研究草本植物为目的的城市徒步，以及城市草本植物的采集工作。在洛杉矶，有着“现代神农氏中的摇滚明星”之称的帕斯卡·保达（Pascal Baudar）已将热情投入了他的新兴事业：洛杉矶市民络绎不绝地报名参加名为“精选野生食材之日落体验”的课程，每次支付100美元的费用学习如何烹饪在当地环境中获取的野菜。保德的“野生食物”课程提前数周就会被预订一空。[45] 大部分较为业余的探索者会使用一个叫作“柏斯科伊”（Boskoi）的免费手机软件在地图上定位可食用的野生植物；在被称作“拓展猎寻”的活动中，用户们会在共享空间交流野外可食用植物的信息。据该软件的荷兰开发者介绍，“Boskoi”一词源于希腊语，它可以追溯到居住在埃及南部和苏丹沙漠里的隐士的生活传统。这些简朴坚韧的人仅仅依靠野草和雨水生存，据说还放牧野生牲畜。这可称得上是后城市时代绝佳的生存模式典范。[46]

这些锐意创新的项目时刻提醒人们这样一个事实：世界上
64 有 20% 的鸟类和 5% 的植物都生活在城市地区。[47] 因此越来越多的城市设计和建造者们已经意识到，城市本身就是生物赖以繁衍生息的生命据点，在其区域内的生态系统就是一个价值源泉。[48] 在英国，“棕色地块”[v] 上生活的稀有昆虫比在年代久远的森林和白垩土丘陵地带的还要多。[49] 美国林业局曾经质疑城市中是否可能存在真正意义上的野生动植物，而如今该局正大力支持一个城市森林计划。[50] 在中国，2012年有6亿人次志愿者种下了640亿棵树。[51] 城市生态以及城市野生生物项目也在大学校园全面铺开。[52]“我的城市比你们那儿拥有更多的野生生物”突然间成了比反复炫耀所谓的“创意新贵阶层”更值得夸赞的事。

我先前提到过的克劳蒂娅・毕曼斯还参与了一个日益壮大的研究社团，他们认为，生活在城市中的动植物的进化正是城市设计的契机。在纽约，科学家们已经在城市鼠类的基因中查出了1000多个突变点——这一数据远远大于郊外的老鼠。灭绝、

[v] 棕色地块（Brownfield Land），指已遭废弃的农业或工业用地。——译注

入侵和适应的过程，共同形成了本土动植物和外来动植物的复杂共生。当然，并非所有这些变化都是正面的。曼哈顿岛上曾经生存过的 21 种本地兰花，由于开阔的城市空间取代了林地，可能已经悉数灭绝。[53]

然而，只要有种子留存，它们就没有真的灭绝。过去的生态系统就潜伏在我们的城市脚下，等待着重生，这个长久以来让很多艺术家浮想联翩的说法如今也给予科学家们无数启迪。古植物学家发现，1 平方米的城市土壤中，可能包含着数万枚处于“蛰伏”状态的植物种子，等待着从休眠中苏醒。作家丹尼尔·梅森（Daniel Mason）在他的《种子之城》一文中谈到，两个半世纪之久的城市植物研究揭示了一个令人惊诧的事实：城市的植物群“本质上是城市废址上的植物群”。[54] 在人们精心照料的公园和花园里，植物只在有限的、受保护的孤立环境中生长，与之不同的是，城市中的野生植物却需要“裂缝、路面的间隙和废弃的宫殿”作为生存场所。梅森总结道，除人工管理的花园和马路上的野生植物之外，还有“一个隐匿的、潜在的植物群——
65 类似于自然的森林——不会与城市发生冲突，而是与之共存，正耐心等待重见天日”。

尽管艺术家、作家和科学家们投身于各自不同的事业，但他们不约而同地认为，城市应该是自然的一部分，而不应独立其外。“城市食人族”这一团体声称：“与其花费精力去修整可持续的花园，我们更加乐见城市中各种生命的自我繁衍。”这个组织不仅仅关注植物，他们也自视为一个发声的渠道，“为城市中的有机体和无机物，矿物质的流动循环，以及与建筑物和动植物共存的、隐匿的微生物生态系统代言。”他们解释说，建筑物也会呼吸，也会有微妙的变化——只是节奏极其缓慢；即使是最坚硬的墙壁也搭载着细菌和霉菌的食物链。你愈是贴近观察，有机生命和无机物之间的界限也就愈加模糊。[55]

场所营造

这里是英格兰夏季的香巴拉节（Shambala），我正在房车上的活动控制中心门外，撰写这一章的尾声。墙上挂了一张街区地图，看上去是一个中等大小的城镇。15 000 人把很大一片空地挤占得水泄不通，有小帐篷、圆顶大帐篷、声光舞台、堆肥厕所、饮用水箱、热水桶、食品车、充电站、瑜伽练习场、一个理发店；另外，在草坪上还有香氛理疗师，房车载来的自动贩卖机，外加一些围着篝火堆的异教风格的圆圈。香巴拉节的核心区之外，还有无数帐篷组成了外围区； 在这里，每个人的睡眠空间大概只有几个平方米——条件大概和居住在别处的贫民窟的数十亿人口相差无几。

绝大多数在香巴拉节热闹一时的城市“部落”，都会在盛会结束后回到钢筋水泥和社交媒体组成的世界——但是，对于世界上三分之二的人口来说，漂泊和意外是生活的常态。例如，全球有 8 亿都市农夫，他们从事农业种植，是因为他们确实需要食物，而不是赶环保意识的时髦。在南半球欠发达地区的超大型城市里，非正规聚居区里充斥着临时商店、食品贩卖卡车、街头小贩、不合法规的栽种，以及勉强可称为公园的地方——而这一切，在香巴拉节，却是人们趋之若鹜且乐在其中的时髦新事物。
66 世界上很多难民营和灾后定居点也有很多活力十足的社会微型经济，让人们分享能源、物资、时间、技能、软件、空间，或是食物。这些活动更多地依仗于社会能量，以及人际信任，而不是固定资产和地产。关键在于人与人之间的协作和分享，在于人际互动，以及物资和建筑的改造和再利用。

轻度资源消耗的日常生活方式通常会被描述为“贫穷”，或是“欠发达”。但在一度被称为“发展中”的地区客居了 35 年之后，我已经醒悟，物质条件匮乏的人们极其擅长以不损害自然和人类财产的方式创造巨大价值。换言之，“自己动手城市主义”正是人们因为无法依赖工业世界的高熵运作体系而萌发的第二天性。这么说的目的，并非是要淡化贫困人口日常所面临的巨大生存压力；但是，如果考虑到一个可循环再生的经济体基本取决于本地化的生产、人力劳作和自然能源，那么世界上的贫困人群在这方面的认知程度要远远领先于其余所有人。

地球的需求和房地产行业联合会的追求，显然是南辕北辙。世界已经饱受过度建造之累。随着我们把经济发展的衡量指标转向土壤的健康程度和生物的多样性，我们努力的实际重点也在转向城市居民——包括人类之外的居民——的福祉，以及如何改善所有生命的居住环境。作家托马斯・贝里（Thomas Berry）把生态纪[vi]称为“人类的锐意进取和更宏观的生态觉悟重新整合”的纪元。这或许才是身居城市的我们应当思考和行动的正确方式。

[vi] “生态纪”（Ecozoic），是贝里创造的一个新名词，指继地球的古生代（Paleozoic）、中生代（Mesozoic）和新生代（Cenozoic）之后的时代纪元。贝里认为当前的新生代正在终结，之后所可能出现的地质纪元即为“生态纪”。——译注

5

食：从社会农业到食品资源共享

67 法国塞文山土壤课程结束不久后的一天，我睡眼惺忪地站在了英格兰西北部城市卡莱尔（Carlisle）的市中心，时间是清晨7点。火车站前的小广场空空荡荡，只有一辆大货车停在路边，司机正忙着卸下成包成箱的食品，不停地往一旁的咖啡馆里搬。货车驾驶室上方的制冷装置发出惊人的刺耳啸叫；这噪声震耳欲聋，以致我完全听不清手机上对方的来电，于是只得躲进车站咖啡馆。然而室内的情况也是半斤八两。两台冰冻饮料机正在咆哮，服务员不得不用叫喊的方式报出咖啡的价格。数小时后，我到达伦敦下了火车，在一家马莎食品店想买份点心，这时我又注意到了一个更为聒噪的背景声。出于对噪声源的好奇，在这个不算太大的城市食品店里，我挨个查看了每一个食品冷柜，它们连起来足足有78米。当我迈出店门步入繁忙的大街，冷柜的噪声随之融入了车水马龙的嘈杂声——我这个说法并非修辞，因为相当部分的交通噪声本身就因食品而起。农产品和食品，如今在欧洲地区占据了货物运输总量的近30%；在英国，25%的行车目的是为了采购食品。我们在移动过程中消耗的食物也越来越多：在美国，70%的快餐销量来自快餐店所设的汽车通道柜台。

68 更快，更肥，更致命。如果说食品带来了噪声，也许这的确很糟糕——但真正的罪魁祸首，是工业化的食品生产让我们付出的无声的、看不见的代价。在美国，不良饮食加上缺乏运动造成了35%以上本可避免的死亡，[1] 食品导致的肥胖症流行并不局限在发达国家。在印度新德里，三分之一的学龄儿童过度肥胖，主因是过去半个世纪里儿童饮食中的糖分含量增加了40%，脂肪含量增加了20%。这就是所谓的“发展”。吊诡的是，新德里的市政当局在控制食品卫生和现代化的名义下，想要取缔这个城市中30万个街头食品摊贩——即使他们所售的食品只使用很少的糖或饱和脂肪。另外，工业加工的食品不仅阻塞我们的动脉血管，也阻塞了我们的城市：全美各地的多个城市中，快餐连锁店排入城市下水管道的脂肪物质造成了污水管道封堵。[2]

让我们回到那个与食品相关的噪音问题。它又意味着什么？在寻求解答的过程中，我了解到有一个叫作“制冷地理”的现象。作家尼古拉·特维利（Nicola Twilley）发现，在北美和欧洲大部分地区，人们的饮食都依赖于一个庞大的“分布式冬季”。这是一个无缝连接的网络，其节点是无数具备人工制冷环境的加工厂、分销中心、运输集装箱，以及把超市走道衬托得始终夏意盎然的零售陈列冰柜。[3] 在参与冰雪之旅的食品中，有些表面看来似乎不需要冷藏：在佐治亚州花生被储藏在巨大的冷冻仓库里，美国人吃掉的土豆中有一半是冷冻储藏的薯条。特维利说，这条人工制冷的物流链，是实现所谓“产业型农业”的

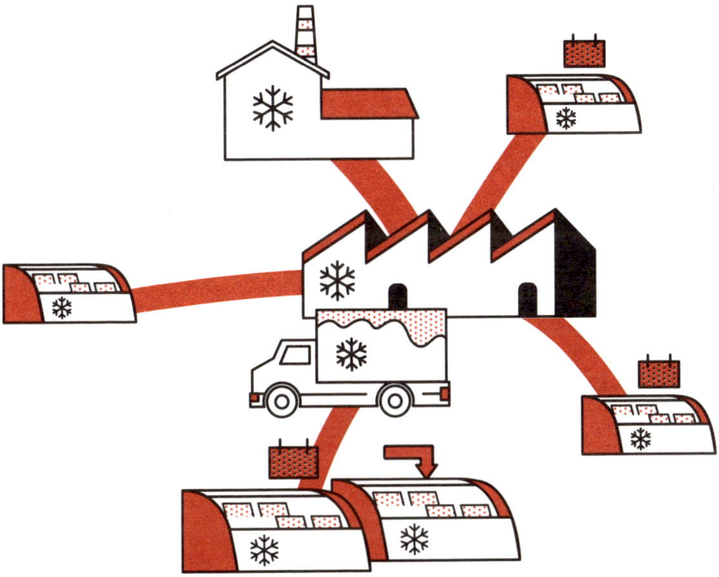

关键要素，但它给农户和生态系统带来了令人齿寒的后果，对此我们常有耳闻。噪声还意味着能源浪费，这就是为什么19世纪初的一个美国农场远比今天伦敦的人行道安静得多。在当时，食品生产过程中的能源消耗与最终人们从食品中摄取的能量，其比率约为1:1。而在今天的体系下，该比率约为12:1。

69 为全世界提供口粮

有10亿人依然生活在饥馑中，而且世界人口确实还在持续增长，所以那些巨型企业在围绕食物的论战中理直气壮地只谈生产力，一味追求提高产能。美国孟山都公司（Monsanto）的一个论调相当典型："下一个50年里，农民们必须生产出比过去1万年间产量总和还要多的食物。"[4] 基因工程作物的拥护者们坚信，只要提高产量，就能够消灭饥饿、降低成本、改善农民和贫困人口的生计；他们避而不谈的是，这些作物的种子都由私人企业拥有和掌控。增加农业产量所需的社会成本也被敷衍带过。例如，非洲绿色革命联盟（The Alliance for a Green Revolution in Africa，简称AGRA）就在鼓吹"土地流转"，但并不解释这将意味着农民们流离失所，让位于大规模机械化农业的现实。AGRA也不会告诉我们，这些农民将何去何从，以何为生——事实是，这几百万小农户中的大多数人将流落到快速扩张的巨型城市里的贫民区。[5] 农企巨头们尤其热情地宣传"智能应对气候的农业"和"可持续的集约化"的益处，对其带来的负面后果——大规模的土地私有化、小农经济被摧毁、农场外包，还有化学药品滥用——却三缄其口。管理咨询顾问们的遣词造句特别让人沉醉和安心。麦肯锡公司使用了大量"解放""开放"和"机遇"

之类的词，鼓动印度这样一个有着5亿小农户的国度成为“世界的食品工厂”。那些西装革履的人绝口不提这将导致社会、环境质量和公共健康付出灾难性的代价。[6]

政客天生惧怕揭竿而起的饥民，他们早已信服只有 BigAg 这样的大型企业才有能力给世界提供足够的粮食——但是一系列科学研究正在瓦解这种共识。饥馑是源于分配失调，而不是食物匮乏，更不是因为人口过剩。对于立法者来说，防止饥民暴动的最好办法是对全世界的农户家庭给予扶持，毕竟，是他们
70 在全球24%的耕地上种出了全球80%的粮食。[7] 权威的非营利组织“谷物”（GRAIN）的调查结果发现，如果肯尼亚全国大型农场的投入产出比能够与小农户相匹敌，则该国的农业总产量将翻番；在中美洲，类似的结果将是三倍；如果俄罗斯的大型农场能与小农场的产能持平，该国粮食总产量将是现在的六倍。[8] 联合国负责粮食问题的特派记者奥利维耶·德·舒特（Olivier de Schutter）认为，如果我们帮助小型农业单位以保护土地健康的耕作方式发展，立足于本地销售而不求助于大型收购商，那么饥饿和营养不良的现象是完全可以消灭的。[9]

扭转潮流是非常困难的事情。小规模农业所占的可耕种土地份额正在迅速萎缩。从肯尼亚、巴西到埃塞俄比亚和西班牙，有各种强大势力想巧取豪夺农民们的土地转而进行大规模集约化生产，因此他们迫使农民迁离，对农民进行威胁、殴打，甚至谋杀。根据“谷物”组织的报告，在过去50年里，四大经济作物：大豆、油棕榈、油菜籽和甘蔗，占领了约1.4亿公顷土地——这大约是整个印度的耕地面积总和。专家们预测，如果当前的生产主义体系[i]依然不受控制，在未来十年内全球油棕榈的种植面

[i] 生产主义（Productivism），支持无限制的经济增长，而忽略环境的退化。——译注

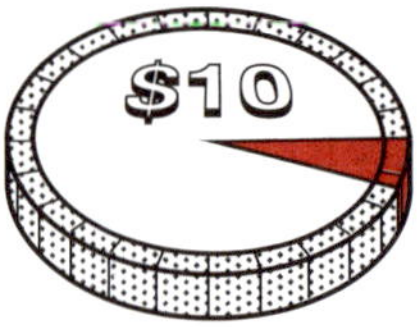

积还将翻番，大豆种植面积将扩大二分之 。而这些作物根本不能充当人类的粮食，它们只能被用来生产汽车用的农作物燃料。粮食缺乏问题的另外一个主因，不是产量不足，而是金融：在任何一个西方国家的食品店里，你我这样的消费者所支付的每 10 美元中，只有 60 美分最终到达农民手中。其余的 9.4 美元——所谓的"增值部分"——全都是相关行业的成交量和利润。

经历了卡莱尔那辆聒噪的货车之后，我便着手写关于食品的内容，没想到更多"恐怖"事例很快涌现了出来。我发现，几十亿磅中国番茄果泥的出口目的地居然是盛产番茄的意大利；[10] 欧洲向并不缺鸡的非洲出口一飞机一飞机的冷冻鸡肉；[11] 单单一个负责屠宰和切割的肉类加工厂，可以在短短一天内处理 1 万头规模化饲养的生猪；[12] 可口可乐和百事可乐一年花的广告费用比世界卫生组织的全部预算还要多。这些坏消息本身就够让人沮丧的。但要知道，噪声仅仅是一个表面症状，并不是
71 我们粮食问题的病根。肥胖问题亦是如此。养鸡场里挤满了生长周期仅为五周、饱受炼狱式折磨的小鸡，这也只是症状之一。所谓的"食品系统"正在慢慢地置我们于死地，了解到这一点固然有助于走向出路，但这条信息仍然过为抽象。我需要找到一个案例来说明如何在现实世界中改变一个系统。

更甚于"一加仑水换一颗扁桃仁"

在美国加州弗雷斯诺市中心，丹·奥康奈尔(Dan O'Connell)站在一个门窗都被木板封住的街角商店外，透过栅栏向黑洞洞

的内部张望。他说："这里看来行。"同行的工作伙伴基尔·施密特（Kiel Schmidt）也表示赞同:"改造可能要费一点功夫，不过等着来帮忙的专业人员都已经排成行了。"施密特和奥康奈尔是民间组织"食品共有权"（The Food Commons）的创始人，他们勘察的这个建筑已经入选，会被改建成一个食品分销中心和零售商店，这里将为弗雷斯诺当地生活最拮据的一部分居民提供新鲜食品（而这个群体有50万之众）。[13] 他们计划在未来几年内在该城市的每个"食物荒漠"都开设一个这样的零售供应点——这里将会是第一个。

当然，我们所处的地段的确是一个"食物荒漠"。我们驱车半个小时，经过了绵延数英里的空置房屋和无人的街区，而这里曾经是主要的农产区；在被房产开发占用之前，这里的农户们全年种植多达350种作物。在得知到达"市中心"时，我极为震惊。弗雷斯诺是2008年房地产市场崩盘的原爆点之一，许多被废弃的建筑物甚至已被夷为平地，只留下一地尘土。街角的对面是一个破旧的加油站，上方挂着一块标志牌，写着"汽油、食物和酒"。"当地人多半是在这样的地方购买食物。"施密特说，"香蕉之类的东西算是例外，其他大部分都是廉价的工业包装食品。"我注意到，虽然生活在全世界最富庶的农业区，弗雷斯诺贫困人口的日常食物大部分来自这些标价昂贵的加油站和迷你超市。在弗雷斯诺地区邮编为93706的一个市镇，由于每年有1680万公斤化肥被倾泻在中央谷地的土壤上，那里面临着全美最严重的环境威胁，当地居民所承受的健康风险要高于加州所有其他地区。[14] 凡曾光顾过该地区扁桃仁种植园的蜜蜂，有六成会中毒死亡。

72 经历这条堪比电影《银翼杀手》场景的"观光"路线让我的心情倍感沉重。随后，丹和基尔带我来到位于弗雷斯诺塔楼地区的五个“塔楼城市家庭农场”（Tower Urban Family Farms，简称TUFF）中的一个，这又让我来了兴致。基尔的家就在这里，这里到处都是苗圃。在TUFF建立的第一年，也就是2013年，这里就收获了1吨番茄，此后产量每年增加50%。虽然收成还谈不上可观，但TUFF还在向城市各处不断涌现的其他农场和社区种植园提供幼苗。接着我们前往一个大型的开放空间，那里曾一度是美国农业部的试验田，如今已被联邦政府放弃。这片19公顷的土地大部分处于休耕状态，只有中心区域由一些来自越南的苗族家庭开垦了百来个小块田地。

在比弗斯酒吧兼小集市，我享用了午餐，喝着当地自酿的啤酒，吃了超级新鲜的奶酪和色拉。席间，“食品共有权”团队向我这个大惑不解的访客介绍，为什么某些世界上最肥沃的土地却被众多社会和生态灾难拖入深渊，以及，他们打算怎样挽救。虽然中央谷地拥有全世界最大的、超级肥沃的一级土壤带，这里同时也属于半干旱环境，每年的自然降雨量只有500毫米。但人们有一个错觉，似乎外来水源永远取之不竭，可以确保加利福尼亚的农业兴旺——作家琼·狄迪恩（Joan Didion）将这形容为“管道工程思路”。[15] 这个海市蜃楼已经维持了数十年之久，支撑它的，是一个由水库、运河、水泵站组成的庞大网络，不停地将北加州的水资源输送到州内其他地方。[16] 自项目启动之日起，它的实际输送量就从未达到其规划时许诺的能力，到了2014年，这个系统终告枯竭。产业化大型农场有能力承担巨大开支，于是开始越挖越深，向曾经无法企及的地下蓄水层攫取水资源——当地记者维克·波多伊恩（Vic Bedoian）将之称为“水源军备竞赛”。中央谷地消耗的地下水是大自然通过降雨降雪等形式返还地下的总量的两倍，而食品产业把储存了数千年的地下水

开采出来，去灌溉生命周期只有数年的农作物。雪上加霜的是，
73 加州的农场主们已经铲除了一年一收的生菜、番茄等作物，将农场改为大型种植园专事扁桃仁、开心果，以及其他更具经济价值、但更耗水的作物。从经济角度看，这样的改变确实带来了丰厚的利润：加利福尼亚的坚果产业每年带来70亿美元的销售额。但是，随着现金滚滚而来，人们实际需要的食物却流向了别处。虽然大型农业生产商都声称他们在“为全美国提供食物”，实际上他们生产的杏仁，有85%都出口至海外。平均每颗扁桃仁要消耗4升灌溉水，所以这就等同于从一个近乎是沙漠的地区，把910亿升（那可是足足9个零！）水出口到地球的另一面。[17]

连接“自上而下”和“自下而上”

面对这样一个疯狂的局面，“食品共有权”团队并没有却步，他们以跬步至千里，雄心勃勃谋求改变。社区经营的杂货店正在筹划中。社区支持的农业计划，例如“农夫之女”，也正在努力推进中。有一些农夫集市虽小但有活力，社区种植园和都市农业正在整个城市遍地开花。有的项目还将学校和当地农民联系了起来。在政策层面，自上而下的变化也正在发生。在巨无霸农企垄断的黑暗隧道尽头，我们已经看到了一线光亮：例如，2014年，美国农业部宣布向地方和区域性食品生产体系投资7800万美元，其中包括食品中心、农夫集市、集中和加工设施、分销服务，以及其他立足于当地的食品企业。[18] 农业合作社、非营利组织、印第安裔团体，以及个人，都有资格获得资助。当然，7800万的投资，无法和产业化农业奢享的数百亿资金相提并论——但这好歹是迈向改变的一个开端。

知道了蛋糕的配方清单，还把原料都摆在桌上，这仍然算不上是做蛋糕。发生在弗雷斯诺以及数百个其他城市的无数社会创新，着实让人为之兴奋雀跃，但如果我们的目标是让农业体系整体转型，需要做的事还有很多。这就是“食品共有权”组织的着眼之处。他们的方案从单一专注食品生产本身，彻底转变为一
74 种总览全局的方法，让农业社区和当地的居民、土地、水体流域和生物多样性等各方面的利益都得到应有的关照。创建“食品共有权”组织的最初构想，就是像结缔组织一样把以下这些元素连接到一起：出产食物的土地（理想的情况是，以社区共同托管的形式为大众所有）；基础建设支撑，例如，分销和零售中心；以及服务支撑，包括法务、财务、通信，或是组织机构等方面的服务。组织的共同创始人拉里·易 (Larry Yee) 把“食品共有权”比作“一块全新的布料”。

每一个建有“食品共有权”组织的地区都由三个部分组成。首先，是一个非营利性的“食品共有权信托机构”，负责收购并管理与食品生产相关的资产，例如土地和各种硬件设施。这些集体共同持有的资产会以负担得起的价格租赁给参与合作的小型农场和企业；此外，由于持有这些资产的是永久信托机构，因此每一个人都将从中获益。其次，是“食品共有权基金”，这是一个集体所有的金融实体，将为区域食品体系内的各方提供可负担的资本和金融服务；这将缓解令众多小型农场裹足不前的现金流问题。再者，每个地区都会设立一个“食品共有权社区公司”，一个由当地人拥有并集体合作运营的中枢，负责把众多小型企业联系到一起，包括农场、食品加工厂、分销商、零售商，等等。在每个中枢都会提供各种服务支持，包括日常管理、市场营销、关于可持续农业的科学知识、技术协助，以及职业专门技能培训。

我所造访的弗雷斯诺，是“食品共有权”组织首个投入实际运转的项目实体所在地；该组织得到了来自这座城市的企业、学术机构，以及致力于社会公平性的民间团体的积极支持协助。[19]“食品共有权”的另外两个原型项目，目前还在建设中，分别位于亚特兰大和新西兰。一旦首批旨在验证理念的原型项目成功建立并运转，拉里·易相信这一模式可以适用于世界多地。“目前我们最大的制约，就是投资资金，”拉里告诉我，“但我们知道有资金可以去争取。”他现在的首要任务是接洽在农业信贷和抵押贷款业务方面比较活跃的本地和区域银行；他告诉这些银行，启动一个“食品共有权”的地区分部大概需要1亿～1.5亿美元资金。

75

回到未来

虽然，初次读到弗雷斯诺“食品共有权”计划的读者可能会感到惊诧，它似乎完全不切实际，然而我想说明的是，这是一场全球大转型的信号，它表明城市人口的食品生产及供应模式正在发生变化，自古以来城市设计的基本假设——即城市是人们生活和工作的区域，而乡村则是种植粮食的地方——这种划分已不再是必然。具体来说，有几十个海外城市全面开展的实验呈现出部分或完全相同的特点：从阿根廷的罗萨里奥，到纽约的南布朗克斯区、波特兰、巴西的库里蒂巴、德国的弗莱堡、墨西哥城、苏黎世，还有巴塞罗那，这些地方的城市居民们正在重新探索如何种植水果、蔬菜、各种香草，饲养禽类和牲畜——只要在城市的承载能力之内。参与这些实践的人数之多令人印象深刻：从全球平均来看，当今所有的城市居民中，有25%～30%

的人在城市中种植并收获食物。[20] 在古巴哈瓦那，12% 的城市土地被辟为农业用途；在印度尼西亚的雅加达，有 11000 公顷的土地被用于种植粮食；中国的上海也紧随其后：这个超级现代化的城市有 10000 公顷以上的土地是蔬菜种植用地。

诚然，这些案例都发生在“发展中”国家，然而北半球的众多发达国家也在追赶这一趋势。例如，在俄亥俄州的克利夫兰，有两位大学研究人员已着手调查，看看他们所在城市的 40 万受困于饥饿的人口是否有可能生产自身需要的几类主要食物，实现自给自足。在逐条街道开展的调查中，研究者先是发现了 18000 片闲置地块可以利用，然后，他们计算适合在城市环境下生产的食物（蔬菜、水果、鸡肉和蜂蜜）可能获得的产量。结论是：如果克利夫兰现有闲置土地中的四分之三能被利用起来，再加上一小部分工业及商业建筑的楼顶空间，这个城市可以为自己提供几乎所需的全部蔬菜、九成以上的禽蛋类，以及所有的蜂蜜。[21]

克利夫兰取得的积极研究成果，在我后来有幸参与的一个位于英格兰的项目中得到应证。英格兰东北部港口城市米德尔斯堡和克利夫兰（一个谋求自我更新的“锈带”城市）颇为相
76 似。在那里，我把一个大型都市农业项目加入名为“时代之设计”（Design of the Time）的社会创新双年活动中去。与在克利夫兰一样，我们先在这个城市四处寻找可用于农业生产的土地，随后，帮助社区团体、志愿者组织、在校学生、公共卫生工作人员，甚至学龄前幼童，在这些空地上进行种植活动。这些地点包括学校的运动场、医院的停车场、美发店门外的苗圃、画廊外面的草坪，还有一个大学的校园。只需稍加鼓励，就有来自六个社区团体的 1000 多人参与进来。当自己的作物成熟时——冬南

瓜、番茄，还有其他收成——我们的都市农夫们把收成送到不同的餐点制作中心，在那里，他们继续学习如何烹饪收获的蔬果。这个活动的高潮是在市中心举办的“米德尔斯堡之餐”庆典，有7 000人前来享用了午餐。[22]

新陈代谢的新形态

我承认，区区一顿午餐不会让一个有功能障碍的食品体系自发转型，但米德尔斯堡释放出来的社会能量是全球众多都市食品项目的典型特征。我把这些项目看作种子，落到看似坚硬干涸的地面上，却意外地茁壮成长，改变了城市的新陈代谢。这些萌芽类型多样，令人叹为观止。例如，在伦敦的“布里克斯顿啤酒”（Brixton Beer）项目中，很多酿酒人在自己的后院、天井、阳台、私人园圃和社区花园里种植啤酒花。与产业化大规模种植相比，这种分布式种植有着切实的优势：大型种植园中的啤酒花可能会被蚜虫和霉菌灾害横扫一空而颗粒无收，而在分散的、生态更具多样性的情况下，这样的风险会大大降低。[23]

然而，城市的弹性是否就意味着在每家每户的地下室建立一个酿酒坊呢？在美国，采用新工艺的酿酒厂数量达到了125年来的最高点，所谓“绿色酿酒厂”的发展本身已经成为经济复苏的驱动力。吉米·卡朋（Jimmy Carbone）是一家酿酒厂的经理人，当他计划竞选童年的故乡、马萨诸塞州的黑弗里尔市市长职位时，他启动了一个名为“从鞋城到酿酒城”的项目。他提出
77 一个问题：黑弗里尔这样的老旧“鞋城”能否转型成为一个具备弹性的绿色“酿酒城”，同时成为工业和自然和谐共生的示范城？[24] 卡朋的探索让他开始发掘废弃工业建筑的潜在新用途，

他也向各界朋友咨询了有关工艺酿酒、绿色建筑、工程、微生物学等各方面的专业意见。他发现，与消耗大量能源和水的产业化酿酒方式不同，工艺酿酒法可以让废弃的产品成为当地生态圈中其他生产流程的原料；位于科罗拉多州的新比利时酿酒公司就是一个很好的例子。他们在每桶酒上投入的能源要比美国酿酒厂的平均水平节约 40%——从投入啤酒花，到产出啤酒——酿造过程中的每个环节都被精心设计以实现更高的效率，并且循环利用废料。[25] 酿酒产生的废料也可用于丰富食物链，发酵过程留下的麦芽浆含有丰富的微生物群，可以用作猪或鲈鱼、牡蛎和青口贝等水产品的饲料。在芝加哥，食品界的先驱们正在把一座肉类包装厂改建为垂直式的都市农场，其中集成了多种经营，包括鱼菜共生养殖场、功夫茶加工、啤酒酿造、生物沼气能源，还有一个厨房可以把农场中的各种产出做成可口饭菜，整个流程最终实现零废料。[26]

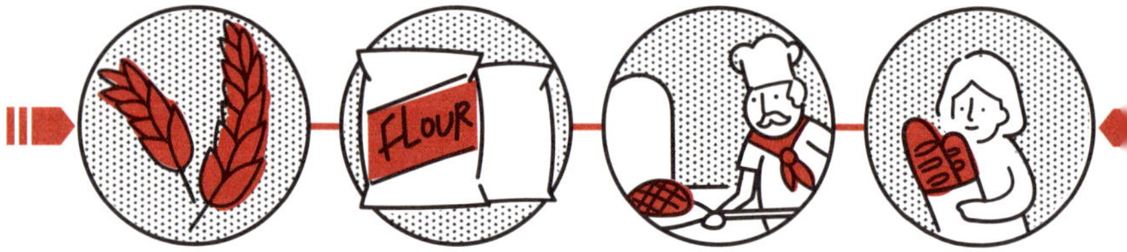

如果说啤酒是城市人口食谱上的关键一项，那么面包也必在其列。英国的“真面包运动”（Real Bread Campaign）也把分散的小块农业种植模式和当地生产加工结合了起来。为了取代那些充满添加剂、由柴油卡车运往英国各地的工业化生产的面包，“真面包运动”的参与者在建立一条更短的“谷物链”，尽量缩短谷物出产地、面粉厂、烘焙作坊和享用面包的顾客之间的物理距离。贝代尔社区烘焙厂（Bedale Community Bakery）是一个试点项目，它使用的面粉出自仅 3 公里之外的一家经过修复的水力磨坊。在伦敦，布罗克韦尔烘焙联合会（Brockwell Bake）和近郊农庄合作，在私人园圃、学校和社区公园里种植被称为“遗产小麦”的特殊品种。这个组织的成员一年四季都使用石盘磨坊，并用火力烘焙。组织还在当地学校开设了名为“真烘焙”的研习班。[27] 这场运动在商业模式方面也有所创新。在越来越多
78 的基于社区的面包烘焙项目中，企业的风险和回报都由集体共享。例如，位于约克郡的“手工烘焙坊”就是一家由员工所有的合作制企业。[28] 在保加利亚，也有一场类似“真面包”的运动正在蓬勃发展。在那里，名为“面包房网络”的组织在 20 座城市中建立了运营中心。年龄、背景各异的人们聚集在一起围着烛光餐桌制作面包，并用传统烤炉进行烘焙。从保加利亚到意大利，还包括两者之间的许多国家，已经建立起一条“面包之路”，将各地之间类似的“面包烘焙”活动中心连接起来。此外，人们还创立了一个国际性的网络——“无国界面包师”，其目的也是帮助世界其他地方的居民建立起类似的面包生产生态系统。[29] 美国有一个叫作“移动面包房”的项目，有着相似的宏图。在这个项目中，车轮上的社区面包房配有一个烧柴的烤炉，还有一个大圆桌，人们可以围坐着一起做面包、交友，储物架上满是来自不同国家的各种香草和茶叶，绿色的顶棚是一个种植了各种麦草、香草和其他植物的水培系统。[30] 随着这些活动、硬件基础设施和知识技能相互交织并传播发展，区域规模的“啤酒流域”和“谷物流域”正在渐渐成型。

协作式分销

“城市即乡村”的混合模式——谷物流域[ii]、纺织流域、食物流域——并不会立刻取代整个产业化农业，但证据表明，它们自身是扭转全球体系发展方向的多维度方案中欣欣向荣的组成部分。产量取决于城里和城外土地的生产力，而不能通过压榨土地来提高亩产量。在这个全新的食品生态系统中，“增长”意味着土地、土壤和水体变得更加健康，我们的社区也变得更具弹性。在整个系统中，不仅是千里之外的农夫，我们所有人都扮演着积极的角色。

有一个新世代社区支持农业的平台是这种新模式的先驱，名为“说‘是’的蜂巢”（La Ruche Qui Dit Oui，简称“蜂巢”）。[31] 平台诞生于法国，很快它便以“食品集结号”（The Food Assembly）这个英文名迅速传播到其他国家，“蜂巢”把互联网
79 的力量和社交网络的能量结合起来，在小规模的食品生产者和他们的客户之间架起桥梁。“蜂巢”是工业设计师兼厨师吉扬·谢龙（Guilhem Chéron）的智慧结晶，他运用15年来在设计行业跌爬滚打积累的专业见地，发展出了一个让人们和农民直接对接的方式。“蜂巢”平台用当地的“蜂巢”取代了传统食品体系中冗长的中间环节。如果有人搭建一个当地的蜂巢，她将从邻居、朋友、家庭成员中招募参与者——理想的人数是30~50名——然后，这个团队开始寻找当地的食品生产者进行合作。农民以非常诱人的价格在网络上出售他们的产品，蜂巢的成员还需要另外承担20%的费用来支付蜂巢协调员的费用、“蜂巢”平台的

[ii] 谷物流域（Grainshed），是指通过协作将谷物生产的各利益相关方及其资源连接而成的网络。这种网络被形象地类比成“流域”（watershed，水系所覆盖的区域）。由此引申出了“纺织流域”“啤酒流域”等。——译注

服务费，以及税赋和银行收费。“蜂巢”提供了一个平台并以此盈利，但它并不是一个中间商：农民们得到了他们理想的售价，整个系统完全透明；每一个参与者都知悉交易中每一分钱的去向。“蜂巢”的支持团队还在不断寻求方法来提高这个系统的适应性。比如，如果一整块奶酪对于一个家庭来说太大了，系统提供买卖双方都可接受的方式，让顾客可以只购买半块，或者四分之一块。他们还不断创造出新的工具，例如有一个应用程序可以把订单称重的秤与苹果手机连接起来。这可以避免流程文件，并让订单处理更加顺畅。

社会元素是“食品集结号”的运作模式中不可或缺的部分。每星期农民和顾客之间都有机会进行面对面的接触交流，这是该模式的主要亮点之一。每星期都会有一天在便利的地点交付订单分销货品；在交付货品时卖家自然会见到买家。大家通常会花一点时间坐下来喝杯茶聊聊天。“我并没有发明任何新东西。”吉扬对我说，“我只是把很多不同的想法融合成一种对参与者来说更有效的服务。我们已经设计了一个工具，能让分销和交换的流程加快10倍，并且更好用，比现有的系统更有吸引力。”建立一个有助于农民的生计，并让“蜂巢”平台良好运转的社会企业模式，是很重要的一个方面。因此，“食品集结号”也比一般的志愿组织具有更好的弹性。

80

社会型农业

对“蜂巢”平台进行的这一番了解引发了另一个萦绕我心头多年的问题：为什么我们中的大部分人从不涉足对我们生命存续至关重要的食物生产领域，并认为这一切理所当然？将这项重任完全托付给远方素昧平生的农民们，自己不做丝毫付出，这不可能是一个正常的现象。越来越多的城市人已经得出同样的结论，并且开始参与全新的、多样的种植相关活动。例如，在称为“关爱农场”的活动中，人们利用农场的资源向老年人提供服务——不仅仅是提供饭菜，还包括让动物们协助进行治疗，以及开展园艺疗法。在越来越多的“学习农场”中，城市人学会了各种技艺，包括制作茅草屋顶、干砌石墙、垒篱墙、建栅栏、烘木炭，当然还有农作物种植。体验的范围随着农业旅游的兴盛发展而扩大。并且，许多闲置的农舍也因此有了新用途，成为城市人开设的乡村社会型企业的基地。各种形式的多样化发展都给农民以及当地经济带来了实际收益，比如新的现金收入来源，还有新的工作岗位——但在我看来，更重要的成果是城市和乡村之间不断增进的社会纽带。这些联系已经开始弥合第一章中提及的“物质变换裂缝”。

对于都市人来说，可以做的事还有很多很多——即使他们最初只是利用业余时间参与。譬如，比起将要被取代的传统产业化农业，生态农业需要更多的知识，为处理复杂问题所需的技能也更多元。每一座农场，都从属于其他自然系统组成的生态区域网络，应该被当作一个生态系统加以研究和设计。我们应当调查计算土地的承载能力，还要设立各种系统来监控整个流程并反馈结果。这意味着，我们要尽可能让动物和植物有机地共生。我们需要开放的信息渠道来进行资源共享。我们还需要建立新的流通模式。

我们需要的所有这些创新，很少可以在大学或实验室里被
81 发明出来。我们真正需要的，是一个扎根于当地实践的知识生态系统，并且有成功示例可供借鉴。例如，在津巴布韦的“沙

谢内生经济发展培训中心”（Shashe Endogenous Development Training Centre），那里大片的畜牧场曾经仅由三个农场主所有，如今，有 365 家农户以可持续的方式经营着这片土地，他们已证明，人们完全可以在实践过程中学习掌握生态农业。[32] 这个活生生的例子是一个规模小但质量高的生态农业典范，在 2011 年发布的《沙谢宣言》（*Shashe Declaration*）中得到了褒扬。鉴于全球小农户在管理并经营多样化农业生态系统方面的专业技能，这个历史性文件承诺将为他们提供支持。宣言肯定了小农户们把农场、森林和树林集成为一个复杂、多样、动态的组合体的能力；还高度赞扬了他们在水资源保持和利用、流域管理、农林业和维护种子的基因多样性等方面的技能。《沙谢宣言》还指出，津巴布韦农民结合传统和现代知识，相互分享并传播到其他生态地区的方式方法值得全世界学习。沙谢地区的农民们发展出了分享资源和基础设施的新方式，例如仓储设施、公路、电力，以及信息平台。他们还发展出了新形式的信贷和保险业务来抵御自然天气的风险。国际农民团体“农人之路”（La Via Campesina）发现了沙谢地区的共享文化——它正在被不断复制；这个团体利用其组织网络开设地区性的培训课程、组织交流访问、制作学习材料，并在生态地区之间传播成功案例，形成一定的全球规模。他们的下一步行动是拓展这个生态农业培训课程的覆盖面，并通过农民之间的人际网络以及社区间的联系来招募更多参与者。[33]

要保证一个复杂的地方性食品生态系统健康运转，必然需要相关人士的实际介入，这并不是什么秘诀。和我们在第二章中读到的“希望行动”一样，生态农业不可能进行远程遥控操作。著名的生态学家弗雷德·基尔申曼（Fred Kirschenmann）也认为这一点非常重要：本着可持续发展的理念管理一片土地，唯一的

方式是在这片土地上居住得足够长久、接触足够深入，如此才能
82 学会如何更好地经营这片土地。“大自然非常复杂，并且在不断地演变。”他说，“如果在日常生活中，人不和自然建立密切的对话，他就会犯错，对他自身、对自然都造成伤害。”从根本上说，农场是一个生命有机体，基尔申曼总结道，这个根本原则不仅适用于管理农业土地，也包括原生态土地。[34]

小规模农场主固然欢迎直接的支持，如种子、化肥和现金投资，但他们更加看重间接和长期的支持。政府机构已经开始着手去做实际的、长期的改变，其中一个方面就是公共采购。例如在英国，每年有超过 20 亿英镑的政府资金被用于采购食品，越来越多的医院、学校、护理院、养老院、监狱、军队和中央政府部门都从小型农企手上以合理的价格采购生态食品。[35] 这个现象已经遍及整个欧洲，各国政府机构正在将直接支持小农户与向儿童、病患及政府雇员提供健康的食品逐渐挂起钩来。[36]

站在更高层面上，也可以看到很多信号——政府的政策正在转向侧重小型农业企业。政客们终于意识到，既然是小农户们承担着生产全球大部分食物的重任，那么任由大型产业化农企独占 80% 的农业补贴和 90% 的研究经费是完全不合理的。作为世界上最大的农业经济体之一，巴西已经启动以生态农业和有机生产为目标的国家级计划。[37] 法国和瑞士也把生态农业纳入其农业政策框架中。还有一个覆盖欧盟多国的名为“农业之路”（Farm Path）的项目，以增进生物多样性为目标，进一步促进农业生产活动的多样化，并探索土地利用的新形式。[38] 跨国界的生态农业运动已经在拉丁美洲活跃了 30 年，如今星星之火已在非洲点燃；新兴的“食品主权”（Food Sovereignty）运动就在大力主张符合生态农业的生产方式。[39] 2015 年在非洲国家马里召开

了一个关于生态农业的国际论坛。论坛汇集了农民、家庭农场主、渔民、牧民、原住民、农业工人、消费者、城市贫困人口组织、非政府组织、学者，以及其他社会团体。这次会议还发起了一个
83 计划，目的是促进当地的农业生产知识和农民的专业技能之间的交流，分享个体农民和小型食品制造企业的创新，加强众多不同的小农户组织、社会团体和其他生态农业推广组织之间的互助共赢关系。[40] 联合国粮食及农业组织（Food and Agriculture Organization of the United Nations，简称 FAO）总干事也对此表示祝贺，称其“在传统思维的壁垒之上开启了一个新窗口”，虽然直到不久前，他还对小型农业运动持反对立场。[41]

纵观食品体系的全貌，其复杂程度超出想象——但这也是一个健康的讯号。我们所处的这个时代，获取食物的途径多样共存，它们对生态的影响也利弊不一。大生产模式的农业在世界上某些地方为所欲为，但即便在重重压力之下，千百万个另类发展模式的种子也在孕育成长。在这一章节中，你已经读到了其中的一些例子。这些给人们带来希望的案例，本身就值得大加赞誉，我还从很多突破了原先的小格局，并终成燎原之势的案例上看到了更多的曙光。在瑞士有一个这样的例子：一个最早始于 20 世纪 30 年代，致力于有机农业的农民小团体，其长期的缓慢演变突然迎来了戏剧性的加速发展——这一切都发生在 20 世纪 80 年代撼动瑞士民众想法的两次危机之后。切尔诺贝利核灾难，还有山德士（Sandoz）公司导致大量农用化学品泄入莱茵河的一次事故，这两次危机成为了历史转折点：瑞士公众由此相信，单纯从“减少损害”的角度去努力是完全不够的，人们需要更彻底的变革。这一态度转变最终催生了 1993 年新农业法的实施，这让生态农业——全面、系统地专注于低化学品投入以及适应当地

特点的生产知识——成为瑞士的基本国策。当然，瑞士是一个特殊的国家，话虽如此，又有哪个国家没一点特殊之处呢？[42]

食品，作为一种共有资产[iii]

本章中的事例都贯穿着一条绿色的主题脉络：来自不同背景的人们努力尝试与自己的食物重新建立某种联系——它生长在哪里？由谁种植？种植的环境是怎样的？这些脚踏实地、立足于本土、以人的尺度进行的活动，是无数个萌芽，终有一天将取代当前这个对人类、对动物、对土地都同样槌骨沥髓、进行榨
84 取式生产的产业化食品体系。正确的方式非常通俗易懂，那就是：尽可能少耕犁土地；确保土壤表面有植被覆盖；促进物种多样性。这些不仅是具体的操作指导，更是价值准则。新的食品体系是技术实验，同时也是社会实验；只要人们以新的方式组织起来——不仅在土地上从事农业生产获取食物，还在那里生活并照管这方水土——这些实验正在发生。比如，社区土地信托，就是一个社会型农业在法律基础上的可喜创新。弗雷斯诺的“食品共有权”组织也有这样的计划。类似的，还有在英格兰的“福德赫尔社区土地倡议”(Fordhall Community Land Initiative)，[43] 在那里一个小小的农场现在拥有8000名“农场主”。这种以共有权为基础的获取食物的新途径，植根于合作、分享和责任，这就是其全部的内涵。[44]

[iii] Commons，指公共的、开放的土地（公地）；这个词语还有另一层含义：与一块土地的主人及其他人一起，从这块土地获益的合法权利（见《韦氏辞典（在线版）》）。这个概念后演变成为，一项资源或财产有许多拥有者，他们中的每个人都有使用权，但没有权力阻止他人使用此资源或财产。在面向可持续发展的过程中，人类生活和生产所需的许多资源（不仅是自然资源），都被作为社会和社群的共有资产来看待。因此在本书中，commons被译为“共有资产”或“共有权”，视语境而定。——译注

6

衣：
从农庄到衣装，
从田间到肌肤

85 我曾到过这样一个“热门景点”——斯里兰卡的一家内衣工厂。这家工厂拥有令人叹为观止的雨水收集系统、厌氧分解系统，以及有节水特色的景观，确实值得夸耀。在斯里兰卡，制衣行业的竞争异常激烈，每家企业都力图证明自己比竞争对手更绿色，更环保。斯里兰卡的制衣业拥有100万以上从业人员（其全国人口总数为2000万），因此对于整个国家的经济至关重要。企业必须应对来自两个方面的压力：一方面是实力雄厚的外国买家，例如，马莎百货（是我造访的这家制衣厂的唯一客户）、乐购，还有维多利亚的秘密；维密的采购员喜欢乘着大型直升飞机前来对他们订购的哪怕再小的产品进行质检。另一方面，斯里兰卡的制衣业还要面对其他服装生产国的竞争，比如土耳其和孟加拉国，这些国家也在扶持其境内几十万家小型和超小型企业。那些在全世界物色供应商的采购大户只需一份即刻的通知就可以轻易把生产订单换到别的国家，只要他们认为那是出于竞争的必要性。

虽然压力重重，但斯里兰卡依然决心要让企业在坚持道德和可持续发展的基础上进行竞争，而不能仅仅依靠低价战略，这着实让人钦佩。这个策略的核心部分是一个名为“作衣不作恶”
86 （Garment Without Guilt）[1] 的平台，该平台敦促全国的服装企业保护工人的权益、创造接受培训和个人发展的机会，并为缓解当地社区的贫困状态出力。我此行的主要目的是参加一个关于“道德的服装业”的专题研讨会，会议中讨论到那些大品牌的买手似乎唯一关心的就是如何把价格压得更低。人们还提到，服装产业似乎按照自己的节奏正不断加速，新产品的发布周期也越来越短。会议还谈到，年轻一代似乎并不在意是否存在全局性的危机，只一味给疯狂的消费潮流推波助澜。我还了解到一个特别的问题：如果你发布了一个“符合伦理道德”的产品系列，对比产生的言外之意，就是你的所有其他产品似乎都存在道德问题。一位行业领军人物自豪地告诉我，斯里兰卡已经从一个“裁缝国家”发展成“一体化解决方案的大师”。但在我看来，这可不是一种进步。我恳请他呵护扶植这个国家传统的服装制作模式，而我们只需找到一些新方法使得传统模式重获商业活力。在此，我也呼吁，要在制衣人和乐意与其建立直接关系的服装消费者之间建立起某种纽带。

服装产业在伦理道德方面的确有可指摘之处，这是一目了然的事实；若要问心无愧，恐怕你在阅读这段文字时必须赤身裸体才行。凯特·弗莱彻（Kate Fletcher）进行过一项具有里程碑意义的研究，名为“可持续发展的服装和纺织业”，我从中获知，单单一件纯棉 T 恤，就消耗了 2 700 升的淡水——大部分的水最终被配成饱和的杀虫剂；全世界农药总用量的四分之一被用于棉花作物。[2] 为了在沙漠中灌溉棉花，乌兹别克斯坦的咸海有 85% 的水现已消失——作为纯棉 T 恤的消费者，我也难辞其咎。运输成本也是一个大问题。一件 T 恤在生产过程中经历的平均运输路程相当于绕地球一周。所以前有食品里程的问题，现在我们还有纤维里程的问题。牛仔裤的金属纽扣需要经历镀层工艺，这个处理过程会产生成桶有毒的油泥。生产白色的衣物需要漂白工序，这会消耗大量能源。而我在洗衬衫时，使用的能源要比生产过程消耗的能源多出 6 倍。我平生的所有衣服和织物，最终的归宿几乎都是垃圾填埋场，不管是外套、家用纺织品、地毯，还是其他一切的一切。人们喜爱干净整洁，并下意识地通过穿着白色衣物来体现这一点，却恰恰因此削弱了自身的免疫系统。

87 全球食品和纺织品体系之间的关系盘根错节，关联程度之高令人咋舌。举例来说，以超低廉的价格，且顾客中不乏社会名流而著称的大型折扣连锁店普里马克（Primark），是英国联合食品公司（Associated British Foods，简称ABF）旗下的一家企业。ABF 是一家从事食品、食品配料及零售的跨国集团公司。公司坚称，它的低价服装产品“生产方式高效，且品质高端”。这可能所言不虚，但问题是，“高效”和“高质量”并不意味着“可持续”。和200美元一件的高端T恤相比，普里马克所使用的廉价棉花需要同样长的生长周期，每重量单位的收成消耗的资源也同样多；此外，由于原生纤维的价格极低，对数百万消费者丢弃的旧衣服进行回收、处理、运输、再销售这样的工作根本无利可图。进入普里马克这类低价零售体系的各种资源，其中超过九成会在三个月之内被当作垃圾丢弃。即使只使用竹子和大豆纤维作为服装原料，百分之百进行有机种植，且只在当地进行生产，像普里马克这样的企业生产的T恤**仍然**无法做到“可持续”，因为其余问题发生在像你我这样的顾客把衣服买回家之后。一件衣服“终其一生”平均会被洗涤和晾干20次：其生命周期所消耗的全部能源的82%，以及一半以上的固体垃圾、排放的废气和产生的废水，都是在洗涤过程中发生的。而服装和纺织行业的诸多捉弄之一，就是200美元的T恤比普里马克的低价货对环境破坏更大——因为它往往会被反复洗涤，而不是轻易被扔掉。

揭露我们为服装付出的隐性成本是一回事，如何找到解决方案则是另一个挑战。在设于伦敦的“可持续服装产业发展中心”，该机构的负责人迪丽斯·威廉姆斯（Dilys Williams）告诉我，许多大受鼓吹的“解决方案”其实并不像我们所期待的或宣传的那样完美。例如，所谓的生物降解纤维，并非想象中那样可以把衣服扔到堆肥堆里让它变成肥料，因为家庭堆肥堆的周边环境条件无法提供合适的温度和湿度。聚乳酸纤维（这类可降解纤维的另一个名称）只能够在工业级的堆肥设施提供的最适宜条件下才会降解，而这样的设施在全世界范围内也屈指可数。另外 88 还有一个让人吃惊的事实：天然织物比合成纤维对环境的危害更大。举一个例子来说，虽然涤纶纤维是从不可再生的石油中提取的产物，并且生产过程耗能巨大，但如果以这种材料的全生命周期来计算——从原材料生成，到使用阶段，再到废物处理阶段——总的来说对环境的损害并不算太大。比如洗涤和清洁过程，涤纶比纯棉更易清洗，因此耗费的能源更少；一旦使命结束时，涤纶也是一种可以百分百回收再利用的材料。

虽然产业内部的观点普遍正在发生变化，但全球化进程也在加快步伐。如今，许多国际品牌委托生产的企业都开设在贫困国家的大型工业区内，在那里，单个供货商的身份十分模糊；所以，一旦出现例如工业废水中含有大量致命有毒物这样的问题，我们根本无法追查到具体的单位。埃塞俄比亚是一个庞大的全球鞋类和饰品生产集中地，有 20 万外来工人，他们的月薪却只有 35 美元，比中国工人的薪资还要低十倍。七年的税收减免、监管豁免、低价土地，以及“外国专家费用分担制度”，对跨国公司都有着额外的吸引力。[3] 廉价劳动力已经不再是制衣产业在全球范围内进行重新配置的唯一驱动力。廉价的原材料，还有“廉价”的自然环境都成为附加激励因素。牧民和饲养绵羊的农户可以从每张皮料上赚得 10 美元，而这些皮料最终会被制成外套在富裕国家销售，价格高达 500 美元以上。在埃塞俄比亚，此等规模的产业扩张意味着土壤、河流、水域，以及生活在那里的动物和人类将蒙受可怕的灾难。例如，埃塞俄比亚是非洲水资源最紧张的国家之一，不断发展的皮革鞣制产业因其惊人的耗水量致使情况进一步恶化。生产 1 公斤重的皮革，需要消耗 16600 升的水。[4] 此外，按每单位产品平均来看，鞣制皮革也是世界上毒性最强的工业生产活动之一。[5] 在经历皮料预处理、鞣制和涂饰等不同工序的过程中，处理 1 吨皮料所需的化学制品至少有 300 公斤。鞣制工序中释放出的大量气体、液体和固体废料污染物中，含有铬、铜、镉及其他有毒副产品。污水会被倾倒
89 在土地上，或者排入地表水体； 工人和他们住在工厂附近的家属罹患皮肤疱疹、腹泻、肠胃炎、尿路感染和肝脏疾病，也与此有着直接关系。[6]

在收集不少上述复杂案例的过程中，我逐渐对服装行业的专业人士产生了敬意和同情。虽然时装设计师总被认为是一类肤浅的艺术家，实际上他们不仅要掌握有关款式、剪裁、布料、色彩和设计等各方面的大量知识，还必须有能力驰骋在技术和商业领域，驾驭纺织品加工、营销、传播，以及流通等一系列环节。这些都是相当复杂的问题。一旦了解到现实中他们的设计决策正在对世界上其他地方的河道、空气质量、土壤毒性，以及人类和生态系统的健康产生重大影响，就更能理解他们的工作举步维艰。

减少损害

归功于许多活动家和支持者孜孜不倦的努力，如今已有数百万人意识到了各种产业体系——包括纺织和时装产业——对社会和环境造成的损害。人们的意识以及对此问题的担忧与日俱增，因此许多服装品牌都做出了减少损害的承诺，并宣称它们

的产品通过了检验、鉴定，或者获得了某种认证，是符合可持续理念的产品。但是，这类标准的达标门槛一直很低；在对“可持续”缺乏统一定义的情况下，纺织和服装产业内林林总总400多个“可持续”标签和标准发挥的作用，仅仅是让各大品牌名义上将对经济、环境和社会的负面冲击“降至最低”，也只是名义上“尽可能减少损害”。[7]

诚然，有些大企业正在着手采取实际行动，而不是空洞承诺。“可持续服装业联盟”（The Sustainable Apparel Coalition）的商业成员几乎覆盖了全球三分之一以上的制衣和制鞋企业，该组织创建了一个评估工具——“希格斯指数”（Higgs Index），从而以标准化的方法去衡量从原材料一直到产品生命周期终结对社会和环境产生的所有影响。来自原材料、生产制造和包装流程的能耗、废弃物及有毒物质排放都会被考虑在内。但即便
90 这样，也只是治标不治本，依然无助于从根本上打破我们所处的困局：一个在有限的物质世界里追求无限增长的经济体。没有一个服装品牌告诫过消费者要控制他们的购买欲。[8]

让物品保持生命力

纺织和时装领域的变革引领者们已经意识到，单单依靠让人们“少买、少洗”的生硬说教来对抗一个崇尚“洗两次、穿两次”的全球性产业，是无济于事的；整个系统的金钱基因驱使它不惜代价地膨胀增长。引入变革的新方式，是利用文化干预这个工具，寻求先从服装产业的边缘开始产生影响。

在伦敦时装学院，我参加了一个名为“实用工艺”的活动，200多位专业人士共同探索这样一个问题：什么样的系统能够

在不增加衣物消费量的前提下提升我们的穿着体验？在石油时代之前的数千年历史里，人们一直小心呵护衣物；缝补、改制、保养衣服都是日常生活的一部分。难道我们真的无法把这种传统习惯的闪光点同今天“点对点式的”[i]生产过程结合起来？我们讨论的大部分素材，是由设计师和艺术家们在全世界收集到的 500 多个案例，那真是一个非凡的宝库。在这些案例中，人们对穿着、保养和爱护衣物有着不变的专注，并从中体验到成就感和生活的意义。[9] 例如，在“芳草地”（Grasslands）项目中，艾玛·莱纳斯（Emma Lynas）从位于澳大利亚维多利亚州的农场萃取各种植物染料，因而把人们的服装同地球实实在在地联系了起来。她收集了桉树叶、野生百里香、北美香柏果、地中海白松的松针，然后和长纤维植物一起用文火慢煨。最终得到一系列有着夏季风韵色调的染料：稻草色、金黄色，还有古铜色。在另外一个案例中，萨沙·杜尔（Sasha Duerr）在她所居住的社区寻觅原材料。她的方法是不经过任何提取过程而直接利用植物。她根据有关植物的生长周期、季节性和可能的色彩等方面的系统知识来制定商业任务的计划——好比一个有机食品大厨根据当地的特产和时令物产来设计菜单一样（为了准备自己的婚礼，杜尔用从当地采集的小茴香给所有伴娘的裙装手工染色）。杜尔
91 还同位于伯克利的加州大学植物园一起合作，[10] 制作了一幅天然纤维和印染地图，详细记述了植物的名称、用途和属性，以及它们的叶子、果实，或者树皮能够产生何种色彩和肌理。[11] 这个地图项目随后引出了另一个新项目，专门整理伯克利植物园内

[i] 点对点式（peer-to-peer），即 P2P，英文字面意思为同伴对同伴式的，是指在分布式网络结构里，独立的节点彼此之间可以直接共享信息和资源，而不需要依赖于中心（或者顶层管理者）。—— 译注

的可食用纤维和染料植物的信息。“重新获得知识也可以是一个创造性过程，”杜尔说，“我热衷于重新发现和试验那些已经‘失传’的配方。我们必须更深刻地认识到，我们的世界其实存在着那么丰富的可能性。在商店里，只会有三四种不同的苹果可供选择。服装纤维和染料植物也是一样。可大自然中还有着无数宝藏等着我们去探索！”

荷兰设计师克里斯蒂安·迈因德茨玛（Christien Meindertsma）在她的“亚麻”（Flax）项目中，以产品和伴随全球化程度日益加深已难窥踪影的原料为对象，对它们的“生命历程”进行了一番探索。曼德兹玛使用从当地播种收割的亚麻制作了一系列产品。把生产过程记录下来是项目相当重要的一部分；她与一位电影制片人和一位摄影师合作，细致地记录了亚麻加工处理的五个阶段：播种、开花、收割、沤麻和压捆。[12]

从这些案例中得到的主要启示之一，就是那些持久爱护衣物的人并不把衣物看作呆滞的、静止的东西。用凯特·弗莱彻的话说，他们这么做，因为他们“生活的世界本身就是获得无穷意义的来源”。创办了“实用工艺”的弗莱彻认为，对自己的衣物有感情的人，更可能也更乐意与制作衣物的人、与为其供给原材料的生态系统建立联系。人们如果对服装的全生命周期都有所接触或了解，自然而然也会关注各种自然系统，比如周期的循环、物质的流动、网络，以及它们相互之间的关联。萨布丽娜·玛弗兹（Sabrina Mahfouz）是我们当天的驻场诗人，她认为，其中的道理很简单：重新认识服装材料长久以来被忽视的品质，是实现整个系统转变的关键——我们必须“让我们的物品保持生命力”。

92 从农庄到衣装，从田间到肌肤

生物区域级的食品体系的转型变革正在草根层面孕育发生，我们在第五章中谈到的“食品共有权组织”就是一个例子。纺织纤维体系亦是如此。在加利福尼亚，“可持续棉花项目”（Sustainable Cotton Project，简称 SCP）正在改变世界上最普遍的一种贸易商品——棉花的种植和营销方式。琳达·格罗斯（Lynda Grose）介绍说，新方式能够减少从棉花田到衬衫的整个生产过程对地球大气、水体和土壤，以及棉花种植地区人们的健康状况产生的负面影响。SCP 帮助中小规模的传统棉花种植户生产出高品质的纤维材料，同时，将化学制品的影响降到最低；减少使用化学制品，并引入更多基于生物治理的经营方法，这些举措都有助于农民们更好地照管他们所在生物区域中的土地、空气和水体。格罗斯鼓励农民把农场作为一个整体系统来看待，并帮助他们把生物控制方法，而不是化学农药作为他们的首选防线。SCP 帮助农夫们通过给益虫提供栖息繁殖的场所来抵御害虫；如果与害虫抗衡的益虫数量不足，就根据需要释放出更多益虫来增强对农场的保护，同时，免费提供每周监控害虫和益虫数量的服务。这是一个基于生态系统的方法，同时也是一个基于社会系统的方法。随着农民专业技能的提高，他就会逐渐成为自己邻居们的“导师”。SCP 还组织在美国圣华金河谷地区棉花农场的参观游览活动，让有兴趣的农民得以一窥幕后的场景，看看种植“清洁棉花”的农民是如何工作的；他们可以欣赏常绿灌木篱墙，走入有色棉花田，参观轧棉机，等等。常规的室外参观日程，加上一些辅导培训课程，使得农民之间可以深入分享各种信息、互相提供帮助。[13]

丽贝卡·伯吉斯（Rebecca Burgess）是“加州纺织纤维流域”（Fibershed in California）的创始人。她确信，继食品之后，纺织纤维也将获得大众的关注。[14] 在开创“纺织纤维流域”之初，她给自己设下一个挑战，目标是在一年内只穿离家方圆 240 公里范围内出产并染色的材料制成的衣服。伯吉斯发现，如果要在一个生物区域内形成一个“纺织纤维流域”，主要组成元素其实都已具备：牲畜、植物和人、技能、纺车、编织针，以及落地式织
93 布机。[15] 但是这些元素之间缺乏关联。她所在的地区有许多小型农户和制衣作坊都经营得非常出色——只是规模尚小，而且大部分成果并不为世人所知。“我们的首要任务是实现纵向、全流程的整合，从田间到肌肤。”伯吉斯说。作为让“纺织纤维流域”的各方建立关联的第一步，他们组织起了一年一度的“羊毛和精细纤维研讨会”，将区域内的生产者、剪毛工、手工艺师、设计师、编织手艺人、纺织企业主，以及服装消费者聚集到一起。[16] 他们讨论了接下来如何才能向本地区供应“农场新鲜出品”的服装。其中涌现了各种各样的细节问题：如何保持群落的质量，实行轮转放牧制度；如何控制野草；如何抵御猎食动物；如何通过育种获得某种色彩的纤维；纺纱和纤维加工能力，等等。他们还设立了一个不断补充完善的数据库，对每一座奶牛场、牧场、农场，或是饲养着至少一头绵羊的农户采集数据。[17] 这个数据库就像是一幅羊毛资源地图，人们正在用它来评估未来的服装纤维加工设施所需达到的规模、范围和分布地点。此外，他们还在建设一座原型实验兼培训基地，命名为“纤维实验室”。

还有“皮革流域”

在皮革产业领域，新的模式同样正在涌现——而且还是在貌似不可能的环境中。坎普尔就是其中一个例子，这座位于恒河岸边繁荣的工业城市，是印度最大的皮革集散地。长久以来这座城市的声誉都受其众多鞣皮工厂排放的高度污染物所累。但是，皮革产业为这里的25万人提供了工作岗位和生计。曼西·古珀塔（Mansi Gupta）是一位设计师，同时其家族也在该地经营着多家皮革工厂；在她看来，任何解决方案都必须以这些工人的利益作为出发点。“清洁生产，不仅仅是个技术问题，本质上这是一个社会过程。我的工作是改变那些制作、使用、维护物品的人与他们所使用的材料之间的关系。”她这样解释。古珀塔并没有就鞣皮产业的危害进行抨击，她的第一步行动是通过出版物和电影短片褒扬了由人、技能和文化构成的坎普尔皮革产业生态。接下来，她同坎普尔的皮革产业圈中已经发生观念转变的人和机构开展了一系列工作坊。

94 我们发现，欧洲和美国的一些小型研究中心正在研究开发清洁的皮革鞣制工艺。皮革生产并不是“自古以来”就有毒；早在工业时代之前，人们一度使用自然的材料和加工方法来制作柔软耐用的皮革，有点类似麂皮。随着几个世纪农业的发展，人们开始使用树皮鞣制法，制作出了更加坚韧、密实的皮革，用于马具、硬底皮鞋、皮带，以及盔甲等。到了18、19世纪，基本上每一个美国城镇都有一间鞣皮工厂来满足当地人口对鞋具、马具、手套之类物品的需求。保养和修补皮革制品也可以在当地就近完成，十分便利。[18] 今天如果我们在不破坏生态平衡的情况下从事皮革生产，就要从大自然中获取天然的鞣皮介质，比如，鞣酸、明矾、土壤矿物质、鱼油，还要经过木柴熏制——这些手段即使在现代化规模制造的背景下，仍然具有很大的潜力；我们同样可以使用化学鞣制法中的机器设备。像“纤维流域”的情况一样，这种新方法会略微提高产品成本。其中，部分原因是化学鞣皮法中使用的大量化学品在一些环节中只能用人工劳动取代。还有一个关键因素，就是时间。皮革鞣制过程采用的工业化学品，例如硫化钠，可以把皮料浸泡和脱毛所需的时间从大约一周缩短到仅仅几个小时——但是达到这种效果的做法非常极端。动物毛发在化学药物作用下会融成浆状物，这样就能在无需人工介入的情况下使用巨大的离心转筒完成整个脱毛工序。在鞣制加工过程中的整个湿处理阶段，皮料都一直待在转筒里，各种化学品被倒进去，再排出来，这样就进一步节省了时间。但是，问题在于饱含各种化学品的有毒浆液，往往最终会被排入污水管道系统，各种化学物质会在那里发生氧化反应，把水生生物所需的氧气消耗殆尽。[19]

有毒的皮革加工方式有替代方案，这是一个鼓舞人心的消息；然而古珀塔认识到，我们还需要一种全新的商业模式来促进替代方案的推广发展。因此，她建立了一个实验室，把皮革工人、皮革鞣制专家、设计师，还有商人聚集到一起，来为这样一个前途无限的商业创意建立原型。这些实践行动目前规模依然很小，但如果把所有这些看作一个整体，我们可以看到，皮革产业及其从业者们将翻开历史的新篇章。皮革工人将第一次作为一个个有血有肉、有名字、有存在感的人，成为这段历史的主角。

95 总部设于伦敦的“皮革制工集团”（Leather Working Group），成员包括了玛百莉、巴宝莉、路易威登、H&M 和马汀博士等众多知名品牌。该组织规定，所有作为供应商的农场和鞣皮工厂必须符合特定的环境监管标准，并且有规范化的流程落实到位以确保这一点。[20] 但是，这里存在着一个根本问题：涉及的所有人——牧民、鞣皮厂、制造商、中间商、品牌公司，以及消费者——都是通过商业交易彼此关联的。关系链中的每一方都被“低价买入、高价卖出”的原则所驱动。时间就是金钱，因此没有任何一方愿意为时间买单。供职于各大公司的庞大的产品经理群体操纵着这个体系，他们的薪酬和地位取决于企业获得的利润，而不是远方某处一片水域是否遭到破坏。这个基于商业利润的模式决定了生态环境的福祉，而那些经营管理着生态环境、大多并不富裕的人们的福祉是被排在最末位的。

问题的解决方案其实并不复杂。如果有一个大型服装集团企业有见地做出改变，例如像开云集团（Kering）那样，它会要求自己的经理人追求另外一种利润：这种利润不再是在两个抽象数字——成本和营业额——之间的差额，而是衡量在一个业务周期开始和结束时，土地健康程度发生的变化。如果一个企业的经营规模是生物区域级别的，这样大体量的集团企业应当有能力找到途径，把其原材料来源地的土地交给类似于美国“食品共有权”组织首创的信托机构去管理；信托机构会在双方认可的条件下把土地租赁给小型畜牧业单位。每一个生物区域都会以协作管理的方式达到同一个目标，即生命系统的再生。开云集团能够照常获得原材料，而它的产品将具有更高的价值。通过帮助顾客感受到与参与商品制造过程的所有人建立了联系、与某个地区独特的工艺和资源建立了联系，集团的企业品牌就超越了工业时代模式下毫无人性温度、千篇一律的物质交易。

土地重于“经济”

去旧迎新——彻底取代，而不是新旧并存，要付出怎样的代价？服装产业是一个具备高度适应能力的系统。系统中的参与 96 各方，包括服装设计师在内，自然对市场中哪怕最微小的变化也会给予高度关注。但迄今为止，他们的关注点还从未触及服装原料产地的社会和生态健康。而对于努力建立服装产业全球可持续新生态的先行者们来说，下一步，毋庸置疑，将是把土地的健康，以及在这片土地上生活的人们的福祉作为事业的核心。

在大量不同的实验和尝试中，势必会取代当前全球食品和纺织品体系的新模式正在形成。从使用非转基因棉种的农民，到通过网络平台寻求市场、协调供应网的工匠，都预示着一个能“让事物变得更好”并具备自我再生能力的新经济模式即将到来。就像琳达·格罗斯所说的那样，这些探索扭转了全球体系的发展方向。人们不再通过不断压榨土地以获得更高的纤维亩产量，而是由土地的健康程度和承载能力决定产量。所有的决策都由在土地上工作、最了解土地的人们做出。土地可以承载的产量，以及足以提供农民经济保障的必要利润，将决定棉花纤维的价格。衡量“增长”的指标，将是土地、土壤、水体是否变得更健康，社区是否更具弹性。“共有权方式为我们提供了出路，不必再陷于企业和社会活动家之间的两极争论之中。”格罗斯说，“这样我们就不再需要那些复杂的——并且大部分是误导性的——鉴定和认证标志系统。”组织机构的社会模式随着物资流动的多样化而协同进化。一些地区组成了合作社，另外一些地方成立了农民和工匠拥有的商业实体；有些还起到了类似“食品共享组织”“纤维共享组织”的作用。这些体现社会凝聚力的民间社群形式，为服装产业走向新的天地铺就了道路。而且，普通民众也不再被看作是促进服装体系内物资加速流动的被动消费者，而是被重新定义为协作者。

服装纤维网络

服装纤维社区青睐大众协作，“瑞弗丽”（Ravelry）网站就是一个出色的例子。（截至撰写本书时）这个网上论坛拥有 400 万用户，[ii] 囊括针织、钩编、设计、纺纱、织布、印染等各方面的人
97 士。2007 年，凯西·福布斯和杰西卡·福布斯夫妇（Casey and Jessica Forbes）创办了瑞弗丽，提供免费社交服务。通过这个网站，其庞大的用户群体可以查找有关纱线、工具、项目和设计图案的信息，并在相互之间找到创意和灵感。除了让用户们可以交流技艺，瑞弗丽还促进了微型商务的成长发展，为手工艺者提供销售设计图案或纱线材料的渠道。澳大利亚阿德莱德大学的萨尔·汉弗莱斯（Sal Humphreys）博士认为，瑞弗丽的成功，关键在于其巧妙地驾驭互联网的力量来管理微型商业，并照顾到了各种小众市场，同时它还是这个服装纤维社区值得信赖的社会生态圈枢纽。[21] “这里不是一个没有规范、任何人可以为所欲为的地方。”汉弗莱斯说，“我们有一个制定决策和实施干预的层级结构。但更重要的是，在这个服装纤维经济的小角落里，我们在工作中处处奉行‘瑞弗丽精神’。”这种“精神”的一个重要组成部分，是“礼物的文化”：许多人把编织的成果作为礼物送给朋友和家人，这也与网站时常提及的另一个成功要素——“慷慨”——相契合。

[ii] 在本书翻译过程中，ravelry.com 的注册用户即将突破 800 万。——译注

瑞弗丽所支持的活动和人际关系的复杂性之高、支持形式之多，对于纯粹的商业网站来说是不可想象的。在某些情况下，它输出的成果与其说是物质的，不如说是社会性的；生产制作的时长千差万别；而且，人们有时获得的是经济收益，有时是社会收益，有时两者兼而有之。

由于对“什么是可持续”缺乏一个统一的定义，我们一直以来都被“让这个世界‘尽可能不受破坏’”之类的空洞许诺敷衍打发。在“纺织纤维流域”这样的规模上进行的纺织品生产，有史以来第一次可以与土壤和水域的健康情况相协调。区域规模的生产不可能制造出全球化生产那样大量的廉价服装，然而，难道我们对一件超级便宜的T恤的渴望比维护土地的健康更为重要？我不这么认为。此外，对于数百万活跃在瑞弗丽这样的网络平台的服装制作个人而言，一个区域性的服装生态体系，并且有机会与参与服装制作的每一个人相识相知，将会超越工业时代模式下毫无人性温度、千篇一律的物质交易。让我们的物品保持生命力，就必须让我们的土地保持生命力。

7

行：
从两轮货运
到云端通勤

98 前来伊斯坦布尔机场接我们的是一辆宽敞的奥迪车，其配备的电子控制设备之多堪比新型的空客 A380 客机。奥迪汽车，包括其他类似的高端汽车，不久以后都将运行 2 亿行以上的软件代码。[1] 相比之下，波音公司有着“梦幻飞机”之称的新型 787 客机的航空电子系统和机载辅助系统只需要不到700万行代码。这样看来，如今的汽车应该是高度智能化了，对吗？可能，但也未必。假如有一位车主驾驶着这样一部重达两吨的汽车在马路上驰骋 1 英里去买一个 300 克的披萨饼给孩子当晚餐，这是否是一个明智之举？如果答案是否定的，那么是谁的判断出了错：是汽车，还是车主？如果成群飞行的蝗虫不会互相撞在一起，为什么现代化的汽车“需要”如此之多的电脑计算来加以控制？

我此番来到伊斯坦布尔，是受邀担任奥迪城市未来奖（Audi Urban Future Award）的评审委员，这个评奖活动没有回避各种尖锐问题——因为这些问题意义重大。奥迪公司内部的未来观察员已经察觉，对未来城市的各种设想都有一个让人无法淡然处之的趋势：在越来越多关于未来的展望中，并没有保留汽车的位置。[2] 未来城市的蓝图似乎都围绕着各种摒弃汽车的方案，以此解决交通瘫痪、空间不足，以及空气污染等问题。为了理解这一趋势对于奥迪这样的汽车生产企业究竟意味着什么，奥迪
99 公司启动了“城市未来动议”这一活动，就协同交通、建筑和城市发展等课题展开对话。各行各业的专家受邀来探索新思路，如何以集体、全局的思路思考城市交通（mobility）问题。奥迪请来的评审委员会成员也非常多元化：首先当然有建筑师和交通专家，另外还有一位作家、一位哲学家、一位博物馆馆长、一位网络设计师、一位太阳能工程师，以及一位电影制片人。

这不是一个概念设计竞赛。每一个团队都代表一个现实中

的城市，需要在深度调查该城市情况的基础上提出设计提案。大多数参赛方案都直面“有车还是没车”这个核心难题，其中的一些团队动了真格。在展会上播出的一个令人伤感的视频中，一位中国男子怀抱着一个幼儿，对着镜头说：“走在城里感觉很不好。”在另一段拍摄于伊斯坦布尔的片子中，一位男子在大雪中沿着人行道努力推着婴儿车前行；他被人行道上的垃圾袋挡住了去路，但又无法绕开，因为身边马路上停靠的汽车头尾相接排成长龙。考虑到在世界各地，人们行程中有 40% 的时间是在步行或等待，那么结论显而易见：在空间利用不公平的问题上，汽车难辞其咎。[3]

伊斯坦布尔团队设计的对策，是一个名为“泊车”的在线平台。它将利用社交网络的力量来提高共享交通的利用率。他们的思路是，减少私家车的停泊，把空间释放出来用于公众的社会和文化活动。美国设计团队建议将所有的交通系统捆绑起来合成一个高科技、优化、持续运行的交通主动脉。来自印度孟买的“暴击”小组设计出一整套出色的工具，统称为“乱中有序”，这个设计旨在提高城市的“交易容量”——从而促使不同人群之间发展出更多可贵的联系。[4] 一个来自中国的设计公司着眼于“云物流”的前沿概念，建议将珠江三角洲地区的整个交通基建系统埋入饱受卡车和污染物破坏的道路底下。来自巴西圣保罗的
100 “城市智库”以实物和社会性的对策对交通移动本身大加推崇。活动最后，鉴于 Höweler+Yoon 建筑事务所的“共享之路”提出了“摆脱所有权羁绊的机会”这一概念，从整体系统层面将社会和技术革新融于一体，评委会最终将其选定为大奖得主。[5]

交通出行是基本需求吗？

在回顾奥迪城市未来奖时，我的思绪又回到了先前那个为孩子买披萨的例子。当这个孩子长大成人，到了可以驾车的年龄，我们今天挥霍城市空间的方式在她眼中肯定是一种疯狂之举。回望今天的我们贪婪地占用空间、物质、能源，还有土地，仅仅是为了让自己能够四处移动，她会惊愕不已。她会为我们毫无节制的交通方式对生态圈——我们唯一的家园——造成的各种破坏而神伤。我认为，奥迪奖的参赛团队都受到两个值得质疑的假设的束缚：第一，交通出行是一种普遍的需求；第二，交通出行是一个技术问题，可以用工程技术手段加以解决。

认为交通出行是人类基本需求的主张貌似无可辩驳，然而，如果我们换个方式来思考：人们也可以说，蝗虫对食物的需求也是一种普遍需求。对它们来说的确如此。但是，如果所有蝗虫的胃口都得到满足，土地将变成一片荒芜——蝗虫在吞噬了所有的食物之后，终究也会一命呜呼。考古学和人类学有一个共识：交通出行远谈不上是人类天生固有的行为特征，它取决于特定时间和地点的人类社群的需求。[6] 个人、家庭和更大的人群是否频繁移动，取决于土地所有权的模式，他们如何获取土地、是否有足够的公共资源来支持，以及其他社会经济方面的因素。换句话说，交通出行是一种次级“需求”。我们为了获取食物、住处、安全，以及互相联系和交易的机会，不得已才四处移动。[7] 在我们触手可及的范围内，这些资源和设施越充足，我们就越少出行。这就是为什么经济本地化和可持续发展其实说的是一回事。

这背后的道理对那些“智慧城市”和“智能交通系统”的倡导者无疑是一记当头棒喝。利用令人瞠目的新技术实现人车、

101 车车之间信息交换的前景似乎给他们注入了一针兴奋剂，他们把谷歌的自动驾驶汽车，或是植入了“智能”感应装置的道路之类的试验作为证据，想要证明不久以后协调的信息通讯将让汽车问题成为历史。但是，只要汽车和车主仅为他们自己，并且孤立地进行思考，这些期望终将落空，而且代价高昂。如果电脑的计算力被引向错误的工作方向，更多的数据本身并不会让一个城市更加“智能”。相反，高科技的复杂化很有可能会让情况变得更糟。历史证明，每一次交通方式的创新，实际发生的维护和运营成本都远比预期的更为昂贵——面对这条规律，如今正被四处宣扬的“智能”方案不可能是一个例外。

我在另一本书《泡沫之中》（*In the Bubble*）中曾写道，在现代社会我们成功地征服距离但也为之付出沉重的代价。举例来说，土地是一种有限的资源——但我们肆意挥霍，好像它取之不尽、用之不竭，交通用地方面尤甚。交通生态学家约翰·怀特里格（John Whitelegg）发现，在瑞士，用于道路交通的土地是人均 113 平方米——而住宅、花园和庭院这样的其他生活用地，人均面积是 20～25 平方米。[8] 知识经济非但没有减少我们对土地的贪婪消耗，反而推波助澜：大学、医院，以及机场周围停车场的不断扩张，刺激了更大数量级的汽车加入通勤大军，人们对道路空间的需求也变得更大。由此，人对土地的需求陷入了永恒的螺旋上升模式。这种资源的错配深度植根于我们的经济决策中，一个重大项目的成本——包括建造和运营——是依照非常不可靠的收益估算来设定的。例如，在英国，一个造价数十亿英镑的高速铁路项目的立项依据是，每个搭乘高铁的商务旅客能“省下”的每小时价值 54 英镑。[9] 同样的模型计算得出，自行车骑行者的一小时，价值减半；步行者节省的时间被估值为零。项目预估收益金额的三分之二来自这种时间上的“节省”；他们完全无视人们如今可以使用手机和笔记本电脑有效利用在火车上的时间。[10]

对于一家汽车公司来说，将一款多功能越野车的后视镜的镀铬部分替换成碳纤维材料也可算作迈向可持续交通的一小
102 步。而对于一个彻底的生态学者来说，所有机动车的出行方式都是非可持续的。那么，什么样的交通是可持续的，什么又不是的？克里斯·布拉德肖（Chris Bradshaw）是一位交通经济学家，他呼吁规划师和设计师将“数量规模层级结构”纳入考量。[11] 这种层级结构是说，最频繁发生的旅程都是最短的，完全可以步行（或者拉着一个小推车）解决，而频繁程度次一级的旅程则需要依靠自行车或者公共汽车，以此类推。布拉德肖指出，如果人们遵循这个模式，需要动用汽车的行程将少而又少，购置一辆私家车将是愚蠢的决定。这个理念似乎很大程度上已经影响了当今的年轻一代。2007 至 2012 年，美国 18 至 34 岁的人群购置新车的总量已经下跌 30%。[12]

如果汽车发展的峰值拐点已经到来（并且极有可能正是如此），[13] 我们大可以抛下“需不需要汽车？”——这个折磨了整整一代人的围绕探索可持续交通的争论。既然任何模式的交通都意味着长距离穿越空气或水体，而距离并不可能客观缩小，这就引出了一个更有趣的问题：在一个能源转变的时代，哪些优先考虑事项能够帮助我们做出可以承担的投资决策？

“双车记”

奥斯陆机场的子弹头列车可以在 19 分钟内抵达市中心。然

而 210 公里的时速算不上世界上最快——中国的高铁很快将接近这个速度的两倍——但挪威依然毫无疑问最值得一谈。搭乘奥斯陆造型乖张的火车旅行 19 分钟，将花费大约 20 欧元。作为对比，在印度，这笔费用可以让你乘火车从克什米尔到达喀拉拉邦，全程 3500 公里。当然，这样由北至南的印度之旅要花费四天三夜的时间，廉价车厢也可能非常拥挤。但是，人们会问：在一个资源紧缺的时代，哪一个国家拥有最先进、最有弹性的基础设施？

我的问题并不夸张。挪威不久将决定是否把一大笔来自石油收益的资金投入全国性的高铁网络扩展项目中去。在美国也
103 是如此，高铁的拥趸者们辩称美国在基建方面已经落后于发展中国家，并且高铁建设将创造就业岗位，提高生产力。在奥斯陆建筑三年展上，我们讨论了建筑师是否能对这种重大基础建设决策施以影响——难道说他们只能被动等待直至出现需要他们设计的车站和桥梁？我的观点是，“是否需要高速铁路”是次一级的问题。首要的问题，是关于挪威——或是加州，或是印度——希望在未来几十年内成为一个怎样的社会。以高铁这个案例来说，有三个第一位的问题尤为突出：高铁网络整个系统的真实成本，是否值得投资？以消耗能源来换取空间和时间的压缩，是否符合可持续发展的原则？还有，我们要压缩的，真的只是空无一物的空间吗？

基础建设的真实成本

现代化的出行方式自然是有其价格成本的——但这个价格标签并非肉眼可见，而且为此付出代价的并不是出行的人，而是

整个生态体系。这种代价体现在交通系统对环境的冲击和各种排放物对环境的侵袭，这些影响未曾被衡量过，也没有让任何出行者承担过。我们知道这些事实是因为过去已有先例。美国州际公路系统的建设正是这样一个案例。整个系统的发展从根本上改变了时间、成本和空间之间的关系。而这些关系随后促成的各种形式的经济开发，已被证实对生态系统和社会具有毁灭性的影响。高铁或许的确会带来新一波生产力驱动的经济增长——但如果那种模式的增长对生态环境是致命的，那我们为何要在歧路上愈行愈远？

表面上看，挪威高铁项目的立项论据充足。例如，挪威西部的卑尔根和奥斯陆之间的短途路线是欧洲最繁忙的线路之一。每个方向每小时都发出两个航班，一年运送 500 万旅客，而该国总人口数不过 470 万。现有的奥斯陆至卑尔根的火车需要 6.5 个小时，高铁将把这个城际旅程缩短到 2.5 小时。[14] 但是，当从“真实成本经济学”角度来审视高铁项目时，认为高铁远比汽
104 车和飞机更利于保护环境的主张就站不住脚了。来自马丁 · 路德大学的研究人员调查分析了德国高速铁路基建设施的建造、使用和废弃过程；他们发现，一个旅客每百公里的行程，需消耗 48 公斤主要资源物资。一份来自瑞士的关于高铁基础设施碳足迹的研究报告得出这样的结论：一个旅客在欧洲的高速铁路上每行驶 1 公里，单单在交通基建设施方面就会产生 6.3 克二氧化碳。[15] 加州大学伯克利分校的一个研究团队[16] 也对建设高铁这样的系统所需要的巨量环境影响密集型材料进行了测量。伯克利团队分析了数百种全生命周期过程——从建设用机械装备（例如推土机、土方车、挖掘机和铲车产生的排放），到生产建造数百英里长的铁轨和车站所需的混凝土和钢铁产生的供应链

效益。这种大规模的资源流动也在瑞士研究联合机构的报告中得到了确认。在 2009 年底的一份报告中，国际铁路联盟（Union Internationale des Chemins de Fer，简称 UIC）评估了铁路轨道系统的 40 多个模块，包括隧道、高架桥、桥梁、铁轨本身、能源，以及信号设施。当一个高铁项目需要在困难的地形上建造桥梁、隧道及盘山路时，项目成本会出现猛增。从西班牙的马德里到塞维利亚，一马平川，桥梁和隧道大概占总路程的 3.8%；但如果是从德国的乌兹堡到汉诺威，这个比例将高达 37%。在挪威，由于其境内的山脉地形，建设铁路的资源成本和碳足迹排放必定是天文数字。

但是一个高铁系统并不仅仅是铁轨的总和。伴随高铁线路出现的资源密集型的系统性影响还包括：

空间：土地是一种有限的资源，但我们利用它的方式却好像它是取之不竭的——尤其在交通方面。高速轨道交通的基础建设会占用大量的空间——这和建设新的公路和机场并无二致。

能源供给：即便高速铁路不会导致气候变化或社会问题，高熵模式的交通系统所依赖的能源仍是有限的。石油和天然气的发展是否已经到达峰值拐点，还是说仍处于平稳期，这固然有争论的空间——但这些能源无疑是有限的，并且目前还没有任何一
105 种具备商业可行性、可再生的替代能源具备同样的供应规模和表现。复原力从何谈起？

最初一公里/最后一公里：一位旅客登上列车之前，必须搭乘其他交通工具前往火车站——这就是所谓的“最初一公里”这个概念。一般来说，旅程真正的终点也不会是铁路另一端的车站，往往还需要有更多的配套工程帮助旅客完成旅程的“最后一公里”。

车站和停车场基础建设：许多高铁站点都是多功能的交通中枢，需要复杂且高能耗的步道、门、自动扶梯、电梯等，来与当地的公共交通和停车场接驳。高铁的终点站和中途站点还包含购物中心、饭店，以及与运送旅客的核心功能无关的其他服务中心。

安全成本：这些复杂系统面对故障和破坏时相当脆弱，作为应对，需要配给的物资和人力资源数量庞大且不断增长。

压缩空间和时间

虽然缩短旅行时间成了高速铁路计划的主要经济论据，从长远来看，铁路网络的扩张并不会给我们带来更多的可支配时间。相反，今天的我们花在旅途上的时间和50年前是一样的——所不同的是我们的路程更长，走得更远。高速铁路的根本问题并不在于滥用了某种错误的燃料。同早先的美国州际公路网一样，真正的问题是高铁带来的新的土地利用模式、交通密度，以及空间和时间在功能上的割裂，让我们整个生活方式变得难以为继，而这些变化又都是永久性的。在挪威曾发生过类似的事情。1969 年该国第一次发现了石油，短时期内催生了一大批杂乱无章的建设工程。雅伦（Jæren）地区的城郊化发展吞噬了无数小型田园村落。从北方的斯塔万格（Stavanger），到南方的埃格尔松（Egersund），现在各地的“石油城”或多或少仍在扩张。

对于地域辽阔的国家，能否找到一种时空地理的新思维？我们能否把广阔的空间和遥远的距离重新想象为一种资产，而
106 不是一种需要克服的障碍？空间，和石油一样，是一种有限的资源。放眼全球，空间非常宝贵。如果像挪威这样的国家能够拥有

许多土地空间，它难道不会变得更富有？为什么要试图压缩这样宝贵的国家资源？为什么要让空间缩小？

人类定居的自然状态就是尽可能的分散化。研究石器时代经济的专家马歇尔・萨林斯（Marshall Sahlins）曾指出，分散化定居对于人和财产是最好的保护，可以让争夺资源、物品和配偶导致的冲突最小化。[17] 在奥斯陆，我们还讨论了是否可以把挪威视为一个由许多分散的半自治小区域交织而成的国家。那些所谓的外围小城镇能否得到重新审视，被看作是所在区域的中心？通过重新思考令挪威各地区独一无二的根源，能否发掘出新的价值作为建立新的定居区域的基础？

并非一片空旷

在奥斯陆三年展结束后不久，有一个关注土地用途变化及生态系统现状的国际委员会发布了一份对未经开发的土地、林地、河流和沼泽进行评估的框架文件。研究人员的结论是，单就森林的消失这一项，每年对全球经济造成的损失就高达 2 万亿至 5 万亿美元，这比任何金融危机都更为惨烈。（这个数字通过将森林所提供的各项功能的价值相加得来，例如提供清洁的淡水，以及吸收二氧化碳。）这项研究成果，再加上很多类似的研究，为“这个世界上有着大量的空地，我们大可随意建造高铁之类的东西”这样的想法打上了问号。随着我们认识到“空间”并非空无一物这一事实，我们也意识到许多所谓的清洁交通方式和清洁能源，从本质上说完全谈不上清洁——只是和它们号称要取代的化石能源相比，不那么脏罢了。

在北欧国家，我了解到一些领风气之先的设计师已经敏锐地意识到了“空”地的隐藏价值。例如，我从克努特·埃里克·达尔口中得知了由彼泽·阿格尔（Peder Agger）和杰斯伯·布兰特（Jesper Brandt）主持的一个非常出色的乡村环境研究项目，名为“丹麦农村生态小群落的动态”（1988）。[18]“生态小群落”（biotopes）是指乡村环境研究中的最小单位，包括树篱、道路两
107 侧边缘地带、排水沟、小溪、沼泽、泥坑、天然池塘、灌木丛、史前土冢，以及其他未经垦殖的小片区域。发现这些通常十分微小的生态群落，给达尔和同僚们带来了灵感，他们随之启动了一个名为“出现和消失的景观：小型文化的动态”的研究项目。[19]他们的目标是试图回答，设计一座城市，那里的水流、植物和动物被赋予同人类、物品、建筑物和信息同等的地位，这究竟意味着什么？他们想要知道，如果城市和城市地区开始把自身看作生态区域的元素之一，这对基建规划又将意味着什么？[20]

稍后我才知晓，与这个在挪威的研究同时发生的，还有一些开明的城市，例如多伦多已经开始把自然资产的利益置于规划工作中的传统优先项（如交通基建）之前。对于多伦多来说，一个务实的调整优先级的方式，就是把食品流域和水资源摆在议事日程的前列——用设计术语来说，就是专注于“让已有的事物重现活力”——改造和增强业已存在的东西，而不是继续增加资本和资源的密集程度。挪威团队中的一位研究人员亚历克斯·沃尔斯(Alex Walls)把这种策略称为“辛劳型”可持续发展（"dirty" sustainability)——优先采用那些低成本、基于人工劳动的方案，而不是高科技。

我之前提过这样一个问题：挪威和印度，哪个国家有着更为先进、更有弹性的基础设施。你可能已经猜到，我的结论是，高速、高熵的交通运输系统会让一个国家发生倒退。这不是通

向未来的道路。我并不否认，现有的基础设施——例如印度令人吃惊的铁路网，或者是从奥斯陆到斯塔万格的路段——在使用方面还有许多值得改进的地方。但放眼别处，我发现交通生态中实质性的转型变化已显出端倪。作为其他城市的榜样，印度金奈市（Chennai）已经开始启动一个重大的项目，把道路改造得更适合行人；该市 60% 的交通预算将被用于非机动车交通。金奈的市政公司在印度是历史最悠久的，公司正在建设一个由步行道、自行车道和林荫道组成的网络，鼓励居民们步行或使用自行车出行，同时减少人力载客工具（例如黄包车和手推车）的
108 乘客数量。新政策严格禁止建造会让人行设施无法达标的高架道路。这些变化显示人们的关注点发生了重大转变；一般来说，在印度的大城市非机动车交通建设通常只占总预算的 2%。[21]

会让我汗流浃背吗？

在开箱节（UnBox Festival）期间于印度德里召开的一个研讨会上，我向在座的 20 多位来自设计、交通和城市发展领域的专业人士提出了一个问题：有哪些新产品、新服务，或者新元素能够帮助“自行车商业生态系统”在印度的城镇乡村繁荣发展起来？[22] 回答有很多——而且，并不局限于自行车。我们谈到了需要一个在线的产品目录和商业模式来帮助制定决策。我们了解到为独立供应商提供小额信贷将是一项优先任务。交通建筑物、卫生法规，以及市政当局可能不感兴趣，这些都会是某种障碍。来自固定摊位的零售商贩的反对声也会是个问题，地形和气候同样不容忽视。

随着事项清单越来越长，这个挑战似乎大到令人却步的程

度——但是，奇妙的是，我们当时在德里梳理出来的那些阻碍，在今天看来似乎不再那么困难了。在中国，电动自行车的销量与汽车销量的比率是 4:1。突如其来的市场热捧让那些曾认定中国会成为下一个汽车产业发展引擎的规划者方寸大乱。在欧洲也是如此，电动自行车的销量正在上升。自 2008 年以来，销量保持每年增长 50% 的势头，据预测在 2015 年至少可以达到 300 万辆。[23] 这是否是我们的交通形态将发生覆盖整个系统的相变的开端？这些信息给了我一种强烈的感觉，无数分散但彼此相关的变化趋势正在逐渐汇聚到一处。从大背景来说，能源成本问题和经济不稳定叠加在一起，让做出改变的需求更为紧迫。从市井民生层面看，多样化的硬件、系统和商业模式的创新，都将成为我们在德里所憧憬的生态系统的构成部分。现代城市的交通面貌将发生一场深刻的变化，这已不再只是白日梦。

109 计算卡路里的城市

奥地利维也纳的一个小项目证实了我的直觉：巨变正在发生。通过偶然的机会我了解到这样一个软件，它可以告诉我：从 A 处骑自行车到 G 处会不会让我流汗？这是一个叫“科莫拜尔”（Komobile）的小公司开发的一款决策辅助工具，能够计算出完成一段规划的行程，无论是骑普通自行车还是电动自行车，需要消耗多少营养能量。这个项目是奥地利的一个大举措中的一部分，旨在鼓励人们把电动自行车作为传统自行车的升级版——“扩展活动范围的利器”，并提高两轮交通工具在日常通勤中的使用率。其思路是把交通工具（包括携带物品和骑车人）的重量结合各种数据信息——道路倾斜度、是否需要绕行、是否

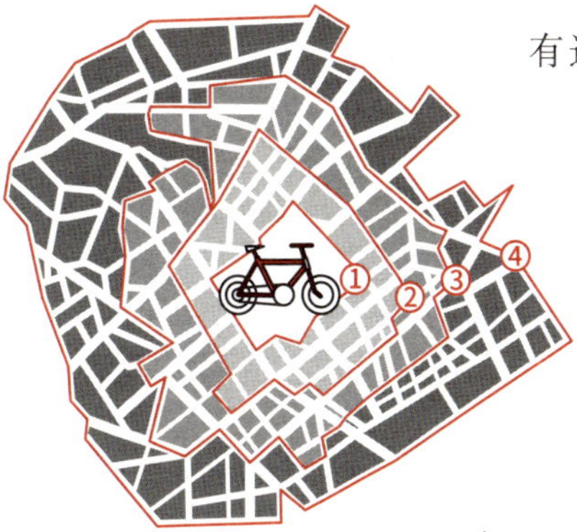

有逆风等会让骑行者身体能量消耗增多——结合起来整体考量。有了这些数据，骑车人能够事先判断是否需要电动自行车的电动马达提供外部动力。地形地貌的数据可以从许多电子地图中获取。科莫拜尔的设计师之一，马丁·尼格尔（Martin Niegl）向我解释说，“等高线”就是把海拔高度相等的位置点连接起来，形成了我们在乡野徒步时摊开地图所见的波浪状的线条。交通规划师们则利用“等时线”来表示行程时间相等的范围。科莫拜尔创新地把“等能量线”（isoenergetes）——即相同的能量消耗点所连成的线——添加绘制到维也纳大都会地区的地理信息系统（GIS）中。这样做可以让骑行者知晓，例如，需要多少力气才能骑到城市西部的陡峭山坡上。对于没有辅助动力的货运自行车来说，这条信息尤其重要。科莫拜尔随后发现有一种信息被遗漏了——逆风速度，对于负重的自行车来说，这个因素可能和道路坡度一样会大大增加费力的程度。科莫拜尔在维也纳市气象局获得了实时的风速数据源，但是发现该市测量装置都安装在高于路面 10 米的位置上。如要得到精确的计算结果，必须获得路面的实时风速。因此，搭建一个能够通过小型装置在全市范围采集实时风速数据的平台，成了这个项目的待完成事项之一。

110 **货物运输**

科莫拜尔的下一个任务，是说服市政管理者用规划时间和空间同样的信心来“规划卡路里”。减轻城市中的货物运输量是一个理想的切入点。在把物品从一处搬运到另一处的过程中要消耗大量能源。有这样一个来自荷兰的例子：[24] 人口 32 万的布雷达市（Breda）每天迎来 1 900 辆各类货车和卡车，其中只有 10% 不到的货品真正需要车辆运送，40% 的小货车只装载一件货物。一个由欧盟资助的名为“自行车物流”（CycleLogistics）的项目曾计算过，所有欧盟城市中递送的包裹有 50% 可以由货运自行车承担。德国交通研究所的意见甚至更为激进。该机构认为，像在柏林这样的城市，有 85% 的货物运输可以由电动自行车完成。这个结论的依据是一个名为“便当盒”的实验性项目，试验通过在城市中额外设置一些集散中心来协调货物的分流。货运自行车未必只能运送轻巧的包裹。比利时记者克里斯·德·戴克（Kris De Decker）发现，快速的两轮货运自行车，其承载力可高达 180 公斤；慢速的三轮或四轮自行车，可以轻松运载 250 公斤货物。使用双配置或者电动助力的自行车的承载力更大，可达半吨左右。

伊万·伊利奇（Ivan Illich）曾经在 1973 年出版的《能源与公正》（*Energy and Equity*）一书中指出，骑车人的新陈代谢效率特别出色。如果用旅行者消耗的卡路里来衡量，常规自行车是目前最有效率的人类交通工具。骑自行车行进 1 公里大约需要 5～15 瓦时的能量，步行同样的距离大概需要 15～20 瓦时，乘火车需要 30～40 瓦时，而仅搭载一名乘员的汽车则需要 400 瓦时以上。根据统达能源公司（ExtraEnergy）历时数年的测试显示，一辆普通的电动自行车，每百公里平均使用 1 千瓦·时的电能。而一辆内燃发动机汽车消耗的能源是其 50 多倍——至少是每百公里 50 千瓦·时。

换算成货币来看，这种差别更加触目惊心。骑电动自行车
111 或者小型摩托车，每公里的成本还不到1美分。相比之下，汽车的成本是其50多倍——根据来自美国汽车联合会的数字，在计入驾照、保险、牌照、维护，以及其他各类费用之后，每公里的成本是34美分。克里斯·德·戴克估计，如果计算所有的系统成本，货运自行车每公里的成本最多可比四轮机动车节省98%。一些电动自行车的拥护者甚至认为，骑行者为了获得体力而摄取的食物背后也存在着能源成本，如果把这个因素加入考量，电动自行车造成的环境影响甚至少于纯人力自行车。如果骑车人吃的是典型的西餐，那么生产这些食物所耗费的主要能源要比吃下这些食物后身体吸收到的能量多10倍。我们身体的新陈代谢功能以大约25%的转换效率把食物中的能量转变为做功能量。那么最后产生的净结果是什么呢？人类踩踏自行车时耗费的每一单位能量，都意味着在其上游过程中消耗了40个单位的能量。这样即使算上用于生产和回收电动自行车电池导致的能耗，电动自行车最终所消耗的化石能源量是纯人力自行车的1/10～1/2。

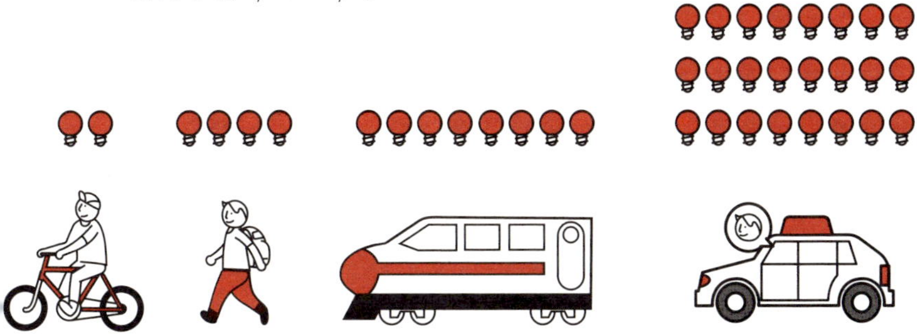

便宜归便宜，但是否清洁？

即使从每公里的能耗上来看，电动自行车比汽车的效率要**高出** 50 倍，电动自行车所使用的能源是否清洁？批评者认为，如果有几亿辆电动自行车联入电网充电的话，会显著增加环境中的排放物，因为大规模的电能的根本来源还是污染严重的发电厂。在奥地利，国家决策层也在努力解决这个真正的难题。他们采取财政措施来鼓励电动自行车用户只选用可再生能源。例如，2011 年奥地利政府批准了一项政策：只要购买电动自行车的企业使用真正绿色的电力，企业就能获得国家的经济补贴。那么电池呢？全世界销售的电动自行车中，大概有 80% 使用铅酸蓄电池（在中国，它们被称为“电瓶车”）——但这真的不是最佳方案。抛开电池生产过程中产生的有毒物质不谈，光是想想一个可以驱动自行车行驶 40～50 公里的电池中含有多少重量的铅，就足以打消常规使用的念头。而从可持续角度来看，锂电池
112 显然是一种更好的选择。这种电池的储能量很大，因此只要轻轻一块就能满足需求。锂电池的缺点是价格昂贵，而且有些持怀疑态度的人士警告说锂金属资源很快会发生短缺；他们声称，锂金属很快将步化石能源的后尘。针对电池难题，在欧洲较受青睐的解决方案是改变商业模式。租赁电池要比购买电池便宜得多，但目前，锂金属的开采成本依然要低于回收成本，因此没有太多的利益驱动生产厂商在回收方面进行投入。对他们来说，销售作为易耗品的电池能带来更高的利润。这种扭曲的利害关系只有通过颁布电池销售的禁令才有可能扭转。瑞士公司拜克泰科（Biketech）预见到了这种转变，因此决定提供不附带电池的电动自行车；骑车人要以每月 15 欧元的价格租赁电池。统达

能源公司预测，该价格在中远期将稳定在每月12欧元。

转向电动自行车并不仅仅是为了降低能耗和成本。从系统角度来看，这还将催生大量的生产经营活动。在20世纪前半叶，服务提供者和工匠们曾经是载货自行车的主要用户，而现在，随着正式工作岗位的消失以及交通成本的增长，大量小型经营者正在重新发掘被长期忽视的经营模式，并利用今天的新工具加以再发明创造。就像我在印度多年目睹并为之惊叹的，自行车为主流和非主流经济都带来了巨大的生机。[25] 一辆电动自行车可以让商贩、工匠、服务业提供者以低得多的投资开始创业，并以相当低的成本进行运营。

在这方面，印度走在世界前列的原因之一，是该国的自行车商业尚未被现代化灭绝。但欧洲正在努力追赶。欧盟的“电动自行车出行”（GoPedelec）计划的目标，就是让广大的小商户从常见的白色小货车转向两轮自行车。在德国，一个名为“我能顶替汽车”（Ich ersetze ein Auto）的倡议活动，在包括柏林和杜塞尔多夫在内的九个主要城市测试了40辆“iBullitt”太阳能载货自行车。这种载货量最高达100公斤、运输半径90公里的电动自行车，运营成本比汽车或货车要低85%。德国政府对这个项目非常重视；因此该项技术的研究基地被设在德国宇航中心（DLR）。
113 位于丘陵地带的斯图加特市已向学校的保育人员及负责维护全市公共照明设施的技工们提供了电动自行车。在奥地利，福拉尔贝格市以优惠价格向市政工人提供了500辆电动自行车；作为回报，工人们需要定期反馈他们的骑行活动。

虽然货运自行车的购置成本和运营成本比货车要低得多，但如果你是一个刚刚起步的个体小业主，它们仍然太昂贵了。在南半球各国，资金短缺并不是个新问题，从卢旺达的自行车微型信用卡，到智利为贫困人口捐献二手自行车的活动，各种金融创新正纷纷涌现以满足这个需求。在尼日利亚首都拉各斯，小商户们早已组建起自己的信贷体系，如今还拥有了他们自己的银行。

许多市民时不时会需要搬运一些东西，但又没有频繁到必须购置一辆电动货运自行车的地步。为解决这个问题，维也纳的“集体车轮负荷”（LastenRad Kollektiv）公司将货运自行车出租给需要运送一些体积大或分量重的物品，但又不想动用汽车的个人。在以色列，一个名为Tel-O-Porter的平台提供载货拖车，作为已有的共享单车项目的补充。Tel-O-Porter 目前的客户主要用它来搬运食品、家用杂货和完成各种短途任务，但这个自行车和拖车的组合非常牢靠耐用，足以承担与工作相关的交通运输。

分布式创新

我之所以直觉认为电动自行车是一个大规模运动，而非一时的流行，是因为目睹了全世界创新者群体的规模、能量，以及创造力。不断拓展科技和新应用的边界的行动者，不是资金充足的研究实验室或大公司，而是成千上万的个人。诞生于苏格兰的“单车黑客”（CycleHack）公司活跃于 50 多个城市。最大的在线论坛“无边界”（endless-sphere.com）有着 13 000 多个话题，以及大约 221 000 个帖子。这个论坛是一个实践创新的宝藏，你会看到如何巧妙拆解电动工具的电池，并搭建电动自行车电池组的介绍，或受邀参与竞赛，制造最轻、功率最大，或是成本最低
114 的电动自行车。“无边界”论坛的影响力在一定程度上受到了语言的掣肘——所有内容都是英语——但已经有人着手去解决这个问题： 建立一个泛欧洲地区的多语种博客平台的计划正在酝

酿中。

电动自行车的潮流也有意将年轻人和运动爱好者之外的人群纳入其中。到处都有创造性的好点子，它们要打动那些被汽车束缚、对新潮流疑虑的人，促使他们做出改变。在坦桑尼亚，人们给难民提供免费的学习骑自行车的课程。在阿尔巴尼亚，没有自行车的人被一场名为“闪亮的自行车文化”的运动所吸引。在斯洛文尼亚共和国首都卢布尔雅那，人们似乎不喜欢弄脏自己的手，于是出现了自行车连锁维修店。担心价格不菲的电动自行车被盗？在德国，一种新型的“充电钢丝锁”系统把充电功能和防盗功能合二为一。这个系统正在泰根湖、施利尔湖、阿亨湖这三个地区进行试点。

不同的技术方案传播发展得如何？过度的多样化发展是否会影响电动自行车运动形成规模效应？目前已经出现了 73 种不同的充电插头，这一点的确让人吃惊。但稍安勿躁，我们有严谨的德国人来拯救世界。早在 2002 年，就有一种标准化的电源插头——可以说是电动自行车的 USB 接口——开始获得研发，有关的电气标准、数据协议，以及机械结构设计则发布于 2011 年。那么空间问题如何解决？数量成倍增长的情况下，难道电动单车就不会与汽车和行人争夺空间吗？荷兰人给出了问题的答案。他们投资 8 000 万欧元建造了 16 条高速自行车道，形成了一个遍及全国的道路网络。其设计要求包括：不允许出现交叉路口和红绿灯；平整的柏油路面；每根车道须有 4 米（13 英尺）宽以便于超车；桥面路段设有挡风屏障；有些延展部分甚至建有顶棚。在这些全新的自行车道路和公共交通枢纽之间还建立了完好的衔接。

从喧嚣纷扰，到井井有条

每个城市的交通生态系统都包含大量不同的经济角色：货运公司、出租车司机、快递公司、零售商、酒店和饭店、急救服务、街头商贩，等等。究竟怎样才能让这些角色都转而采用以电动自行车为代表的低能耗模式？我们已经看到监管层面出台了许多新举措，以应对这个挑战。例如，欧盟的“电动自行车出
115 行”项目在奥地利、德国、匈牙利、荷兰、意大利和捷克等国举办了一系列市政决策者研讨会。在每个活动单元中，当地市政官员都能够骑上电动自行车体验一番，并且了解我们需要有哪些硬件和软件的配套设施才能建立一个能够和谐容纳电动自行车的城市环境。活动中还分享了来自其他地区的最佳实践案例。在丹麦，一个名为“自行车支架方针培训营”的项目正在帮助当地各个利益相关群体一同认识自行车交通的前景并为之努力。该项目提供为期两天的课程，汇集了来自规划和设计、当地政府、交通工程、城市和建筑、公共卫生、旅游、经济开发、社区居民团体、商业协会、房地产、执法部门，以及学校董事会等各方人士。知名智库“世界资源研究所可持续交通中心”（EMBARQ）与联合国人居署合作，出版了一份出色的指南，指导人们如何分五个步骤建立类似的关于城市交通的多方论坛。这份名为《快速指南：如何搭建一个城市交通的多方论坛》（*Quick Guide: Establishing a Multi-Stakeholder Forum for Urban Mobility*）的出版物，让感兴趣的城市管理者了解如何提高机构整合度，以及如何确保各相关方的意见都得到充分体现。另外还有一个不止针对自行车的名为“Cycloop”的网络式组织，也提供许多促进多方

协作所需的帮助和行动研究。

作家罗伯特·纽沃瑟提醒我们，多样化、分布式的经济结构要比超级互联的全球化经济具有更强的弹性。在发展中国家，经济力量蕴藏于百万计的小型企业、家庭农场、当地的传统行业，以及各种延伸的社会和区域网络之中，这些网络在北半球被复原力专家视作创新之举而大加推崇。它们之中，有些形式甚至无法纳入法律认可的经济结构中，纽沃斯说："但是，那些无证经营的街头市场和路边摊贩并非只是一片杂乱无章。它们其实是人类智慧、弹性、自组织，以及群体团结的成果。它们遵循着一系列久经验证但未曾成文的规则。从某种意义上说，它们自成一个体系。"这就引出了另一个问题：纵横交织的交通生态系统是否能够被人为设计？

云端通勤

在比利时，一个为期两年、名为 Mobilotoop 的项目对此给出了肯定的回答。受到"云端通勤"（Cloud Commuting）概念
116 的启发，Mobilotoop 提议在人、货物、能源、设备、空间，以及价值之间建立各种新的关系。小货车的车顶上安着七个标志，很好地阐述了 Mobilotoop 的模式："出租车""接载""送货""协助""零售""安保"和"租借"。利用自身在交通方面的多重"价值"，一辆汽车能够提供七种功能，为更广泛的各类服务给予支持。按照 Mobilotoop

的设想，如果和按次计费的租赁模式，以及彻底的分布式计算相结合，小货车就能成为一个“轻资产”交通生态系统中的元素之一。就“未来我们如何在城市中交通出行”的问题，Mobilotoop并不太关心交通工具本身的设计。“云端通勤”在这里就意味着，只在有需要的时候才去获取某种交通方式（例如小货车），而不是拥有一件大而笨重、95%的时间都闲置不用的工业产品（例如一辆特斯拉汽车）。Mobilotoop的设计着眼于增强人、交通工具、地点和服务之间的纽带，让这些部分构成一个统一的生态系统，活力不断地孕育出新的交通出行方案。由于Mobilotoop重视的不仅是让交通更快捷，而且是让我们彼此的纽带更紧密，该系统能帮助我们以更为理性的方式利用时间、空间，以及物质资源。

在Mobilotoop的交通文化愿景中，每一次出行都是一次接触，每一位旅人都是一位创业者。移动媒体、灵活的交通工具设计，以及有适应力的配套设施建设让每个人都可成为移动服务的客户兼供应商。每个通勤者都可以在上班途中递送一个邮包。每个步行者都可以采集人行道路面状态或是空气质量的感应数据。电动自行车的电动马达可以用来驱动阳台起重机。Mobilotoop还设想，彻底的灵活利用将不仅仅只接受现金交易。合理使用并归还租借的交通工具，或者出色完成某项服务，都会提高共享者的信誉度。而良好的信誉记录可以让共享者获得代金点数，享受服务折扣，或者有资格使用其他交通工具、设备和场地。

旅游业也不例外

在奥地利的韦恩堡（Wernberg）有一座建于16世纪的修道

院，至今那里还居住着40位修女，莫妮卡-玛利亚嬷嬷就是其中的一位。她赤足带领我们在克恩顿州[i]的茵茵绿草间走过环形
117 的“知觉之径”。几乎每隔几百米我们就会稍做停留，就人与自然之间关系的转变这一话题讨论上几句。回到修道院的大花园后，在莫妮卡-玛利亚嬷嬷的帮助下，我们采摘了满捧的新鲜花草香料，我们把香料撒在奶酪上，再把奶酪抹在刚刚出炉的面包上，奶酪来自修女们自己饲养的奶牛，而面包是用修女们自己耕种的小麦烘焙而成的。

韦恩堡所在的欧洲地区，有一条名为“阿尔卑斯-亚德里亚步道”的徒步路径，全程长达785公里，跨越三个国家，由数百年来的徒步者踏出的小径连接而成；韦恩堡只是无数个可以沿途造访的地方之一。我还遇见一位来自斯洛文尼亚的女士，她组织人们参加一个名为“蜜蜂路线”的活动，即以蜜蜂及其养殖为主题，沿着这条著名步道的其中一段度过一个徒步假期。她告诉我，斯洛文尼亚的养蜂人以健康闻名，他们非常长寿，并且“能终生保持精力充沛、思维敏捷”。我听后赶紧拿出我的日志簿记录下来，内心纠结着自己到底应该参加一个蜂疗培训营，还是在蜂酒作坊学习如何酿造蜂蜜酒。

这样看来，绿色旅游业似乎生机勃勃，正在繁荣发展。其实也不尽然。例如“蜜蜂路线”这样的旅游当然要比去西班牙或是墨西哥参观被水泥防汛墙覆盖的海岸线那样的大众旅游模式更受欢迎。一位刚刚走下邮轮的来自发达国家的游客也当然乐于用徒步和露营来消遣白天的时光：每位游客在一天24小时内用掉的水也许可供一个当地人用上100天。但从全局来看，绿色旅

[i] 克恩顿州（Kärnten），韦尔恩堡所在的州，位于奥地利南部。——译注

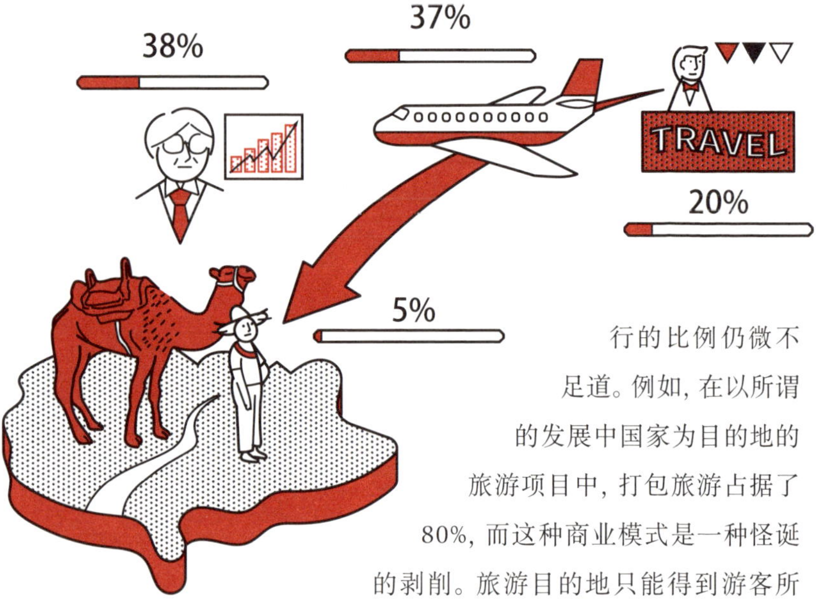

行的比例仍微不足道。例如，在以所谓的发展中国家为目的地的旅游项目中，打包旅游占据了80%，而这种商业模式是一种怪诞的剥削。旅游目的地只能得到游客所付费用中不足5%的那一部分；平均有20%的资金被留在客源国，37%被支付给航空公司，当地的中间商和投资方又从剩下的部分中分得丰厚的收益。[26] 对于当地民众来说，这种不公平简直荒谬：如果我花费1 200美元去摩洛哥的阿特拉斯山脉进行为期一星期的徒步旅行，那些为我提供实际服务的当地厨师和骡夫只会得到区区50美元。[27]

游客们并没有意识到主流旅游市场存在的种种问题。有70%的游客只是在做计划的时候会“考虑选择绿色环保的选
118 项”。[28] 但什么是真正可持续发展的旅游业，人们并没有一个统一的定义，而各种让人眼花缭乱的词语和标签更放大了这种混乱：有数以百计的网站采用绿色为页面主基调，谈论着可持续旅游业、负责任的旅游、慢旅、自然旅游、绿色旅游、生态旅游，等等。他们只是许诺会把对环境的负面影响控制在“最低”。而

这个庞大的、碎片化的旅游产业既没有约束性目标，也缺乏监管。这种状态的结果就是让“旅游目的地尽可能不受破坏”沦为一句空洞的承诺。

20 年前，当基于社区的旅游和生态旅游这样的新概念刚刚被提出时，许多人都期待它们的发展会让游客和东道主之间建立一种新型关系。像爱彼迎（Airbnb）这样的网站的惊人发展更鼓动了一些乐观的看法，这些看法认为在互联网的助力下，点对点旅游最终可能改变大众旅行的模式，使之朝着良性的方向发展。这些期望最终没有成为现实，原因有三。首先，旅游业的核心依然是一种消费活动：我们付钱来获得一种体验，而不是与当地的人和物建立一种鲜活的关系。这就是为什么整个旅游产业都把游客造访的地方称为“旅游目的地”或是“旅游产品”，别无他因。其次，在一个不断膨胀的商业运营中，承诺“减少伤害”没有任何实质意义；恰恰相反，复合的业务扩张将不可避免地导致对处女地的侵袭（愈是鲜有游人涉足的处女地，就愈容易被包装成所谓的“绿色”旅游目的地）。再者，旅游业还面临着一个难题：即使是绿色旅游，也不可能依靠其自身给我们带来“社会正义”和“环境正义”。如果要充分发展生物多样性和社会正义，那么生态区域内的**所有的**经济和社会方面都应当参与其中——该区域的长期福祉就是他们的共同目标。而一个面向消费者的全球产业绝不可能达成那样的结果。我个人的理解是，与游客进行资源共享固然是一件好事，但大部分新兴的互联网平台只是服务了游客，而对旅游目的地并无任何裨益。当那些从事点对点旅游的初创公司向投资者竭力推销他们的构想时，用的仍然是和传统的大众旅游业相同的词：“目的地”“旅游产品”“目标”“旅行空间”“当地人”，等等。此外，点对点模式必须要呈现可观的交易增长数字来取悦投资者；而让游客与东道主之间建立独一无二、相互尊重、公平对等的关系这一理念被认为仅仅是一种“好虽好，但无关紧要”的“生活方式”而被抛在一边。

119 比起“少一些伤害”这样的空谈，也有的旅游网站做出了切实的努力。例如，许多年轻人都渴望为农业社群和生命系统的再生做出有意义的贡献，因此 WWOOF（“世界有机农场组织”的英文缩写）、HelpX，以及“法国文化与社团工作组”等诸多平台都看到了这一点，并取得了令人瞩目的蓬勃发展。在这些网站上可以找到很多欢迎志愿劳动者的有机农场、牧场和林场，志愿者可以和东道主一同劳作，并获得食物和住宿作为回报。一般来说，志愿者每天平均工作 4 小时，就可为自己挣得免费食宿。[29] WWOOF 每年吸引的新成员多达 10 万之众，并代理了全世界 50 多个国家的 14 000 座农场，它正在生态区域的层面建立起自己的组织：比如，在瑞典的 25 个地区中，每个地区都设立了一个 WWOOF 代表。所有这些项目虽小但意义深远，它们为如何诠释有生命力的关系、关系的连通性，以及尊重他人、与之建立纽带树立了典范。

“让那里变得更好”的交通出行

尽管交通已经成长为一个庞大的全球性产业，在此过程中付出的代价也是巨大的：仅仅为了让人或物四处移动，就贪得无厌地滥用空间、物质、能源和土地。当以石油能源为基础的经济模式谢幕时，此等规模的资源集中型交通模式也无以为继。然而，所幸这种挥霍式的交通并不是一种普世的基本需求。在工业时代之前，我们秉照自然天性只在必要时才出行。即便在今日，世界各国的人们花费在旅程上的时间有 40% 是在步行或是等待；而对于比例最高的日常交通行程，如前文所述，只要精心周密地建立一个以自行车和电动自行车为主、以不到 5% 的汽车和火车交通为辅的交通生态系统，就能满足我们大部分的相互连接和交易的需求。至于依然会存在的远途旅行，我们只需用更多的时间以较慢的速度来完成。“在路上”本身会成为一个处所，而不再只是前往目的地的方式，如何不断改善这一体验亦大有文章可做。

8

关怀：
从治疗到关怀，
从小我到大我

120 刚到梅奥医学创新中心，就从会议主办方处听到“行业专家未必是最好的创新引领者”这样的说法，这让我不由地“胆大妄为”起来。我揣度着，如此说来，虽然这里是全球最顶尖的医疗学术机构之一，虽然我的医药知识无法与其 6 万名员工中的任何一人相提并论，但依然有资格警告大家美国的医疗体系存在彻底崩塌的风险，而且我还想谈一谈对策。我在梅奥会议上提出的核心观点，就是石油峰值拐点和肥胖峰值拐点正在改变当前塑造全球生物医学体系的根本逻辑。首要的理由是，能源转换迫在眉睫，因此目前的医疗体系——作为世界上能耗最为集中的系统之一——显然是不可持续的。其次，在我们的医学有能力标本兼治之前，普罗大众的健康水准将持续走低。

梅奥医学中心的主楼是一座巨大的银色建筑，它似乎彰显着两件事：专业权威，以及庞大的能源消耗。如果去谷歌搜索关键词“健康”和“能源效率”，得到的大部分结果都与医院的建筑有关，以及许多试图将其粉饰得更为“绿色环保”的内容。但是，在医疗系统这个物资集中、能源集中的庞大的分布式复合体中，建筑只是元素之一。从日常运作层
121 面上看，任何一所医院的大部分易耗品都是依靠石油能源生产制造的——从镇痛剂、抗组织胺剂、人造心脏瓣膜、各种植入器、假肢，到救护车和直升飞机，概莫能外。但是，可以计量的能源，例如建筑物和各种生命维持设备所消耗的能源，只是总能

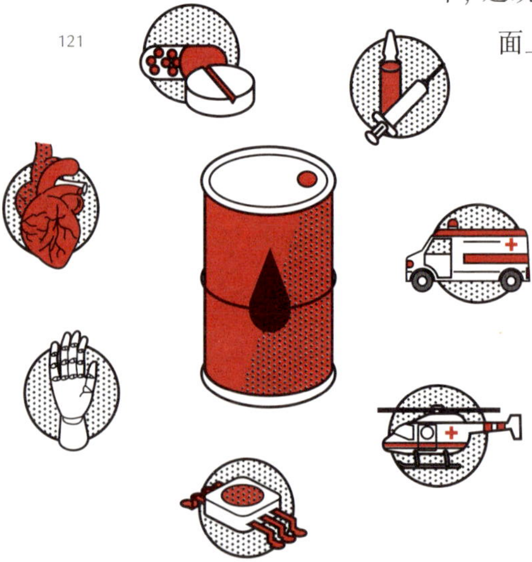

耗的冰山一角；包括医疗机构在内的各种企事业单位运营所产生的实际总能耗要比我们计量到的数据高出四到五倍。举例来说，英国最近有一份研究报告发现，全英国道路上行驶的所有车辆中有5%与医疗保健行业有关。这种能耗盲区的影响巨大：这么多业务活动的真实成本既没人察觉，也无人统计，因此根本没人去思考是否能找到替代方案。

我在梅奥研讨会上提出的严峻话题只换来了众人的茫然瞠目。然而我并没有为此感到不悦：医学界自有大把其他问题要去忙碌，他们无暇顾及能源转换带来的后果。但像梅奥中心这样的复杂机构所面临的危机，即便是他们拖延考虑能源问题，整个系统依然存在着在未来某一天“分崩离析”的风险。这就像约翰·迈克尔·格里尔（John Michael Greer）所描述的终极局面那样，当整个系统刚刚意识到其能源王国难以为继时，与之相关的资金、能源、资源都已经消失殆尽了。

肥胖问题的峰值拐点

我的发言从医疗体系的崩塌继续谈到了肥胖问题的峰值拐点。在这个精彩的研讨会上，有一种奇怪的失衡让我感到迷惑。我看到好几个案例研究的是使用创新方法来应对糖尿病肆虐的后果；根据预测，到2030年全世界将会有4.38亿糖尿病患者——这个数字要比2009年高出54%。[1] 在场的设计师和医生对此提出的解决方案，是一系列“个人健康规划”工具、“高端养生”服务、超级食品、远程诊断，等等。但我没有听到任何针对这种顽疾的病因所采取的举措。这在医药界是一个系统性的疏漏。例如，美国疾病控制中心在一个关于肥胖症的简报中解释说，这种

杀手级的疾病是“由于能量失衡导致的。个人的行为习惯和环境
122 都会对此产生很大的影响……这些是进行预防和治疗的主要方面”。甚至还诞生了一个新的术语——“致胖环境”。这种说法颇为怪异。“环境”会致人肥胖？我向来以为让人变胖的是**脂肪**——食品体系中脂肪含量的增加与肥胖和糖尿病人口增多之间的相关性并不难窥见。生产和分销这种杀手脂肪的是垃圾食品和软饮料产业，这也并非是秘密。

从疾病控制中心，到转型研讨会，整个医疗系统几乎一边倒地专注于各种下游症状。睿智且专业的医生们孜孜不倦地完善治疗流程；还有很多工作致力于改善医院里的安全条件，以及提高那里的医护水准。但在诸多项目中，几乎无人谈及如何改变目前这个导致数亿人患病的食品体系。一位来自软饮料公司的发言人更是让这种认知差距雪上加霜。这位产品开发经理在研讨会上说，她正在“进行一项工作……来重新定义营养”，她所在的企业决心“把其食品类产品的健康水平翻一倍”。而我想问的是：“相比什么更健康？”这家企业在加工食品产业里赚钱的唯一方式，是竭尽所能推陈出新——但真正的健康食品，是那些来自田间地头的新鲜食材，是那些被送达厨房之后才开始加工的食品，它们每接受一道所谓“增值”的创新加工流程就丧失一部分品质。如果不宣布停止生产糖水饮料，这家公司在食品领域的各种所谓的健康产品根本不可能让这个国家变得更健康。

来自全球化企业IBM的保罗·格伦迪（Paul Grundy）博士提出的一个建议获得了更多称道。研讨会对他提出的“以病人为中心的医学之家”（Patient Centered Medical Home，简称PCMH）反响热烈。格伦迪是世界上预防医学领域的权威专家之一，所以他可不会兜售什么陈词滥调。他所设想的模式集成利用了电话、

电子邮件和互联网门户，让病患和医生之间实现一对一的沟通和协作。每一位使用 PCMH 的病人都会和某一位医生建立联系以获得持续、全面的关怀。并且，他最具吸引力的一句话是，“我
123 们知道，那些拥有私人医生的病人会让我们的成本降低三分之一”。IBM 设想的场景非常具有诱惑力——但在我看来，它存在两个致命的缺陷。第一是价格。“便宜三分之一”，对那些有幸拥有工作岗位，因此有医疗保险的人来说自然乐见；而对于大多数亟需的人来说却依然是无力承担的。当然，如果在这个计算等式中能够去除 IBM 从中获取的利润，以及医生们的高薪，那么情况也许会大为不同——但就目前看来，IBM 的智能家居只是为占人口总量 5%的顶尖富裕阶层所建，而不是为其余 95%的大多数。我看到的另一个更大的缺陷，就是其设计的基本理念是通过高科技建立一对一的关联——这有别于通过社交的、实际的、面对面的交往建立的人际关系，而正是那样的关系维系着世界其他地方人类社群的健康发展。稍后我会再谈及这个问题。

医疗产业复合体

人们轻率地无视对根本原因的探查，若说其中有什么在增长的话，大概只有下游医药产业中的投资者利益。他们最近的新噱头就是把生物医学研究的吸引力同大规模的房地产项目组合起来。所谓的生物医学园区，把研究机构、大学、医院、生物科技创新企业，以及制药公司集中到了一起，毫无章法地胡乱开发建设。这样的例子有位于中国武汉的光谷生物城、印度海德拉巴的基因谷、瑞士日内瓦的康健谷、德国柏林的 BioTOP、法国埃夫里的 Genopole、荷兰埃因霍温的 Brainport，等等。在撰写本书时，

瑞典的Biomedicum是欧洲最大的生物医学园区建筑工地之一；建成后将达55 000平方米，可以容纳1 700名研究人员。[2] 欧洲甚至还拥有自己的研究中枢，名为“健康簇网”，其使命是“增进大众对于‘健康即财富’这一关系的认识”。[3]

而更诚实的表达，不如说是“追求‘健康即财富’这一说法所造就的‘钱景’”。所有这些庞大的投资项目都瞄准一个科学无法实现的目标：让科技帮助我们骗过死神。可我们的投资者并不会被这个诡辩困扰。他们的商业模式是如此完美，因此根本不必真的**做到**让人长生不老——他们只需把对未来医学突破的憧憬与大型房地产开发项目捆绑起来，此后数年都可以此为卖
124 点大肆销售。参与这些项目的各所大学也不会因为研究成果而蒙受非难。生物医学园区里的研究人员中，只有少数由所属的大学支付薪水——其他大多数都要使出浑身解数从第三方获得资金——但是实验室里的每一个研究人员都可以让大学从项目出资方那里收取平均每人10万美元的日常管理费用。

生物医学园区的建设对于建筑公司和投资方来说的确是一笔好生意，但算总账的日子已经不远了。当所有这些投资的糟糕回报大白于天下之时，就是泡沫破裂之日。根据洛克菲勒基金会的看法，“能够改变当前游戏规则的科学突破”在影响未来医疗行业的所有大趋势中只占10%。[4] 在加拿大，人们已不再认为接受治疗是保持健康的首要因素；研究者列出了所有对该国民众的健康最为重要的举措，前14条中没有一条与医学治疗、药品或人们选择的生活方式相关。在对数十年的研究成果和几百个研究项目进行梳理之后，加拿大人发现对他们的健康造成最大影响的因素是他们一生的生活条件：幼儿时期、教育、当前职业、收入、居住条件、社区团结程度，等等。[5] 在美国，情况则更糟:

接受医学治疗居然是第三大死亡原因[6]——紧随其后的死因可能就是收到医院账单了吧。在梅奥研讨会上有人打趣说："医学领域取得的进展是如此巨大，所以已经很难找出一个健康的人了。"

即使作为一笔生意来看，医疗产业园的业绩表现也惨不忍睹。人类学家约瑟夫·坦恩特（Joseph Tainter）认为，美国医疗保健体系的"生产力"——即提高美国人口预期寿命的能力——自 20 世纪 30 年代以来持续走低。原因是在所需投入不多的小毛小病先后被攻克之后（成功研制出青霉素的基础研究的投入只有 2 万美元），此后取得每一项研究成果都变得越来越难，越来越贵。[7] 作家拉美兹·纳姆（Ramez Naam）甚至宣称发现了一条定律——反向摩尔定律（Eroom's Law）——来描述这种"医疗生产力"的下滑。计算机领域的摩尔定律（Moore's Law）认为，计算机性能会不断提升，与之相反的是，纳姆发现医药产业每
125 一美元投入和产出新药的比率在过去 60 年间不断下降，如今只有早先的 1%；因此纳姆对反向摩尔定律的命名，是把摩尔定律（Moore）这个词倒序拼写得来（Eroom）。[8] 医疗产业园的产出效率在降低，而日常运作成本却已经高入云霄：单单在美国，每年有 4000 亿美元花费在数量庞大的医务管理人员、实验室员工、专员、保险代理、政府官员、营销和广告创意、游说者、CEO 的奖金，以及股东分红上。即使在美国这种世界上最富裕的国家，此种不良指标也不可能被永远忽视。在遍及全国的 2500 百多所大学中，资助生物医学创新的资金肯定已经迈过了峰点。[9]

5% 的医疗模式

贯穿本书，我试图阐述的观点就是，我们需要逐渐建立各种

社会互助系统（包括医疗系统），这种新系统只需要我们目前人均所需资源的 5% 就可以有效运作。我知道这听上去有点异想天开，但请看古巴：由于经济制裁，古巴人经历了60年之久的食品、汽油和油料物资短缺，但他们以美国人医疗支出的区区 5% 达到了同等的健康水准。[10] 孟加拉国是世界上最贫穷的国家之一，却因其在一系列健康指标，尤其是儿童夭折率上取得的骄人进步而声名远扬。尽管投入相对有限，但依靠立足于社区的医疗服务、卫生推广员项目、传统助产师培养，以及更好的腹泻治疗法等实质性创新，该国依然取得了这么多成就。[11]

在南方发展中国家，虽然有数十亿人由于地理屏障和经济能力不足，无法直接得到专业医护人士的救助，却有许多社区医疗人员有着和美国或欧洲的临床医学专家同样渊博的知识。90% 的主要治疗和护理都使用低成本的药品和设备在社区内进行。[12] 在北方发达国家也已出现了“5% 模式”的医疗服务，医疗工作者接受的培训要比正规医生少一些，他们提供服务的场所是社区而不是在大医院里。“执业护士”（nurse practitioners）或是“医师助
126 理”有能力承担一个有资质的家庭医生大约 85% 的工作，而病人对他们的服务非常满意。《英国医学期刊》（*British Medical Journal*）评估了全世界各种不同执业护士制度，他们发现，由护士负责的病人较之由医生负责的病人满意度更高，且健康水平也不低。[13] 在梅奥研讨会上，我还听到了一个令人印象深刻的例子。在新墨西哥州，社区医疗工作者在第一线与肝炎、哮喘和药物滥用等常见病斗争，成绩斐然，他们的薪资是每小时 10 美元。在某些州立监狱，囚犯在经过为期十周的培训后为狱友们提供相当有用的医疗保健指导——而他们甚至不领取任何薪酬。梅奥医学中心的一位专业人士就此评论道：“（资质）医生的必要性被过分强调了。”

翻转金字塔

长久以来，我在医疗行业的很多活动中陈述过这些关于古巴或是服刑犯的故事，把它们作为一个更具弹性的医疗系统的范本，然而人们显然很难去接受这个理念。但是时代浪潮正在发生巨大的转向。例如，最近在埃因霍温召开的一次医疗护理研讨会上，一个古巴模式的策略赢得了拥有真金实银的主流产业领导者们的拥护。罗杰·范·博克斯特尔（Roger van Boxtel）是荷兰一家拥有 200 万名投保客户的大型保险公司 Menzis 的 CEO，他用一个金字塔图形来阐述公司改变投资方向的计划。在金字塔的顶端，医生和昂贵的医院治疗负责救治危重病人，而目前大部分医疗保健资金都消耗在这里。范·博克斯特尔随后把金字塔图形颠倒过来。“从现在起，我们将把资源集中投入上游，”他对目瞪口呆的听众说，“投入疾病预防，以及帮助人们管理自身长期的健康状况。”当我问在场的一位大型医院管理者他如何看待这个惊人的资源流向变更，他无可奈何地说：“既然他这么说，那事情就是这样喽。”

Menzis 公司并不是建议我们完全抛弃医院。但公司确实希望通过把常见的医疗流程集中到少数几个首选的服务提供方，以大幅度缩减医疗费用。例如，它会把所有需要做髋关节置换
127 手术的病人安排去同一家诊所，那里每年已经实施了 700 例髋关节手术。Menzis 公司选择与逐利原则背道而驰，从逻辑上说，这种模式没有理由只能发生在荷兰。去印度看病的外国病人可能比其在本国接受同样的治疗平均能节约七到八成的费用。髋关节置换手术在印度顶级医院的费用是 5 000 美元。[14]

罗杰·范·博克斯特尔的成本缩减策略会让病人经历完全

不同的体验。身心的健康不再像外卖匹萨一样由卖家远距离交货送达。恰恰相反，侧重点将移至在大型医疗机构之外的真实世界中，培养人与人之间的互助关系。这可是个不小的侧重点转变，“交付”（delivery）这个暗喻深植于发达国家的医疗体系中。类似古巴的5%医疗模式并非主张调头回到科学蒙昧的时代；而是要把资源和创造力重点投入到眼下业已存在于医院体系之外的、占比高达95%的医疗保健服务中去。这将把“保健领域”看作一个社会和生态的整体，好像一个需要大家一起细心耕耘呵护的花园。

点对点的医疗保健

“我们不可能‘独’善其身。”苏格兰国际未来论坛（International Futures Forum）[15] 的主席格雷厄姆·莱斯特（Graham Leicester）指出，健康心理学家已经积累了相当多的证据，证明拥有社会互助的心理感受是最好的疾病抵御力量；牢固的社交联络能帮助缩短康复时间，并能降低严重疾病致命的可能性。[16] 拥有较高程度社交支持的人在罹患肾病、儿童白血病，以及中风后，康复速度更快，控制糖尿病的效果更好，关节炎的疼痛感较轻，寿命也会更长。

一些新的互联网平台已经涌现，增进医疗保健的社会性一面。其中一个方法是让病人进行大众投票，来找出什么治疗方法是真正有效的。例如，美国有一个名为“Lybba”的组织建立了“长期护理协作网”（Collaborative Chronic Care Network，简称C3N），该平台综合了社交和信息联网功能、远程保健工具，以及医疗内容等。[17] 另一个名为“共同痊愈”（CureTogether）的

网站，可以问询6000名病人什么是对他们而言最有效的治疗方法。[18] 统计得出结果非常有意思：从“功效 - 成本”图表上看，像“锻炼”或“自慰”这样完全免费的疗法和几十种药物疗法同样有效。还有一场被称为“量化自我”（The Quantified Self，简称 QS）的自我追踪潮流吸引了更多的人：人们使用智能手机软件以及各类定制装置来监测自己进食、睡眠、疲劳、情绪和心率的变化模式，从而实现对健康状况的自我追踪。[19] 虽然，QS“通过数字了解自身”的价值主张会跟随世间大众对各种健康理论的信仰[i]而反复无常，这一潮流却迅速发展，其倚靠的是一个简单的愿景：把个人数据和大群体数据结合起来，能帮助人们对个人的健康和行为做出更好的选择。

医生和痴呆症

过分强调医生的重要性未必会提高我们的健康水平，但要打破这种惯性思维却很难。2014年在英国召开的“G8痴呆症研讨峰会”让我认识到，我们的文化和经济都牢牢绑定了主流的医药体系。事情是这样的：峰会期间，我在英格兰的一家看护

[i] 原文此处为“spiritual and wisdom traditions”，字面意思是“精神和智慧传统”；这里应该是信奉的各种理念，引申为人们跟风信奉各种有关健康保健的理论和标准。—— 译注

痴呆症和绝症病人、甚至还照顾病人家属的护理院待了一段时间——当时我有家人住在那里。看护小组由三位护理员和一位护士组成，每个轮班长达12小时。他们长时间地连续工作，包括帮助病人进食和饮水；更换衣服和床单；帮助病人洗浴和清洁；修剪手指甲和脚趾甲；帮助他们上厕所，使用床上便器、卫生护垫，以及坐便桶；填写表格；参加员工培训课程。很多时间——我想强调说，有**很大一部分**时间，护理员需要坐下和病人聊天，安抚他们，一起读书看杂志，或者只是握着他们的手，给病人一个拥抱。每天真真切切只有两次，会有一位护士到各个病区分发药品，有一些病人可能需要更多的医学照顾。我从观察中得到了一个很强烈的印象，这种高要求、费时、劳心的工作有95%是给予“关怀”（caring）——而不是医生的诊断和“治疗”。就拿
129 我家的例子来说，我们几周内只见过两次医生；每一次，他们都只是来授意使用某种护士无权独立开处方的药物。医生的短暂出现，相对一直在这里安静且专注工作的护理员而言，不过是小小的插曲。

在一次稍做小憩时，我数周以来第一次打开电视机，看到英国首相正对着一席正襟危坐的听众致辞。在强有力的、丘吉尔式的演说中，首相宣称“我们必须与痴呆症进行斗争”，并且宣布斥资一亿英镑开展全球研究计划来寻找治愈痴呆症的方法。“我知道有些人会说这不可能成功，”卡梅伦先生说，“但我不愿做一名失败主义者。如果全世界一同努力，我们就可以战胜它。”媒体对于这个峰会的报道同政治家的修辞如出一辙。广播电视频道中回荡着诸如“残酷的疾病”“定时炸弹”“夺走了你的思维”，或是“恐怖”这样的词汇。罹患痴呆症的人被贴上“受害者”的标签。一位英国广播公司（BBC）的记者，站在一台价值

百万欧元的大脑扫描仪旁边，面对着摄像机进行报道，他的姿态和腔调都好像是西门子公司的销售员。镜头还不时切换展示了各种闪着亮光、经过计算机增强渲染的人类大脑图像——这种视觉语言放大了一种迷思，似乎痴呆症是一种肿瘤，只要科技足够进步就可以把它切除。

政客和媒体你方唱罢我登场，我冷眼旁观着，终于明白了许多痴呆症患者和看护工作者曾经告诉过我，但我却一直没能真正理解的事情。这种战争动员式的演讲最后真正的效果，只会弱化社会的凝聚力。像“战争”和“斗争”这样的词会让这种疾病更加被污名化，让更多人心生恐惧，让数百万病人和护理工作者陷入前所未有的孤立。把病人描绘成如同逃离战区的难民一样无助的受害者，是对这个来自千万种背景的人群的不尊重和诋毁，他们之中亦不乏有人过着值得称羡的人生。那么所有这些大张旗鼓的宣传是为了什么呢？这个所谓的“寻求痴呆症治愈方法的竞赛”最可能的结果，就是创造出一个痴呆症产业复合体。这个产业复合体将由首相的听众席上那些衣着光鲜的专家们经营并为他们牟利——而收入微薄的护理工作者日复一日地为数以千计包括我在内的患者家庭给予真正的帮助，他们所
130 能得到的支持却微乎其微。在G8峰会之后不久高调成立的世界痴呆症委员会中，既没有患者代表，也没有来自护理工作者的代表。仅仅14个月之后，英国的报纸上就出现了这样的标题：“医药企业对找到治愈方法感到绝望，在遭遇一系列失败后决定撤回投资。”[20]

关怀主要依靠投入时间，而不是重金投入科研和技术的问题。所以各个国家在痴呆症问题上较合理的投资比率应该是：95%分配给关怀护理，5%分配给科学研究。这些数字并不是我

凭空臆想出来的。这与我们现有的护理经济结构相吻合。举例来说，美国有超过四分之一的成年人口在过去数年中有过护理慢性病患者、残疾人或年迈者的经历，这可是超过5000万的人口——而且这个数字随着人口老龄化将继续变大。在威尔士，无偿的护理工作者有340745人，占该国人口的11%，每年投入护理工作的时间达2.88亿小时；其中只有1200万小时由当地政府部门负责提供。[21]

那么如何才能把工作重心转移到对护理工作的扶持上呢？在一个名为“阿兹海默100：改善痴呆症伴随的人生旅程”的项目中，[22]我了解到这不是一个很棘手的问题。改善痴呆症人群生活质量的一个可靠的方式就是直接问他们：哪些实用的步骤可以改善你的生活？于是我们就这么做了。我们和各种各样的市民合作了两年时间，其中有痴呆症患者、护理工作者、支持和志愿者团体、研究人员、医生和护士。我们用了多种多样的方法希望找出在我们称为“患病旅程”的各个阶段能做些什么，给病人带来实质性的帮助。在这个过程中发生了许多来自经验的洞察——但更重要的，我们围绕什么是痴呆症患者及其护理人员首要的需求也达成了一个共识。他们有两个最迫切的需求：其一，是如何应对人们初次察觉自己患病时的那种痛苦经历；其二，是临终关怀。这两个问题都被认为要比发展辅助技术重要得多。因为大部分辅助技术的实际应用都是由生活在象牙塔里的大学科研人员开发出来的，他们很少

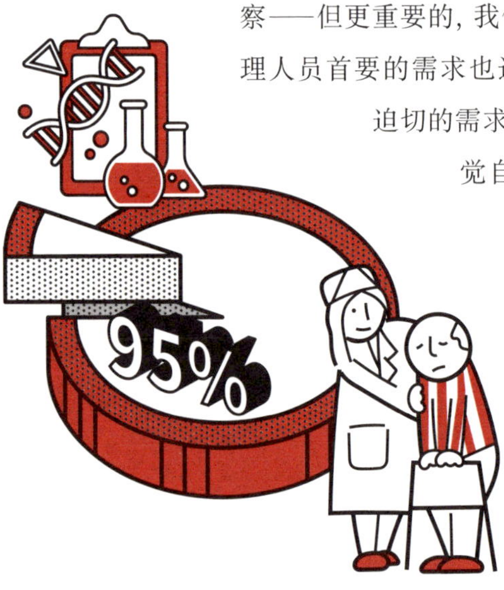

接触到这些技术的使用者——“老年人”（the elderly）[ii]——对他
131 们的实际需求也不甚明了。有很多研发资金被投入到“主动式系统”的开发中，这个系统让成年子女可以在工作的同时对父母的健康和幸福状况做出评估；一个由日本主导的研究团队开发出了一种机器人来“帮助照顾该国日益扩大的老龄人口”。这些创意背后的思路是有违孝道的，但上班族们宁可花钱购买自动化机器也不愿亲自照顾父母，科技公司对这样巨大的市场醉心不已。

有了那两个首要问题作为我们的工作导向——即初次察觉症状，以及临终关怀——我们这个由研究人员、设计师、护理工作者，以及痴呆症患者组成的团队梳理出了一些为病人提供支持服务的点子。我们的设想包括：设立“护理礼宾员”、建立一个伙伴制度，以及一个“时间易贝”（eBay for time）平台。其中，我们的重点是建立一个针对痴呆症病人的引导服务原型，将现有的支撑生态系统内各种服务项目更好地联结起来。这个引导服务已被英国阿兹海默症协会采用，并在国家层面上继续开发。问问相关的人，做什么可以对他们有所帮助，这个行动非常简单，却能让大多数人受益。紧随“阿兹海默 100”项目，英国设计委员会举办了一个“痴呆症挑战赛”，其设定的目标是“让新的服务方法建立起来，投入运作，尽快进入需要它的千家万户”。甄选出的 16 个服务创意都是相对来说低成本、低科技、以人为中心的解决方案：用来联系亲友以及专业人士的在线工具；帮助护理员寻找兼职工作的网络服务；为痴呆症患者提供日常交通便利的顺风车共享服务；寻找和协助走失的痴呆症患者安全回家的志愿者组织；针对护理工作者的点对点互助平台，等等。

[ii] 比起泛泛而言的“老年人”，“the elderly”专指的是高龄老人。——译注

设计委员会的创意清单上也有一个高科技小发明：一种用来查看痴呆症病人所在地理位置的腕带，带有三维加速度传感器和射频识别功能。但总体来说，高科技成分并不突出。[23]

从现在到 2030 年，欧洲 75 岁以上的人口数量会增加一倍。这些老年人中至少有一半是独居，患有至少一种慢性病、需要持续医疗看护服务的人数比例也在不断增加。与此同时，在
132 许多国家投入公共服务的政府财政在未来几年内可能会缩水 20%～40%。[24] 结论无法回避：医疗服务和老年看护的传统模式在未来是无以为继的。那么，我们的政府将如何照顾老龄人口呢？坦诚的回答就是，他们将不再承担这个责任。他们无力做到——如果“照料”（care for）一词意味着当前这种复杂、高成本、高能耗、倚重于医疗机构、吞噬大量资源的医疗服务模式，政府将力有未逮。我们需要重新思考“照料”这个词背后的含义，并转而去探索如何最好地借助人与人之间通过长期共处互动建立起来的信任关系提供照料——因为对于痴呆症病人及护理工作者来说，那要比由第三方单纯地提供服务重要得多。

建立一个合作互助性质的护理体系并不需要完全另起炉灶，现实中已有先例。例如，在加拿大魁北克省，有一半的老年看护工作来自社会互助协作。约翰·雷斯塔基斯（John Restakis）进行的研究发现，在意大利的博洛尼亚有超过 87% 社会服务是由市政当局和社会合作社（co-ops）签订合同来实施的。由此带来的变化，就是医疗保健和社会服务的数量和种类发生了戏剧性的增长，看护服务的质量提高了，服务的价格降低了。[25] 意大利全国有超过 14000 多家社会合作社——拥有超过 40 万名员工，每年营业额达 90 亿欧元以上——为超过 500 万人提供广泛多样的护理服务。这个合作体系还有自拓展机制：每

一个新加入的合作社都有义务再发展一个合作方。在被称为“草莓田”原则的运作方式中，每一棵新的“植株”都必须派出一名人员去建立至少一家子单位。[iii] 受此启发，不少其他欧洲国家不久前也发起了类似的护理合作社机制。[26]

被遗弃在山上的老奶奶

在中国，这个到 2050 年 60 岁以上的人口将达到 4.3 亿的国家，出现了一个结合了志愿服务和时间银行的老年人看护新形式。本杰明·肖伯特（Benjamin Shobert）在《页岩》（*Slate*）杂志上对此有过介绍，其基本原理非常简单：成年人参加政府代理
133 机构组织的有关老年人护理的基础培训，然后义务为老年人提供陪伴以及包括清洁、烹饪、沟通辅导、个人卫生在内的基本护理服务。当志愿者自己到了退休年龄后，他曾经义务服务的工作时间数量就可以成为某种“积分”，为他自己换来护理服务。[27] 我从大卫·皮令（David Pilling）那里得知，在日本，养老院的社会形象不佳；人们把被送到养老院的老人称作“被遗弃在山上的老奶奶”——据说在古代确有其事。今天，所有 40 岁以上的日本公民都义务缴纳养老保险金，日本也拥有着全世界最多的老人日间看护中心。这个体系体现了“生き甲斐”的精神——这个日语词可以翻译为“活下去的理由”，是让人的思想和身体保持活力的源泉。“我们要确保让老年人享有欢乐时光。”人们这样对皮令说，“他们可以吃到美味的食物，和挚爱的朋友和家人度过更多美好时刻。我们更注重如何保证生命的质量，而不单单追求生命的长度。”[28]

[iii] 这类似于草莓的自我繁殖方式。——译注

在英国有一个名叫“关爱圈”（Circle）的会员制模式，由来自当地社区的帮助者为需要日常护理的老年人提供应需服务。帮助者们可以从职业社工那里得到技术支持，并由时间银行累计他们的积分。对于年龄更大的人，得到的帮助就不仅限于日常事务了。加入“关爱圈”可以让他们与同道中人保持社交联系——并且交往范围不局限于老年人；这个平台让许多人都有机会为他们的社区出力。每一个“关爱圈”都好像是一个谋求本社区福利的公司，并像社会企业一样经营运作，它们从各种当地机构获得资金，投资主要来自社区委员会和业主协会。[29] 同样在英国，一个名为“痴呆症患者之友”的平台也产生了明显的网络效应，有 100 万人注册加入，为了“增进对痴呆症的了解，学习如何为病患提供点滴帮助”。在希腊，虽然很大一部分公共医疗体系在 2008 年的经济危机之后已经崩塌，但许多医生、护士和药剂师都在“社会健康诊所”中义务提供免费服务，无法到公共医疗机构就诊的人们可以在这里获得免费的医疗、药品和疫苗。
134 迄至本书写作时，在希腊各个地区一共有 42 个此类诊所在运作中。[30] 另外在加拿大，还有一个借助于网络的模式叫作“Tyze 个人网络”（Tyze Personal Networks）。拥有 1 万名用户的 Tyze 平台让病人身边的人们，例如家属、朋友、邻居，以及专业护理员和医疗工作者连接起来。Tyze 平台让关怀照顾病人的各类人士建立了联系，增加了彼此间的沟通交流。正因为此，那些时常感到孤立无援、濒临崩溃的病患亲友和家人才得以缓解压力。[31]

社会化的护理经济已经存在，而且并不局限于家庭之中。它也存在于多种多样正规或非正规的援助网络中——我们大多数人只会在需要的时候才会有所意识。在这个社会经济中人们做的大部分工作不会有分文报酬，也不会被纳入 GDP 统计——但是，滋养它成长的是来自金钱以外的价值，那就是我们所有人在互相呵护中所奉献的信任、时间、关怀、智慧、经验，以及技能。在此基础上继续添砖加瓦，这个社会生态系统可以通过各种不同且经济的方式得到支持并不断改进。新型的通讯工具可以进一步改善专业人士与普通“参与者”之间的协作。各个领域的知识和技能可以通过网络的力量汇集到一起。我们分享各种资源的方式——小到尿布，大到楼宇——也会通过各种新型服务变得更为理想。

就像围绕食品的新兴问题一样，医疗保健也是本地的、基于场所的问题。随着我们逐渐透彻地理解这个问题，替代当前以治病为核心的医疗体系的新方案正在赢得越来越多的关注。在医疗保健的新生态模式中，焦点将转移到人们的居住地和所在的生态体系。这种模式已经不是边缘事物了。在美国有包括梅奥、阿利娜、哈佛在内的57个学术医学中心已经加入“整合医药”协会（Integrative Medicine Consortium）。[32] 此外，有一所立足于临床医学的“整合健康和医药学院”（Academy of Integrative Health and Medicine，简称AIHM）成立于2014年，其基本理念是：健康首先取决于食物、水、空气，以及其他生态系统的“活力”（姑妄称之），而不是那些医院里实施的治疗手段。健康和食物的关联更为深远：AIHM正在大力普及“健康共有权”（Health Commons）的概念，即：人类的健康与我们人类所处的生态系统的健康，是不可割裂的同一个问题。

9

共有权行动：从社会货币到款待的艺术

135 在印度，距离班加罗尔一小时之遥的一个小村庄静谧得好似在沉睡。我遇见一群村民站在一大片印度红小米（一种可以用来制作黑面包的谷物）周围，红小米薄薄地摊在路面上形成一个直径六米的圆。六只鸡看起来要把谷粒吃得精光，但村民们却在一旁观看闲聊。我问他们，为什么不用食槽给家禽喂谷子？村民们善意地哄笑起来，随后解释道，鸡正在吃一种极小的、肉眼看不见的蛆，要先除去它们才好把谷粒贮存起来。一个毫无技术含量的聪明法子就解决了世界各地的农民们需要面对的一个实际问题。回到家里，我在谷歌搜索里查找“清除谷物里的虫子”，结果弹出了“欧匹科595型静音批量谷物烘干机带Sky-Vac除尘系统”。要说事半功倍，我觉得，班加罗尔的这个村庄完胜高科技云集的旧金山湾区。

“发展”一词，常常用来暗指我们北半球发达地区的人们必须帮助南半球落后地区的人们过上我们的生活。但是想想：一个美国人平均一天排放的二氧化碳，是一个中国人一周的量，或是一个坦桑尼亚人7个月的排放总量。再来看看这个例子：一个来自富裕国家的观光客24小时内用掉的水可供
136 当地一个村民用上100天。我们难道真的要让这些简朴的人们过上我们的生活？这样

的“发展”，可能只有站在试图将其强加于人的立场上才说得通。[1] 从殖民时代到今天，北方的富人们想当然地认为我们的生活方式比其他任何民族都来得先进。尤其是，我们倾向认为原住民族和他们的生活方式阻碍了进步和现代化。这种固有观念在全球经济发展过程中导致了海啸般大范围的负面结果。今天，为了给大坝、交通系统和滨水工程让路，每年有1000万人口被迫背井离乡。全球银行大军、政府机构和地产开发商们衡量进步发展时，只盯着私有住宅保有量和陡然激增的消费。包括作家查尔斯·爱森斯坦（Charles Eisenstein）在内的很多人总结过这种产业的信条：将城市化和交通密度奉为进步的象征；步行必须让位于机动车；高层塔式大楼优于几家合住的院子；混凝土远胜本地材料；商业保险胜过互帮互助；快餐馆相比自给自足的农业就是进步的体现。种种发展的后果，正是玛姬·布莱克(Maggie Black）揭示的令人心寒的事实：“几百万人因为他人定义的进步，被放逐到丰饶生活的边缘。”[2]

时过境迁。如今曾经横亘于“他们”和“我们”之间的差别正在消融。虽说造化弄人，却也是我们执迷于能源的必然宿命。英国作家盖伊·史丹汀(Guy Standing）创造了一个新词“不稳定型无产者”(precariat)，用来形容越来越多的一部分北方富裕国家的公民，对他们来说，缺乏安全保障和相对贫穷正在成为新常态。[3] 我们的父辈曾拥有稳定的事业、良好的收入和退休金；和他们相比，不稳定型无产者通常是通过中介接到工作、零时工合同[i]，时刻面临着不确定性。我谈论的可不是一小撮社会边缘的低阶层人口。据经合组织统计，世界上一半的工作者（近18亿人）已经身陷这种不稳定的经济；他们预测，到2020年，全球三分之二的成年人将身处非正式经济模式。如此惊悚的比例也许还只是保守估计。如果把所有
137 拥有“正式工作”但担心饭碗不保的人也算进来，不稳定型无产者的大军将很快逼近全球成年劳动年龄人口的四分之三。[4]

“活在这样一个赤裸裸的残忍现实里，是一种什么感受？”[5] 来自富裕世界的记者写下这样的话。对他们而言，加入不稳定型无产者的行列无疑是恐怖的。但作为世界上最大、最不受欢迎的俱乐部的一名长期会员，我却有一个令人吃惊的结论：那也未必都是坏事。最积极的一面是，至少在真实世界里，经济增长似乎终于可以迎来终结。为什么我要为这样的结局欢欣雀跃？且听我解释。许多技术专家在被追问时会说，我们的世界要想持续存在下去，能源和资源的消耗水平就必须“缩减到二十分之一”——即降至现有水平的5%。[6] 在我成年后的大部分生活经历中，环境研究者口中的“二十分之一”这个概念对我来说根本遥不可及，这个难以置信的数字曾经在很长一段时间里把我变成了一个彻头彻尾的末世论者。但后来，我开始花更多时间和金字塔底层的人们打交道，只使用5%的能源正是他们现在生活的现实。这样的说法，并非要淡化贫困人口日常面对的诸多挑战——要是作者对着这些人们高谈他们多么幸运，那无异于侮辱他们——但要论节俭利用资源的生活，世界上穷人们的经验和技能远在我们之上。我遇到过许多人，能够仅仅依靠北半球发达地

[i] 零时工合同（Zero-Hour Contract），指雇主可自由改变雇员工作时间，甚至不保证给其安排任何工作时间的合同。—— 译注

区的人们眼中微不足道的能源和资源，过着体面且还算舒适的生活。

印度南部喀拉拉邦的一所小旅店的老板，让我进一步开拓了眼界。我们聊起了彼此的父母，当我抱怨英格兰的养老院收费高昂时，他惊得下巴都快掉下来了。他是万万不能相信，我们这样为人子女的人竟会想着把自己的父母送进养老院而不是让他们在家中颐养天年。尽管用富裕世界的标准来看，那家伙几近赤贫，但他却把自己周围唾手可得的互助支持视为理所当然：他现在在家中照料自己的母亲，而且非常确定在未来他的孩子也会如此照料他。海地最知名的记者之一康裴·菲罗（Konpè
138 Filo）在一次令人难忘的访谈中让我相信那并非妄言。在经历了那场灾难性的地震之后，当他被问及海地是否真的贫穷时，菲罗答道："这取决于你如何定义贫困和富裕——而且，是谁在下定义。我要说的是，海地是一个富裕的国家。我们团结一心，我们有社区。我们在有公共天井的大院里长大，我们懂得每个人都必须和四邻分享所拥有的东西。你会站在邻居的门口问：'今天你喝过咖啡了吗？'你明白，自己的成功和自己家族的成功取决于社区是否在健康运转。这就是我们的模式。"[7]

我也了解到，为数众多的健康农业依然存在。全世界有 80% 的农场——4.45 亿个农场——每个占地不足 2 公顷，[8] 而且大多数情况下，这些小规模种植是活生生的生态农业的例子，我们需要用它们取代"大生产"农业模式。确实，许多我所遇到的农民正面临实实在在不断增长的麻烦，这威胁着他们的生计。但全球 40% 的粮食生产依然来自于所谓多功能用地上多种多样的小型农业体系，估计约有 16 亿人依然将林地视为谋生和收入的来源。尽管产业化农业的推土机就在耳畔咆哮，为数众多的人们依然从剩余的林地里获取建材、水果、坚果、菌类、蜂蜜，以及药用植物。[9] 都市农业也是如此。尽管在伦敦或是纽约，一个屋顶种植园会登上新闻，8 亿南半球发展中国家的人民却已经在城市里耕种了几十年；撒哈拉沙漠以南的城市中，40% 的家庭同时也是都市农民。[10] 不管是在城市还是乡村，这种金字塔底部的农业比我们的模式更可持续：在他们的模式里，能源消耗同食品能量之间的比值接近于 1，相比之下，我们大生产农业模式里的这一比例（曾在第五章里提及）几乎是 12:1。

同样事半功倍的专家能力也体现在住房方面。有别于北方发达地区千篇一律的公寓大厦，穷人们用远少得多的资源为自己的家人遮风避雨。像在第四章中提到的那样，生活在巴西贫民窟里的人们，他们的人均居住面积不足有钱人的十分之一，
139 二十分之一，三十分之一——但是他们的居住区拥有的社会凝聚力可以弥补私人空间缺乏的问题。就物质方面而言，穷人们的建造方式比我们有效得多。例如，在撒哈拉以南的非洲地区，有一种古老的建筑技术叫作“努比亚拱券”，利用的都是便宜的、当地出产的、生态环保的原材料。建筑的主要成本是劳动力，但因为建造步骤很容易学习，而且房子未来的主人也承担了大量工作，成本就被控制得很低，而资金就留在了本地市场。和我们失控的房地产产业综合体系形成鲜明对比的是，努比亚拱券的建造是自给自足且可持续的。[11]

医疗，是南部地区人民又一门领先于我们的生活必修课——他们未必故意为之，却创造范例无数。贫困国家无力承担那种以医生治疗为核心、按疗程付费、治标不治本的医疗体系（而那样的体系正把富裕国家推向破产边缘），他们不得不着眼于基于社区的健康护理和疾病预防。医师们在社区工作，而不是在诊

所或是医院。社区医疗保健由受过培训的当地人完成，而非执业医生。许多这样的社会医学也在自我复制。在有的国家，比如委内瑞拉，医师教员在农民和工人中招募并培训保健人员。这样做的目的是让当地人有能力提供 90% 自身所需的医疗服务。这就是探索如何以 5% 的资源实现医疗服务保障的一种实践。

在公共能源网络之外发掘利用能源这一方面，贫困社区又一次走在前列。能源紧缺正在啃噬北部发达地区，我们可以向贫困社区学习如何获取、利用并且共享价格低廉、用途广泛、低技术含量的工具和设备。开源技术运动正在令分布式、点对点的能源生产和本地网络加速发展；它们让能源得以在不同的人群之间流动，而这一切都基于个体生产者、家庭或社区的志愿参与。南北合作前景广阔。如凯文·卡森（Kevin Carson）形容的那样，本地能源是“世界上最大的协作式 DIY 项目”。[12]

140 南方地区还拥有比我们智慧得多的城市。诚然，那些城市并没有很多大数据和信息通讯技术咨询公司，但那些贫穷城市的街道蕴含着巨大的社会和商业创造力。例如每次去印度，都可以看到驻扎在人行道上的工程师和修理工在这个随处可见各种物件的城市里，以如此娴熟的技艺维护着这些物件和设备：发动机、电视显像管、压缩机，以及其他各种装置，这一切令我深深叹服。在德里，在我临时借用的办公室附近，就有数百个小工坊和个体户，在街边出售或修理能让我们的办公室保持运转的各种硬件周边产品。从打印机墨盒到 U 盘，应有尽有；成行成排的昏暗但熙熙攘攘的地下室里，数量惊人的型号老旧的显示器、终端设备和主板正等待修理。印度小商店的密度也是全球第一。这个国家的零售贸易被错误地冠以“杂乱无章”的名声，各个巴扎、跳蚤市场、街头集市经过几个世纪的进化已经发展成为拥有 4000 万商人、店主、街头小贩和摊贩的生态系统，他们贩卖的商品琳琅满目，超乎想象。在超大的非正规食品市场上，腐坏的水果和蔬菜就被牛吃掉或是供堆肥用。这个神奇的零售生态系统是劳动力密集、低熵、廉价、去中心化、自组织的，正因为如此，它也是高效的——一言蔽之，它是一个弹性系统。在可持续方面，像印度这样非现代化的农耕、食物和零售系统是最先进的。

如果我的直觉正确，且我们确实已经进入后增长时代，那么这些小型商业要比那些全球化的巨无霸同行更适应在这个时代生存，甚至更容易欣欣向荣。微型企业仍然占据企业总数量的绝对多数，全球所有国家皆是如此，而不仅仅是在发展中国家。人们也许可以猜到，非洲有 75% 的人口在微型企业工作——但欧洲也是一样，超过 90% 的商业要么是微型的，仅有不到 10 个人组成，要么是小型的，员工最多不超过 50 人。[13] 在美国，任何一个地区都有 70%～90% 的商业被归为“小型”；其中的绝大多数是个体所有制。[14] 它们不需要增长。大多数小型商业从诞生伊
141 始，目标就只是向社区提供基础服务。它们的管理费用大部分是适中水平；大多数老板同时也是员工；它们营业额的大部分保留在本地经济中。[15] 马里乌斯·德·盖斯（Marius de Geus）把这些在全球各地涌现的星星之火称为“自给自足的乌托邦”。[16]

货币陷阱

小企业和从事非固定工作的人们面临的最大挑战，是我们对全球货币系统的依赖，这个系统只有不断增长才能维继，即便这不是人类的生存逻辑。大多数自由职业者、街道商贩和小公

司看重却常常缺乏的，是未雨绸缪的能力，没有人愿意永远只仰仗一年中的旺季吃饭，或是指望常常拖欠货款的客户发发善心。大多数时候，我们都缺乏流动资金——钱。我们也缺乏应对挫折和不幸的保障。一些社区在信赖的网络之间分摊风险——但这只是少数。因此，本书谈及的多数微小例子（包括作者本人）都身处困境：只要我们的微型经济还依赖私人银行的贷款或投资，这种经济将永无出头之日。私人银行的资本投入逼迫微型企业追求过剩，也就是利润，因为他们必须连本带利还贷。借债的逻辑牢不可破：它逼迫一个企业要么变成资本家的企业，要么破产。该风险绝非空穴来风：这一过程直接导致了西班牙巴斯克地区蒙德拉贡（Mondragón）合作社的破产。[17]

《开放资金宣言》（*The Open Money Manifesto*）对这一挑战的解释很到位：

> 资金的问题完全源自传统的货币常规发行方式。货币是由中央银行限制供应的。它是稀缺的，难以获得的。我们知道货币来自哪里：它来自“他们”，而非“我们”。[18]

现实并非一贯如此。几千年来，在货币获得属于自己的生命之前，它只是一个工具。曾经的“经济”只关乎生计，为家庭提供必需品。在这种条件下，人们使用的当地货币是一个有效的系统，因为我们作为同一个地方同一个社区的成员而相互信任。
142 随着资本主义的诞生，“经济”的这一含义和目的就丧失了，而货币成为独立的目的。以钱生钱的投机取代了为家庭和社区提供给养——或者，用哲学家吉奥乔·阿甘本（Giorgio Agamben）的话来说：“上帝未死；他只是化身为钱。”[19]

2008 年那场全面金融危机触发了一众关于替代货币和贸

易体系的尝试，它们都是区域性的，由当地人士控制管理。在这一时期内应运而生、目前仍在接受考验的，包括各种货币、平行支付系统和相互信用计划，如：伊萨卡时间（Ithaca Hours）、时间美金（Time Dollars）、本地经济贸易计划（Local Economy Trading Schemes）、布里克斯顿英镑（Brixton Pounds）、小额信贷计划、免息银行，以及其他社区交换体系。若干形式的所谓的“团结金融”，已经经历了很长的发展，例如：像意大利“大众伦理银行”（Banca Etica Poplare）之类的社会银行，法国的“中厅”银行（La Nef），瑞典的JAK零利率银行，以及意大利MAG和法国的西加莱斯俱乐部（Club Cigales）之类非银行机构的社会投资提供者。现在，有一个叫作“水滴”（Goteo）的众筹网站，它为各种基于共有资产的项目广泛筹措资金，招募志愿者。比特币背后的点对点技术，正是我写作本书时的社会热点，它的支持者们声称，我们终于拥有了一个平台，可以不依赖银行来制造货币。遗憾的是，像比特币这样的加密货币所采用的技术手段自身也存在漏洞：比特币背后的核心技术是一种叫作“区块链”的新加密手段，它消灭了使用者之间的信任。作家弗兰科·贝拉迪（Franco Berardi）对此的解释是，强社会联系是一个健康的货币系统的基石，匿名的加密手段清除了我们与货币之间的最后一点社会纽带，因此将货币变成分裂的终极力量。“当软件取代信任，”伯纳蒂说，“人性的最后一丝残存就从方程式中被抹去了。”[20]

但不管加密与否，货币的存在是否真的无法避免？我们真的可以摆脱一个有五千年历史，并且不断自我进化、重生的货币和
143 债务系统吗？[21] 有些观点认为，我们只需静观其变，货币经济不可能以现在的形式永远存在下去，因为它全面依赖廉价能源。一旦廉价能源不再充足，就像现实中正在发生的那样，而且“实体”

经济也出现增长下滑，那么，一个要维持就必须扩张的货币系统将无以为继。

关于不远的将来还有一个不那么悲观的看法，那就是没有货币的生活已经存在。地球上的每一个家庭、每一个社区里，人们完成的许多工作从未被包装成“工作”，也没有工资单支付酬劳。所谓的“非市场性”工作，包括人们为了养家糊口教育后代、照管土地、娱乐自己等一直在从事的许多基本活动。数十亿的低现金收入人口，在货币经济体系之外通过传统的互惠和赠予网络，满足日常生活需求。他们在本土的社会系统里，通过基于亲属关系、分享关系和各种其他方式分享资源，不仅得以谋生，而且多数还称得上生意兴旺。像前文解释的那样，这样的社会目的正是众多小型企业不必扩大规模的原因之一。“他们的追求是为了生活而工作，”沃尔特·米诺罗(Walter Mignolo)说，“而不是为了工作而生活。”[22] 这种自主性是一种力量。

许多这样的社会实践历史久远，在不同的时代里被其他社会学习掌握。共同享有自然资源的社会关系遍布全球，从阿拉斯加到巴塔哥尼亚，有些合作和资源共享的形式可以回溯至几个世纪前。不同形式的合作、互助、互惠和慷慨捐赠已经进化发展，以满足资源极度匮乏情况下的基本需求： 育儿、提供建议或安抚、解决人际冲突、传授基本生活技能、烹饪、缝纫、盖房子、种田、饲养动物。这些经济活动尽管只有少数被纳入到正规经济结构当中，但这

些平行的系统支撑着一个由小型商业、家庭农场、本地贸易，以及延伸的社会和区域网络组成的生态系统。曾经花费四年时间混迹于拉各斯各种非正规市场和路边摊棚的罗伯特·纽沃瑟发现，这个鱼龙混杂的世界并非只有杂乱无章，它是智慧、弹性、
144 自我组织和群体凝聚力的产物。这种团结经济是一个经济系统，一个充满活力的系统。[23]

非正规经济的多样性超乎你我想象，它是力量的源泉。仅仅在非洲，不同的集体自给自足、互帮互助的系统数量惊人。它包括无数临时的合作社、小额放贷俱乐部，以及集体储蓄及购买计划。我的朋友、来自南非的穆坚蒂·姆里塔（Mugendi M'Rithaa）告诉我，非洲的平行经济的根基是深刻的人际关系和相互信任。志愿团体名称五花八门，在南非有的叫作"stokvels"（合作社会），有的叫作"boipelogo"（自给自足）；在乌干达叫作"Bataka kwegaita"（社区团结）；在加纳叫作"nobwa"（互惠协助）；在肯尼亚叫作"harambee"（齐心协力）；在坦桑尼亚叫作"ujamaa"（大家庭）；在博茨瓦纳叫作"molaletsa"（集体劳动共享系统）或"motshelo"（集体信用联合会）。穆坚蒂还告诉我，许多非洲的文化精通社群对话、公开辩论，以及建立共识；另外，妇女发挥的重要作用也对文化形成了额外的支撑。

同样，拉丁美洲也拥有北方地区闻所未闻的众多团结共享的形式。其中一种，据阿根廷教授沃尔特·米诺罗描述，叫作"ayllu"，是一种在共有领地上集体工作的家族社群的延伸。[24]它就类似希腊的"oikos"（这个词就是"经济"[economy]的词根），米格诺罗进一步解释。"每一个'ayllu'都由一个专门的领地来界定，那并非只是一片土地，而是一个生态系统，土地是其中的一部分。"人们并不把领地看作私有财产，而是生活在那里、

出生在那里的所有人的家。拉丁美洲还有一个以共有权为基础的系统叫作“marka”：人们为其他人工作一整年——一人提供劳动，另一人提供住宿和食物。这种安排是相互的：某人来你的共有土地上帮你工作过后，你必须同样到他的共有土地上去工作。尽管“marka”体系的历史可以追溯到安第斯山脉的农耕社会，它却化身成为现代城市亦有迹可循的操作。在墨西哥的
145 “Tequio”系统（可追溯到前哥伦布时代），社区成员合伙经营材料和劳力来建造学校、挖井、修路。在巴西，名为“mutirão”的集体动员活动为建造共有的屋舍筹措免费劳动力，每一个出力的人都会从中受益。在墨西哥的奇瓦瓦山区，“córima”一词的意思是和某个遇到困难的人团结一心的行动，它有点类似于美国西北太平洋沿岸地区的“potlach”这个词，指当地的原住民曾经向遭遇灾害颗粒无收的其他部落分发食物。在哥伦比亚和巴西的亚马逊流域的原住民当中，一个“maloca”就是一栋住着不同家族的共有的房子：白天，人们共享工作空间；到了夜晚，“maloca”则会变成分享故事、神话和传说的知识中心。[25]

好好生活

我长篇累牍地罗列例子，是为了让你明白，只要有心去了解，就可以看到非货币经济形式已经存在，而且为数不少。确实，许多这样的实践都是小型的——但也不尽然。例如，“好好生活”（Buen Vivir）的概念就是厄瓜多尔2009年颁布的宪法中一条重要的原则。“Sumak Kawsay”（西班牙语中的“Buen Vivir”）深植于安第斯山脉盖丘亚人的世界观，它描述了一种以社区为中心、生态平衡、尊重文化多样性的组织日常生活的方式。有别于西

方世界关于“福祉”（wellbeing）的概念，“Buen Vivir”中的“社区”（community）一词包括各种有机生命体——而不仅仅是人类。它的支持者之一，爱德华多·古迪纳斯（Eduardo Gudynas）曾这样解释：“Buen Vivir 不接受‘大自然是我们人类达到目的的手段’这样一种近现代才出现的观念。”在该原则指引下，Buen Vivir 的宣传者们正积极推广法律和税收改革，引入环境会计学及其他形式的区域治理形式。“Buen Vivir 不会阻止人们造桥，它也不拒绝采用西方的物理学和工程学知识去建造。”古迪纳斯解释道：“但是我们在为提议建设的任何桥梁选址时，考虑的是服务当地和区域需求，而不是满足全球市场的需求。”[26]

Buen Vivir 对主流的发展模式是一个充满启发性的替代方案，但它却诞生于一个不完美的世界。它的支持者们——主要是
146 不断发展中的拉丁美洲各国政府——许下的种种生态承诺，尚未在实践中得到兑现。相反，这些政府在医疗、教育、住房、文化和社会安全方面的巨额投入，却是由采矿和提炼石油的收入支付的。全球30%的采矿业总投入集中在拉丁美洲，还有数十个破坏生态的露天开采项目正在实施。在厄瓜多尔，总统拉斐尔·科雷亚（Rafael Correa）辩解说，他的国家除了开采矿藏、挖掘资源之外别无选择，因为“我们需要钱来终结贫穷”。阿根廷总统克里斯蒂娜·费尔南德斯（Cristina Fernández）也发表过类似的声明：“守护花草动物无疑是高贵的，但更重要的是照顾人类，让他们有工作，有水喝，不要生活在一片污秽之中。”[27] 这些矛盾的立场就是我们必须面对的现实。尽管我们可以轻松反驳，如果我们的星球陷入死寂，那还谈何工作、福利和教育，但我们更需要正面的范例故事来阻止无异于饮鸩止渴的掠夺式开采继续蛊惑人心。尽管在这个危机四伏的时代，人们忙于应对满足实

际需求的各种工作，我们尚缺乏一个统领的概念，一个协调统一的想法，让人潮涌动中的你我他手中的工作变得有意义。

共有权行动[ii]

我们所缺乏的那一点东西——我们所需要的那个新故事——正是共有资产的故事。共有资产，是一个理念，也是一种实践，它生发出意义和希望。在《共同拥有：讲述我们时代的新故事》（*In Commons: A New Narrative for Our Times*）一书中，西尔克·黑尔弗里希（Silke Helfrich）和约尔格·哈斯（Jörg Haas）将共有资产视为“所有有助于我们生存的来自前人的宝贵遗产”。透过这个视角，共有资产可以包括：土地、水域、生物多样性、共同的知识、软件、技能，或是公共建筑和空间。这些资源的维护、健康程度和可持续性都事关我们共同的利益，一直如此。没有哪个个人、公司或是政府创造了这些共有的事物；因此，没有人有权力将它们据为己有。相反，我们从历代先人那里继承了它们，也担负着为了后人照管它们的道德义务。[28] 和本章已经描述过的其他团结
147 形式一样，共有资产是一种可以追溯到许多世纪之前的社会实践。这个词的本意来自于中世纪的社区对共享土地的管理方式，但此后历史上又出现了各种长期存续的相似的体系——由社区管理共有的资源。例如，共享的水体管理，可追溯到8 000年之前；在今天的伊拉克、伊朗所在的中东地区，我们发现了有历史记载的最早的集体管理的灌溉系统。例如在第四章中提到的巴厘岛，一个复杂的灌溉社会体系有1000年历史，且今日尚存，仍在发

[ii] 共有权行动（Commoning），行使共有权的过程。是指一个社会的文化及自然资源通过成员之间的互助、冲突、对话、协商、实验等一系列过程被所有成员共享的过程。——译注

展。全球化时代亦不例外。近年来，数百万共有权分担者们组织起来，一同捍卫他们的森林和渔场，重新发明当地的食品体系，组织富有活力的在线社群，重新恢复公共空间，改善环境治理，以及像大卫·伯利尔（David Bollier）所说的那样，“重新想象‘进步’的含义”。[29]

共有权[iii]绝不仅仅是意识形态上的主张。无数科学研究表明，分享精神存在于我们的基因里。例如，哈佛的心理学家已经确认，“相比为了有限的资源你争我夺”，人类拥有“很强的合作的倾向，并相信自己最终会受益”。[30] 瑞士科学家也表明，儿童到了一定年龄之后会出于基因和社会因素的驱动，而和他人分享——尽管他们并非必须如此。”[31]

共有权是组织世界的一种自然方式，这样的主张是一方面；但另一方面，引出的麻烦的现实问题也需要面对：我们如何确保人们合理及公正地使用共有资产？治理共享资源需要怎样的胡萝卜加大棒组合？共有资产治理不存在简单的配方或者规范教科书，但是，在 1990 年出版的《管理共有资产》（*Governing the Commons*）一书中，诺贝尔奖获得者埃莉诺·奥斯特罗姆（Elinor Ostrom）从成功的自我治理案例中发现并总结了一些共通的设计原则：

- **使用价值高于交换价值的原则**：有助于我们日常生活的共有资产不可以作为商品被出售牟利；
- 148 **互惠原则**：任何从共有资产中索取的人必须为共有资产做出贡献；
- **免费知识原则**：所有享受共有权的人必须保护对共享技能和技术的分享权及贡献权；

[iii] 即对共有资产享有权利。——译注

- **自组织原则**：解决问题的方式由集体寻求而得，而非从顶层强加。[32]

继奥斯特罗姆开创性的工作之后，新一代共有权支持者们又为这些大原则增添了明确的细节。新近加入的包括：

- 需要对生态物理状况进行**合作监管**；
- 对违反共识规则的市民实行**分级制裁**的原则；
- 需要**解决冲突的机制**。[33]

我本人的工作时常需要连接设计师和转型中的社区，为此我再添加一些“参与规则”，进一步补充埃莉诺·奥斯特罗姆及其后辈们确定的原则。这包括：

- **尊重已有事物**：多数设计师接受的教育是先改变再提问。但更好地运用设计师的新鲜视角，在于揭示潜藏的价值，并且调动当地的隐藏资源；
- **赋予当地人更多权力**：任何对地域布局和关系做出改变的设计都是一种行使权力的活动。如果测试一个设计提案是否合理，就要看它是否能够让人们更好地管理自己的地域和资源；
- **思考整个系统**：在为像河流这样的共有资源设计改善方案时，针对设备本身（例如一台泵机）的设计在整个解决方案里的占比极少会超过 10%；另外的 90%——即系统的其余
149 部分——涉及分销、培训、维护及服务管理，以及合伙关系和商业模式。这些同样重要。

通过研究五花八门的共有权案例，我们学到了重要的一个

心得："如何做"同"做什么"一样重要。体察人们如何一起工作的过程，同决定要做什么至少一样重要。例如，单纯颂扬分享的道德优越性并不足以令人们趋之若鹜。我们必须直面严峻的问题，而不是掩盖问题。这些问题包括：如何界定、详细规划、命名要共享的资源；决定谁有权获得什么；设计规则和惩戒措施；设计如何制定规则。

对于共有权行动的长期倡导者马西莫·德·安吉利斯（Massimo De Angelis）而言，处理差异是所有这些问题中的第一要务。"我们对民主的理解不能仅限于：'这是我的观点，那是你的观点，看看我们谁能赢'。"他说，"我们需要承认差异，听取来自那些不愿意和我们分享的人，或是我们不愿意与之分享的人的意见。"[34] 处理差异需要大量工作建立共识、积极参与，以及集体决策。每一样都需要时间，而且无休无止的会议对大多数人而言既无吸引力也不切实际。因此，我们需要新的政治做法，是人们如今的生活方式决定了这些新的做法，而不是反过来的关系。对另一位具有远见卓识的倡导者大卫·伯利尔来说，共有权行动更像是一门艺术而非科学。"我们都知道共有权关乎资源的监管，"他写道："但我们也许并未意识到，它还关乎像主人那样款待他人（hosting people）。不是'管理'他们，不是'组织'他们，而是释放他们的能力，用有创造力、建设性、人性化的方式进行自组织。"[35] 许多共有权分享者将免费软件运动视为证据，证明这样一种苛刻但有效的合作文化是可行的。他们说，有意愿的地方，就有路。

今天新一代共有权分享者当中还有一个主题：人的"状态"和如何参加会议一样重要。换言之，对一个健康的政治运动来说，我们的内心状态和各种外部活动一样重要。索菲·班克斯
150

（Sophy Banks）领导过转型运动中的一个“内心转型”项目，她主张：“我们的全球系统正在压榨我们的星球，我们也在耗尽自己。这绝非偶然。我们必须改变自己做事的文化。”[36] 在班克斯眼中，健康政治的指标之一就是会议的质量。在健康的会议里，她发现，人们感到放松，而且彼此都有沟通。即便要讨论的议题堆积如山，人们还是尽量抽出时间去讨论团队工作的方式，以及如何处理彼此的异见。最理想的会议是令人欢欣鼓舞的，而不仅仅关于苦干实干。这样的会议都需要某种看护者，或是管理员（或是祭司，就像巴厘岛的水神庙案例中那样），他们的工作是培养社群成员之间的交流沟通，确保每一个成员都理解并遵守规则，而且整体上建立起互惠合作的共享精神。

据我所知，还没有哪里出现过叫作“共有资产管理”或“共有资产看护”的课程，但具备这些特殊能力的人们已经在全球各地区涌现。“鱼类未来”(Future of Fish) 的创始人谢丽尔·达勒（Cheryl Dahle) 就是其中一员。[37] 她回忆道，当她开始调查全球过度捕捞的问题时，她遭遇到各种枝蔓复杂、相互纠缠的问题，这些问题都触及政治、商业、环境和生计。在人类选择如何重新思考我们捕鱼、吃鱼、保护鱼类的过程中，系统中的每一个成员都有极度个人的利益诉求。达勒口中的“人的平台”成了设计挑战的关键：你要如何去构建起利益竞争者之间的互动平台，从而谋求他们的帮助和协作？——这些人向来都是政策争议中的对立两方，是毫无共同语言的科学家和商人。达勒转向解决冲突和合作设计的先驱之一——亚当·卡亨（Adam Kahane），从他的书里寻求启发。“乍一看那只是抽象的理论，结果却是有着强大的指导意义。”达勒说，“当我们召集任何一组人——渔民、加工商，或是投资家——我们建立起言之有物的对话。我们认可

151 房间里每一位参与者的利益，也从不要求任何人牺牲自己的利益。我们努力去表明，更重要的是，去证明他们应当转变自己的思维和行为。”[38]

肯定式探询（Appreciative Inquiry）是又一项可能有益于实现共有权的技巧。在肯定式探询中，小组首先关注什么方面能够取得共识，然后探索哪些成功面可以进一步扩大，以及如何扩大，而不是忙着罗列出所有需要解决的问题，或是所有已经发生的糟糕事情。一些新一代研究机构将传授和肯定式探询相似的技能。例如，在自然流现研究所（Presencing Institute），其创始人奥托·夏莫（Otto Scharmer）开设U形理论工作坊，教会人们如何去“共感并共创积极的改变”。位于加拿大新斯科舍省哈利法克斯的阿利亚研究所（Alia Institute）开设名为“改变实验室”“人的系统动态”的技能培训课程。还有一个网络名叫“款待的艺术”（Art of Hosting），教人们“当我们无法预见十年、五年，甚至两年之后的局面——在这样的复杂情况下如何取得成功”。在巴西，2000年由年轻建筑师创立的艾洛斯研究院（Elos Institute）运作着一个名为“绿洲”的协作式游戏，其设计意图是“通过能带来巨大影响的快速行动，唤醒并鼓舞社区”。绿洲游戏类似于一个建筑设计项目，也包含了阿米什人传统中谷仓共建活动的元素，游戏的终点通常是为当地建成一个广场、一座公园，或是一所日间护理中心。

荒野法

贯穿全书，我赞颂了各种体现积极变革的草根项目。我也说过，绝大多数项目虽小，但无数这样的活动预示着整个系统的改变。自下而上总是给人希望。[iv] 但体制框架——特别是法律框架——仍然至关重要。法律，以及那些执行法律的机构，是人们口中的“强行连接”，它们将我们和生命系统困于破坏性的关系之中。例如，今天大多数法律系统中，只有人类拥有权利。我们的法律建立在启蒙运动时期的观念之上——宇宙是一个无生命的资源库供我们利用，只要我们愿意，人类这一物种是唯我独
152 尊的。与生态学原则的整体性和相互关联性相反，财产法将土地和生态系统拆分成分离的部分。自由贸易条约将大规模单一作物种植项目强加于大自然，与大自然内在的多元性背道而驰。法律体系还为那些只为追逐投资收益而攫取农业土地、并不把土地作为生态区域来照管的人撑腰。[39]

在 1999 年出版的《伟大的事业》（*The Great Work*）中，托马斯·贝里召唤一种新的法学，重新定义人类社群和他们所居住的地球社群之间的关系。“我们需要一个法律体系来治理人类和自然世界的关系，作为一个完整体，而不仅仅作为一堆部件。”贝里写道，“我们需要对自然世界的生存和繁荣给予同等尊重的法律。”[40] 我们的法律体系要遵照这些方向进行转型，是否可以在未来看到依稀的可行性？对南非律师科马克·卡利南（Cormac Cullinan）来说，答案是肯定的。地球立法（Earth Jurisprudence）的创始人卡里南把我们现在的情形同废除奴隶制做了比较：即便在美国公众开始认识到奴隶制是极度违背道德的情况下，将奴隶视为私人财产的观念依然受到法律体系的保护。改变那样的法律、最终废止奴隶制耗费了巨大的政治努力，更不消说为此还发动了南北战争。[41]

[iv] Bottom-up gives me hope，此处为双关语，原意为“从低处走到高处总会让人乐观”。——译注

在全世界各个不同的法律体系中，针对生命系统的法律地位的改变正悄然出现，其中甚至包括一些最不可能的改变。例如，1996 年，美国颁布了一篇备受称赞的法律文本叫作《树木应当有地位吗？》（*Should Trees Have Standing? Law, Morality, and the Environment*），对树木应当享受法律权利的建议进行了严肃的思考——一如小公司或企业那样被人为赋予法律人格一样。[42] 令许多人吃惊的是，最高法院虽然投票反对这项提案，但也承认这一诉求里不乏闪光点。最近，十多个美国市政当局引入法令，对人类和自然社群授予同等权利。2009 年，斯波坎市成为世界上
153 最早将自然的权利合法化的城市之一。[43] 法令宣布："包括所有地下水系统、地表水系统、砂石含水层在内的生态系统拥有生存和繁荣的权利。""河流体系有流动的权利，有保持为当地动植物提供栖息所必需的水质的权利，还有提供清洁的饮用水的权利。砂石含水层有可持续地补充水分的权利，有流动的权利，也有保持水质的权利。"到了 2013 年，圣莫尼卡通过了《可持续权利条例》，承认"自然社群和生态系统拥有在城市中生存和发展的不可剥夺的根本权利"。[44] 该条例包括为保护这一权利针对企业实体的行动而采取的措施，它宣布，"在该法律下，企业实体不享受将私人利益凌驾于社群权利之上的特权或权力。"该条例还声明，人们享有自我治理、享受健康环境和可持续生活的权利。虽然国家和州政府保留了否决这些措施的权力，但带给我们的政治启迪是，有越来越多这样的措施正在获得通过。

在国家层面上，表达新世界观的激进的法律主张也正在涌现。像上文提及的拉丁美洲，厄瓜多尔在 2009 年改写了国家宪法，承认并保护自然的权利。[45] 原住民长老在修宪的过程中扮演了至关重要的角色，支持新宪法授予大地"生存、持续、维护并

重生其各主要循环、结构、功能和复原过程的权利”。厄瓜多尔的新宪法并非绝无仅有。2010 年，玻利维亚主办了“关于气候变化和地球母亲权利的世界人民大会”，有来自 100 个国家 3 万余人参会。会议的成果之一，是呈交联合国的《世界地球母亲宣言》。会议还成立了一个初期就有全世界 60 个成员组织加入的自然权利全球联盟。玻利维亚自身继续引入新的立法——《地球母亲权利法案》，并创立了一个新的部门监管该法案的实施。[46]

不再仅仅将地球视为“资源”，以及将公民权赋予自然世界的做法，正开始出现在国际法和国际社会治理中。一部遵照这些导
154 则的《地球宪章》已经得到了许多跨国组织的认可，[47] 为数众多的大学参与到 2009 年创立的地球系统治理项目中来。这是一个由学者和从业人员组成、跨南北半球的多学科网络，它正在探索环境治理的新模式，在社会科学和自然科学之间编织新的纽带。[48]

关于世界的新概念

在这段新旧世界交替的历史时期，包含着一种新型经济的无数多样的细节。在这个新经济中，“发展”一词被赋予了彻底不同的含义。发展的核心价值在于照管，而不是榨取。它关注后代的权益，而不是由今天的“经济”需求所驱动。它珍视存在于自然世界中、经历百万年自然进化而来的品质。它还尊重不同社会在不同时代形成的各种社会实践——有些实践还有着悠久的历史。这种新的发展并非追求复古；它也拥抱技术创新——只是对如何利用技术抱有不同的观念模式。我们采取的每一个行动，不管多么微不足道，都是一种与各个生命系统一起，对我们自身进行滋养、庇护和治愈的新方式，由此化繁为简，积跬步而至千里。用

阿伦达蒂·罗伊（Arundhati Roy）的话来说："新世界不仅有可能实现，她已经在路上。在静谧时，我甚至能听见她的气息。"[49]换言之，此时此刻，我们都已身处新兴经济之中。

10

认知：从目睹到行动

155 哈佛大学的科学家们曾发布过一份轰动一时的报告，他们发现人类大脑运转所耗费的能量甚至少于一只家用灯泡。[1] 考虑到大脑包含有 860 亿个神经元，以及它惊人的计算能力，能有这样技术性能表现着实令人赞叹。唯一的遗憾是，我们的大脑在理智决策方面，并没有表现得和其能源效率一样出色。事实上，甚至走向了反面。我们保持低功耗运转的大脑把在一个物质有限的世界里以加速度消耗不可再生资源这种情况居然判断为“正常”。即便明知这种行为会带来严重的环境和社会代价，我们的大脑依然不为所动。只要没有经历直接的负面后果，大脑会习惯性地相信一切都将往最好的方向发展。

这并非是由于我们的大脑处理信息的能力不足，原因更多地在于它们得到的数据并不完整。在第一章中我解释过，由于人类和地球之间的物质变换裂隙，整个社会都存在认知盲区。地面上的覆盖铺设和无处不在的媒体报道一起将我们从物理和思想层面与大自然隔绝，无法体察我们正在对土壤、海洋和森林造成的破坏。物质转换裂缝解释了我们是如何恣意妄为，将所谓“经济”的健康发展凌驾于其他所有考量之上。正是这个裂缝的存在表明——再次借用蒂莫西·莫顿的警世名言——“生态灾难已经发生”。[2]

156 眼不见，心不烦。即便是以研判各种后果为本职工作的人们，他们的推断也相当奇怪。例如，许多聪明的生意人和金融界人士理智上认识到我们生活在一个有极限的世界里——却仍然热切地相信增长本身是一件好事。尽管精于和数字打交道，可奇怪的是，他们却对指数型的增长带来的后果无动于衷。他们还对不可预测的非线性变化的可能性表现得出奇的乐观； 他们理智上承认所谓的黑天鹅事件[i]有可能发生——但不会是此时此地。另外，一个资深金融界人士曾告诉我，他们相信有风险，所以设置了风险管控经理一职。虽然有些金融玩家的确正在利用债务危机和严峻形势的名义，巧取豪夺公有财产，但他们并非执意要彻底摧毁经济。我们的处境要比这些问题更为危急，因为狭隘的认知框架要比公然的恶意更难对付。

在这全书的最后一章，我要讨论三个我认为彼此相关的议题。首先，我将探讨为什么说我们活在一片“现实的荒漠”中，以及这对环境保护宣传意味着什么。第二，我将讨论认知世界的不同方式——以及这些方式如何能帮助我们突破眼前的困境。最后，也是全书的总结，围绕人类在世界上的位置，我将介绍今时今日正在兴起的一个新局面，以及这个局面将如何带来我们所有人企盼的改变。

现实的荒漠

即便在那些理应无所不知的人们中间，也存在令人警觉的和现实世界的失联。例如，想想看，以通晓全局为任务目标的国家安全局，把该项目的机房——一个巨大的服务器农场——建造在位于犹他州的荒漠腹地，在这种地理环境中每天仅仅为了降温就需要 1 100 万升的淡水。这可谈不上聪明啊。国家安全局的总控室，也是整个机构的核心所在，更是让人怀疑他们的思路是否明晰。总控室简直是《星际迷航》(*Star Trek*) 中“企业号”

[i] 黑天鹅事件（black swan event），指非常难以预测、不同寻常的事件，通常会引起某一领域的连锁负面反应甚至颠覆。—— 译注

157 驾驶舱的复制品，里面设有独立指挥官的座椅；这种对知识信息的指挥控制模式和该中心据称正在获得的海量数据实在不太相衬。

国家安全局对数据的渴求大得惊人，也有许多其他机构也不遑多让。据谷歌 CEO 埃里克·施密特（Eric Schmidt）所称，人类过去两年内产生的数据量已经翻了一番，而且很显然，如今我们两天里制造的信息抵得上人类自诞生以来直至 2003 年产生的信息量的总和。[3] 他的观点是，有了如此之多的数据可用，大数据就代表着“创新的新前沿”。科技公司特别热衷于推动智慧城市的概念，他们辞藻华丽，将全球拥有卫星城市的大城市想象成巨大的动车组，而且只要碰巧城市愿意每年在大数据后端服务上砸下 1700 万美元，这些巨型城市就会更为流畅地运行。[4] “量化自我”运动也对数据深深着迷，其成员醉心于可穿戴设备，追踪身体和心理状态的详尽数据，哪怕是细枝末节。[5] 向 30 岁左右的健康人群销售 400 万台高端的自我测量仪是否有助于缓解其他人口慢性病盛行的情况，这本身存疑——但在大数据的世界里，数量比结果重要。

据《金融时报》报道，大数据足以标志“后现代经济”的到来。在“欢迎来到现实荒漠”的标题下，2012 年的这篇文章声称：“今天的市场是人类所能想象的最无限复杂、最不可能的事物”。[6]《金融时报》认为，为了市场繁荣，现代投资家必须“能够不断调整观察的模式”；能够“想象世界的不同现实状态”；并且能够“像数学家也像艺术家”那样思考。如此空洞的词句如果出现在一个本科生的文化研究论文里，人们不会觉得有何异样——但这些话却被冠冕堂皇地装点在全球财经的主流杂志上。左右世界经济的人们都已被数码技术的一切所魅惑，却对一个更大的现实熟视无睹：自然界经历35亿年进化过程积淀得来的“非数码”[ii]的知识。

在《崩塌》（*Collapse*）一书中，贾里德·戴蒙德（Jared Diamond）认为，社会失败的一个原因在于社会的精英完全隔离 158 在其行动导致的负面影响之外。[7] 戴蒙德研究了复活节岛，发现过度使用木制品最终摧毁了当地居民的生存前景，但这个教训同样适用于我们今天。我们迷恋速度、完美和掌控感，但因为栖身于一个抽象的、被数字手段削弱的世界，我们就看不见自己想要的东西的真实代价。我无意在这里扮演一个认知超群的观察者；我自己就有大量时间待在机场休息室之类的环境里，那些环境就像《金融时报》的新闻编辑室或是风险交易员的控制台一样与现实隔绝。但我也花了同样多的时间，置身“数字气泡”之外，去了解经济带来的环境冲击，其毁灭性并不因为在视线之外就会有丝毫减弱。

现实的荒漠对真正重要的知识有四种隔绝方式：因为它不可见；因为它在别处；因为我们的感官通道太狭窄；因为我们“受过教育”。

那些因为隐形而被我们无视的生命攸关的现象当中，最重要的当数能源强度。在第一章中我解释过，与现代社会之前的男女相比，我们人均需要多消耗60倍的能源来维持日常生活“需求”——而且这个差距还在扩大。当你思考这个问题时，会认为60倍以上的差距太恐怖了——但我们并没有去思考，或者说，没有清楚地思考过。同样，我们无视那些生命攸关的大发展计划，只因它们发生在别处。我们的经济对外部的养分供给贪

[ii] 这里的“非数码”，原文Analogue，是和digital相对应，都是电子领域里的概念。比如说，模拟电路和数字电路，经常被作为两种对立概念来比较。——译注

得无厌就是明证：尽管仅仅 50 年间这样的供给流已经增长了 1 500 倍，这是多么惊人的增长率，但它们造成的环境和社会成本却丝毫未能触动我们。为什么？主要原因是付出这些代价的是生活在别处的其他人啊。为了开采用于制造你我手机的稀有金属，产生的有毒泥浆污染了河流。有害物质不会直接与我们接触，所以我们不会想到这个问题。

现实荒漠的另一个致命特点是，我们想得太多，却感知太少。让我们回过来看看大脑，以及它的数百亿个神经元。我们只使用了这些神经元中极小的一部分来进行有意识的观察和理性的思考：剩下的绝大部分神经元被用来**无意识地**体验世界——
159 但这些了解世界的其他方式在现代社会中被抑制了。哲学家约翰·泽赞（John Zerzan）认为，这就是问题的发端——我们拥抱象征主义文化，将语言、艺术和数字凌驾于其他认识世界的方式之上。因为每一次对世界的抽象化，都把世界加以简化，且加大了真实世界与我们之间的鸿沟，这种做法支撑着“进步”的概念，地球被认为是取之不尽的资源库，可以源源不断满足无限增长的需求。[8]

抽象思维还深植于现实荒漠的第四个关键特点：我们都接受过“教育”。曾经，在不算久远的年代里，孩童们并不用去上学：而是“学校”围绕着他们。艾伦·哈斯（Ellen Haas）曾这样描述：“大自然是活生生的老师。每一位亲人——还有每一种草木鸟兽——都是孩子的导师。人们浸濡在植物和动物的语言里。”[9] 我们与生俱来承袭的审美倾向使我们欣赏和世界的亲密联系，几千年来这种形式的学习一直行之有效，但如今，我们去学校学习。在那里，对科学和技术的不懈专注加深了我们和地球之间关系的错位。我们成为操控符号、抽象物和概念的专家——但目的何在？为了赚钱？为了消费？在学校里，我们被错误地教导，认为个体之间的竞争和适者生存是在地球上生活的主导框架。然而，最新的共生起源理论告诉我们，进化发生在由不断互动的实体组成的社群里，如唐娜·霍拉维（Donna Horaway）所言，“我们的环境造就了我们。”[10] 学校教育将孩子们从现实世界中隔离开来，从而也造成认知隔离。宣扬一种将某些事物和事实划为外部世界的认知方式，这样做的同时也宣判了本地的知识体系和本地的认知方式是无效的。[11]

环境沟通

40 年里，环境宣传在这片现实荒漠中举步维艰。这不是说当生态圈在遭受重创时我们的科学家、设计师和艺术家们一直在袖手旁观。大量种类繁多的地图、图像、数据集和视觉作品极大地丰富了绿色环保运动。许多此类创意工作令人印象深刻，
160 甚至极具冲击力——但是，源源不断的负面新闻本身，已经证明这些工作往好的说，是无效的；往坏的说，是适得其反。有人把这类新闻称作“末世论者的鸦片”，因为这些内容似乎印证了他们的信仰，带来了莫名的刺激与满足，让人沉溺其中而不再产生同理心。它带来的是内疚和否认，而不是转型式的改变。

有别于“末世论者的鸦片”，最近一些鼓励人们改变行为的宣传开始展现积极的一面，突出改善了世界的真人真事。其目的是让环保行为寻常化，更“有黏性”。我理解这样做的意图——作为一个作者，我也关注积极面——但这类“提升环保意识”的宣传有一个结构性缺陷。无论他们的故事多么积极向上，他们并未触及我们“做蛋糕”“吃蛋糕”这一基本格局——在这里，“蛋

糕”就是指我们以为可以永恒增长的经济。坦率地说，强调个人对环境问题负有的责任，以及如何做出改变，只是被某些政客讥讽为“偷梁换柱”的一个典型。这里有两个简单的例子：如果你或者我对一只一次性塑料袋进行再利用，装着购买的商品回家，并且对此自我感觉良好的话，那么请想一想，这只袋子产生的碳足迹，大概只有里面所装食物的千分之一。[12] 或者，遵循勿以善小而不为的原则，我拔掉了手机充电器，但由此一天之内省下的能源只消一秒钟就会被一辆行驶的汽车耗尽。[13] 相比像重造一个食物体系那样巨大而抽象的事，重复使用一只袋子或者关闭充电器也许是一件轻松的小事，但那些让我们自我感觉良好的宣传转移了我们的注意力，让我们无法洞察那些从根源上决定了我们的行为模式的深层价值观和结构。

如果强调积极面本身并非解决之道，那么我们就面临着一个窘境：如果人们面对着那么多令人震惊的消息和图像，而系统整体毫无好转，我们可以做什么？作为设计师，如果我们制造了强大的交流素材——但它毫无效果，我们应该做什么？在这个媒体泛滥的时代，我们要如何才能把信息传递给选择无视大部分内容的一代人？——他们的信条是“太长就不看”（TL; DR，字面的意思就是“太长；未读”）。我在搜索这一主题相关的指导时发现，这些都不是新问题。在《上帝之城》（*City of God*）中，圣奥古斯丁谴责“戏剧娱乐”（scenic games），称它们应该对灵魂
161 之死负责——而那是在1500多年之前。一个世纪之前，1908年，美国哲学家约翰·杜威（John Dewey）声讨过当时兴起的他称之为“柯达迷恋”[14] 的现象——用摄影的态度来观察世界，实际上削弱了人的能动作用，把人变成脱离真正体验的旁观者。伊万·伊里奇在1971年写道，他相信，从1120年开始，当僧人不

再相互诵读经文而开始单独研修时，我们的文化就已经偏离轨道。[15] 20 年前，苏珊·桑塔格（Susan Sontag）的经典文集《旁观他人的痛苦》（*Regarding the Pain of Others*）提出了相似的问题，其中特别提到了战争摄影。[16]"为什么会这样？"她问道，"即便是令人震惊的故事和图像就摆在我们眼前，世界依然一成不变？"桑塔格的忠告令人难忘：警惕照片——以及所有可视化呈现——的危险，它们有"令同情萎缩"的倾向。她写道，电视上播放的图像本质上是人们迟早会厌倦的图像。图像饕餮让人们的注意力放松，游移，对内容变得无动于衷。桑塔格总结说："恻隐之心是一种不稳定的感情……它需要被转化成行动，否则便会不了了之……是那种被动性令感觉麻木。"

• • •

如果像苏珊·桑塔格总结的那样，被动性令感觉麻木，发送信息——不管这些信息多聪明、多有煽动性——只要没有后续行动跟进，就是无效的。可以想见，我们需要采取的行动，是那些可以将我们从肉体上到情感上同失联已久的生命系统重新联系起来的行动。这些行动应该创造让人们体验同生命系统的关系的空间，不管尺度多小；它们应该帮助建立起一种归属感，一种像罗杰·斯克鲁顿（Roger Scruton）口中的归家的感觉，它们应该将注意力集中在我们身边大部分微小、不起眼的生命体所拥有的积极品质上。[17]

认知的新方式

在今天的世界，我们受到的调教让我们将身边的事物视为没有生命、粗野、几乎一成不变的。即使我们偶尔想起大自然，也只是作为一个野餐的去处。我们在头脑中这样看待世界，所

以我们才会不假思索地在自己的生活中、土地上和海洋里塞满
162 了垃圾。但以前的人们不是这样思考的。最早正式阐述了“一切事物都可能是有生命的”这样一个概念的是希腊的一些哲学家——他们曾被称为“hylozoists”，意指“视物质为活物的人”。他们没有对生物还是非生物，灵魂还是物质加以区分。在古罗马也有先贤秉持相似的理念。诗人卢克莱修（Lucretius）在他的哲学长诗《物性论》(*On the Nature of Things*)中主张，在物质和能量的世界里，本质上万物相连。中国古代的哲学家们同样相信，世界的终极现实本质上是动态的：道教认为，世间万物，不管是有生命的还是无生命的，都被纳入到永恒的流动和改变之中。在佛教经文中，“溪”和“流”的图像反复出现，它们象征着宇宙处于无常的状态，运动不息。17 世纪的欧洲，荷兰哲学家巴鲁赫·斯宾诺莎（Baruch Spinoza）将存在设想为一种连续的统一体，身体、意识、思想和物质相互纠缠，不可分离。70 年之前，莫里斯·梅洛-庞蒂（Maurice Merleau-Ponty）提出一种理念：我们不仅仅生存在这个世界上，而且也属于这个世界，与世界关联、互动，从所有的维度感知世界。

自古以来我们相信物质第一，这种信念，形象地说，被热力工业经济的炉火和烟囱所掩盖——但它从未真正远离，许多这样的想法今天正在重新浮现。对“新唯物主义”运动的思想者们而言，只有当我们认识到我们是世界万物中的一分子而非独立于它们之外的存在，我们和物质世界的关系才会变得更怀有敬意、更愉悦。[18] 例如，蒂莫西·莫顿坚信，在构成世界的“没有明确中心或边界的纵横交错的巨大网络”中，物的重要性超出我们所知。[19] 另一位哲学家简·班奈特（Jane Bennett）这样回应她所提出的“来自我们的垃圾的呼唤”——她提倡耐心、感性地留

意在人体内外的物质及非人类力量的“活力”。[20] 她预估，我们铺张浪费的消费模式很快就会改变，只要我们看到、听到、闻到、尝到、感觉到所有的杂物、垃圾和废品是“活的”，而不是静止的存在。“那些持鸵鸟政策的人有时拼命想把头扎得更深一点，”另一位哲学家彼得·格拉顿（Peter Gratton）揶揄道，如果周遭
163 的每一样东西都被视为“有生命”，随之而来的政治和伦理的结果是什么？细菌也算生命吗？病毒呢？机器人呢？生态系统本身是不是一个生命体？如果这些问题的答案都是肯定的，哪怕只是“也许”，格拉顿认为，那么，人类有权支配世界满足自身利益的这个假设就开始崩塌。[21]

互联

哲学家围绕人和物之间的差异已经争辩了两千多年。如果不是科学进步似乎已经稳稳地一劳永逸地终结了这场争论，他们本来可能继续争辩上两千年。自 20 世纪 80 年代起，科学发现已经证实，没有一种有机体是真正意义上自给自足的。在盖亚理论、系统思维，以及弹性科学领域，研究人员已经表明，我们的地球是一张由相互依存的生态系统组成的大网；影响了整个现代科学思想的无生命的机械的东西，现在发现一直以来被深深地误解了。从超微观的病毒、酵母、蚂蚁、苔藓、地衣、黏菌还有菌根，到树木、河流和气候系统，所有关于这些对象的研究组成了一个新的故事。人们发现，不仅仅所有自然现象相互关联，而且本质上，它们都处在和其他事物的关系之中，包括和我们人类。在分子、原子和病毒层级上，人和“环境”的确融为一体，构成生态联盟是理所当然之事。[22]

之前我说过，我们的教育没能让我们掌握这些隐性的联系。对于像弗里乔夫·卡普拉（Fritjof Capra）这样的思想者来说，这样的知识实在太重要。他认为，我们的时代最大的挑战，在于促进普及关于生命体和非生命体之间隐性联系的认识。[23] 对于卡普拉指出的挑战，史蒂芬·哈丁（Stephan Harding）在《生命行星》(*Animate Earth*) 一书中做出了强有力的回应。他不仅仅描述了世界如何在宏观层面运作——大气、海洋，或者地壳——同时还描述了微观层面的活动：浮游生物和细菌（通过形成水滴的凝结核）参与形成云；菌根真菌如何同生长在贫瘠土壤里的植物组队；叫作“信息素”的化学讯号如何令蚁群表现得像超
164 有机体一样。共同进化，即生物物种间伙伴关系的形成，是我们这颗富饶的星球生生不息的原因，哈丁说。虽然我们已经破坏了这些关系，但亡羊补牢，为时未晚，我们应当重新架起桥梁，让地球变得更健康，再次恢复自我调节功能。[24]

这些科学发现解决了许久以来令哲学家们头痛不已的头等问题：思想止于何处，世界又始于何处？我们曾经以为神经系统美其名曰是一组连接身体和大脑的信息光缆——但从科学角度来看，思想和世界之间的界限是可相互渗透的。人类的思想既受激素影响，又受神经控制。我们的想法和体验并不仅仅局限于颅骨内的大脑活动，甚至不局限于我们的身体。人类的新陈代谢和大自然的新陈代谢在分子、原子和病毒层面上是相互联系的。精神现象——我们的思想——并不仅仅源于大脑活动，同时也来自蒂德·洛克威尔（Teed Rockwell）所说的“一个融神经系统、身体和环境为一体的统一系统”。[25] 这个新观念相当重要。如果我们的思想受到我们身处的物理环境的影响，而不仅仅是神经突触在我们的脑壳里嘀嗒工作，那么，有思想的自我

和自然世界之间的分隔——一道支撑整个现代思想体系的分界线——就开始消融。整个现代时期人类穷尽一切将自己托举到自然界“之上”，今天，现代科学正在告诉我们，人和自然终归是一体的。

野蛮人的思想

这个道理，“野蛮人”一直都懂。从阿拉斯加到巴塔哥尼亚，数千年来，原住民和生态圈之间建立起密切的联系，远胜于我们。在数百种文化中，都有一个共通的信仰——非人类的事物拥有巨大的或者精神上的力量。所有的典礼、艺术、参与式的仪式和表演，都被用于维持动物、植物、东西和自然之间的和谐。这并不是说要让原住民们生活在与世隔绝的气泡中，更不是说要把他们排除在现代世界之外仅仅作为博物馆收藏而存在。但是，
165 对于那些在日常生活中欣赏和生命系统之间鲜活的联系的人们来说，和所有生命体共同进化的想法，这几乎已是本能。

万物有灵论（Animism）——相信精神世界和物理或物质世界之间并没有截然的分别——并非只有前现代文明才有。前文曾略略提过许多活跃的世界宗教——其中包括神道教、[26] 谢列尔[iii]教、印度教、佛教和耆那教——都包含这样的信念，即植物、岩石、高山，甚至闪电、风，或者影子都是有知觉的。亚马逊流域的文化特别敬畏树和真菌。在“植物老师”或是“植物长老”眼中，植物的医学疗效和神力，是让我们更多了解深不可测的森林精神生态的工具。[27] 对于生活在那里的人们来说，这种观念毫不

[iii] 谢列尔（Serer），指西非塞内加尔的谢列尔语民族。——译注

稀奇，许多原住民在描述自己这种质朴的信仰时竟然词穷。而“万物有灵论”一词则是西方人类学家的发明。

传统文化也许没有现代世界那么多抽象的理论和概念，但他们对生命世界的体验远比我们丰富。例如，一位住在森林里的采蜂人需要安静而专注地寻觅远处蜂群微弱的嗡嗡声，而一位困在办公桌前的写作人满脑子都是构思和截稿期，根本察觉不到这些讯号。尽管原住民的社会里没有像我们这样的学校，他们却培养起跨理性的感知。90% 的传统文化都存在不同状态的意识，包括冥想、恍惚、做梦和想象。人类学家塔拉·沃特斯·伦普金（Tara Waters Lumpkin）将自己完全投入了这个课题，她相信，相比只接触过科学方法训练的人们，有多元感知的文化更擅长施展全系统思维；而且，由于来自这些文化的人们经历过更丰富、更复杂的生物多样性，他们成为了自身环境的照管人。伦普金总结说，科学方法中的单相意识脱离了更丰富的理解模式，相比之下，感知的多样化会导致更高度的适应力和进化能力。[28]

西方文明习惯用抽象事物来代表自然，这很难克服——但
166 我们不是要做一个非此即彼的选择。科学知识和风土文化中的知识应该彼此互补。我们需要学习如何自如穿梭在信息参与者和资源构成的多样的生态系统之中。幸运的是，也许我们还没丢失这种天分。人类 99% 的社会历史都发生在狩猎和采集环境之中，对大地的敏感度已嵌入我们的基因：何时行动，何处安顿，在不同的地方做不同的事。花儿、夕阳、云朵、惊雷、蛇和肉食动物，所有这些都是环境的讯号，会触发我们体内设定的响应系统。人类学家克劳德·列维-施特劳斯（Claude Lévi-Strauss）对人类这个物种格外有信心。“我们所有人的内心都有着荒野的呼唤，”他写道，“我们有着和野蛮人一样的头脑。”[29]

置身那里

1909年，有人问彼得·克鲁泡特金（Peter Kropotkin）是否可能仅从书本学习一门像园艺一般复杂的手艺。“当然，有这个可能。”他答道，“但成功的一个必要条件，是交际——在耕作的园地里和你的邻居不断友善地交往。”一本书、一堂课，有可能提供一些泛泛的好建议，克鲁泡特金解释说，每一亩土地都是独一无二的。影响每一个地块的，有土壤、地貌和生态多样性、当地的风和水体，等等。“只有当地的居民在经历了多少个春夏后才能学会在这些独特的条件下种植。”这位贵族无政府主义者最后总结说，“一个特定地方发展出来的生存必备知识是**集体**经验的结果。”[30]

我们一手毁掉自己的生活地的原因之一，是我们低估了克鲁泡特金所描述的这些由社会创造出来的知识。具体的、情境之中的、直接的交流曾经是我们发明书写（后来有了大众传媒）之前的常态。因此，我们需要彼此更多交谈，面对面的交谈。哲学家马丁·布伯（Martin Buber）在1923年出版的《我与你》（*I and Thou*）[31] 中，也提出了类似的忠告。“所有的知识都是对话式的。”布伯说。但他并不仅仅提倡交谈。联系并不只在于文字，他教导说，它同接触和社群相关。真正“至关重要”的谈话需要具体化，
167 需要身处情境之中。从马丁·布伯的洞见中我们知道，需要更多自发互动而非刻意为之的接触。在过去数千年里，参与式的仪式和表演曾是信仰在一个社会里传播的主要形式。即使在当今世界，保持风土文化的社区仍然使用仪式、艺术和故事来保持自然与文化、身体与思想之间的和谐。因此，我们今天设计人们相会的形式，简单来说，应该帮助我们在自然的环境中呼吸同样的

空气。在我从事活动组织的工作时，我把这些形式称为“野生接触”（feral encounters）：活动通常安排在户外，至少在训练帐篷外面，对活动产生决定性影响、驱动其开展的是周围的环境，而不是抽象的议事日程表。人在走出帐篷的同时，也可以更接近对社会生态系统有着亲身体验的其他人：渔夫、农民、守林人、水体看护人、拼车者、空间再利用者。“走出帐篷”的策略让长久心存旁骛的人们开始能够珍惜并努力维护每一个地方、每一个瞬间、每一群人的独特之处。这就是为什么我们把感知之门（Doors of Perception）这个项目激发的接触叫作“xskools”。“X”意味着：呼吸同样的空气；肩并肩的学习；片刻沉静的机会。只在这里，只在当下。

改变如何发生

走出帐篷仅仅是第一步。不管是在帐篷内还是外，世界不会仅仅因为你的一番说教就发生改变。我所说的改变不是进行宣传来提高人们的意识或是改变人们的行为。那些方式完全没有用，或者只是部分有用。这种改变也并没有多少是关于精心描绘的“展望”以及未来某时某地实现更美好生活的许诺。用盖伊·麦克珀森（Guy McPerson）精准的话语来说，“自然的演进是通过着眼于当前的需求和机会——一桩一件地解决实际问题，而不是什么宏图大计。”[32] 最重要的是，改变不是提出需求去告诉政治家们必须做什么。“政府必须终结我们对化石燃料的依赖。”“我们必须结束对永恒增长的迷恋。”这些事情“他们”根本不会去做。他们做不到。他们不是船长那样真正掌舵的人。他们不过是在一个功能错乱的系统里照着错误的脚本按部就班。

168 当人与人、人与生物圈，在本书中描绘的那样丰富多彩的真实世界情境中重新建立起相互联系时，改变才更有可能发生。有些读者可能会觉得我天真或是不切实际。但基于我们对包括信仰体系在内的复杂系统的改变之道的了解，我对滴水可以穿石的信心犹在。系统思维帮助我们认识到，转型会以千姿百态的各种改变和干预的形式悄然展开，而且小规模的颠覆会随着时间不断积累。到了某个不可预测的特定时间，一个临界点或一个相位切换就发生了，系统作为一个整体也随之转变。历史已经反复验证了这一点："所有伟大的转变都曾是无法想象的，直到它们真的发生。"法国哲学家埃德加·莫兰曾这样写道，"信仰体系虽然根深蒂固，但这并不意味着它不能被改变。"[33]

活的世界

希望通过这本小书我已经让你信服，深刻的改变正在发生，而不再只是异想天开的想法。我们的生命与植物、动物、空气、水和土壤共依共存，这一认识在全世界范围内激励了众多的社会运动和草根项目。它们都是一种造福后代的经济萌芽，无数项目中，人们正致力于弥合物质转化裂缝。

哲学家乔安娜·梅西将这个新局面描述为"伟大的转折"，我们的感知发生了深刻的转变——我们重新认识到人类的存在并非独立于植物、动物、空气、水和土壤之外这一事实。这个新局面有一个精神层面的启示： 梅西是佛学家，但她的伟大转折说和新近的科学发现——史蒂芬·哈丁所说的世界"远比我们敢于设想的还要更鲜活"——也完全一致。科学对我们的地球做出了这样的解释，加上诗歌、艺术和哲学的诠释，地球在我们眼

169 中不再只是无生命的资源库。相反，健康的土壤、生命体系，以及我们能够帮助它们再生的各种方式之间的相互依存关系，最终回应了“为什么”要采用这种长久以来缺失的经济形态。这个逻辑指向了一种合理的增长，也是我们能够承受的增长：地球上生命的再生。这个新兴经济的核心价值在于呵护管理（而非榨取）形成的良性循环。我们向其注入越多内容——每一项内容都是与生命流程相结合，滋养、庇护、治愈我们自身的新方式——事情就变得越容易。这一切都是我们远早于工业时代就形成的基因使然，是它们正在帮助我们和自然重新相连。

注释

第一章 改变：改善始于减少破坏

1 Vidyut, "Smart Cities or Cleverly Disguised Corporate Colonies?," *Aam Janata*, February 14, 2015, https://aamjanata.com/uncategorized/smart-cities-cleverly-disguised-corporate-colonies/.

2 Ugo Bardi, "Tainter's Law: Where Is the Physics?," *Our Finite World*, March 27, 2011, http://ourfiniteworld.com/2011/03/31/tainters-law-where-is-the-physics/.

3 Amador Fernández-Savater, "Strength and Power Reimagining Revolution," *Guerilla Translation*, July 29, 2013, https://www.guerrillatranslation.org/2013/07/29/strength-and-power-reimagining-revolution/comment-page-1/.

4 Joanna Macy, "The Great Turning," *Ecoliteracy*, published June 29, 2009, https://www.ecoliteracy.org/article/great-turning.

5 Edgar Morin, *Homeland Earth: A Manifesto for the New Millennium—Advances in Systems Theory, Complexity and the Human Sciences* (New York: Hampton Press, 1999).

6 Brad DeLong, "Earl Cook's Estimates of Energy Capture," *Grasping Reality*, January 22, 2012, http://delong.typepad.com/sdj/2012/01/earl-cooks-estimates-of-energy-capture.html.

7 Tom Murphy, "Can Economic Growth Last?," Do The Math, posted July 14, 2011, https://dothemath.ucsd.edu/2011/07/can-economic-growth-last/.

8 Gail Tverberg, "Energy and the Economy—Twelve Basic Principles," *Our Finite World*, August 14, 2014, https://ourfiniteworld.com/2014/08/14/energy-and-the-economy-twelve-basic-principles/.

9 John Glover, "Global Debt Exceeds $100 Trillion as Governments Binge," *Bloomberg*, March 9, 2014, https://www.bloomberg.com/news/articles/2014-03-09/global-debt-exceeds-100-trillion-as-governments-binge-bis-says.

10 Gail Tverberg, "WSJ Gets It Wrong on 'Why Peak Oil Predictions Haven't Come True,'" *Our Finite World*, October 6, 2014, https://ourfiniteworld.com/2014/10/06/wsj-gets-it-wrong-on-why-peak-oil-predictions-havent-come-true/.

11 Commons Strategy Group, "The Coming Financial Enclosure of the Commons," *Shareable*, June 11, 2013, https://www.shareable.net/blog/the-coming-financial-enclosure-of-the-commons.

12 Gaia Foundation, "The Financialisation of Nature: Linking Food, Land Grabs, Climate & Mining," Gaia Foundation, November 10, 2011, https://gaiafoundation.wordpress.com/2011/11/10/the-financialisation-of-nature-linking-food-land-grabs-climate-mining/.

13 http://naturenotforsale.org/declaration/.

14 https://www.foeeurope.org/nature-not-for-sale.

15 http://reports.weforum.org/global-risks-2015/.

16 http://www.dni.gov/index.php/about/organization/national-intelligence-council-global-trends.

17 Steffen et al., "Planet Boundaries: Guiding Human Development on a Changing Planet," *Science* 347, no. 6223 (2015): 1259855, DOI: https://doi.org/10.1126/science.1259855.

18 Noah Raford, "Collapse Dynamics: Phase Transitions in Complex Social Systems,"Noah Raford, November 29, 2009, http://news.noahreford.com/?p=48.

19 Kevin Kelly, "The Post-Productive Economy," *The Technium*, January 1, 2013, http://kk.org/thetechnium/2013/01/the-post-produc/.

20 https://www.weforum.org/events/world-economic-forum-annual-meeting-2013.

21 Murphy, "Can Economic Growth Last?."

22 Andrew Zolli and Ann M. Healy, *Resilience: Why Things Bounce Back* (New York: Simon & Schuster, 2013).

23 John Bellamy Foster, *The Ecological Revolution: Making Peace with the Planet* (New York: Monthly Review Press, 2009), 13.

24 Timothy Morton, "The Catastrophe Has Already Occurred," July 13, 2008, http://ecologywithoutnature.blogspot.com/2008/07/catastrophe-has-already-occurred.html.

25 Thomas S. Kuhn, *The Structure of Scientific Revolutions* (Chicago: University of Chicago Press, 1962).

26 "World in Transition: A Social Contract for Sustainability," German Advisory Council on Global Change (WGBU), https://www.wbgu.de/en/flagship-reports/fr-2011-a-social-contract/.

27 Christopher Kingston and Gonzalo Caballero, "Comparing Theories of Institutional Change," Amherst College, June 16, 2008, https://www3.amherst.edu/~cgkingston/Comparing.pdf.

第二章 扎根土地：从治愈土壤到像森林那样思考

1 "Les Incroyables Comestibles du tarn au Festival Cinéfeuilles à Gaillac," Incroyables Comestibles Castres, November 14, 2013, http://incroyablescomestiblescastres.blogspot.fr/2013/11/droit-aux-buttes-les-avantages-et-les.html.

2 "The Implications of Ecological Restoration on Microarthropod Diversity," 10 Things Wrong with Environmental Thought, October 30, 2012, http://10thingswrongwithenvironmentalthought.blogspot.com/2012/10/why-are-implications-of-ecological.html.

3 Paul Stamets, *Mycelium Running: How Mushrooms Can Help Save the World* (Berkeley, CA: Ten Speed Press, 2005).

4 http://www.summerofsoil.se/forum/.

5 James Merryweather, "Secrets of the Soil," *Resurgence*, no. 235 (2006): 26-28.

6 "Land Use Reduction," *Umweltbundesamt*, May 12, 2014, https://www.umweltbundesamt.de/en/topics/soil-agriculture/land-use-reduction.

7 Stephanie Pappas, "Vanishing Forests: New Map Details Global Deforestation," *Live Science*, November 16, 2013, https://www.livescience.com/41215-map-reveals-global-deforestation.html.

8 Deborah Bossio, "A Month on Land: Restoring Soil and Landscape," CGIAR, October 18, 2013, https://wle.cgiar.org/blogs/2013/10/18/a-month-on-land-restoring-soils-and-landscapes/.

9 Leabergirl, "Mother Nature's Tillers," *Leaving Babylon*, October 18, 2014, http://leavingbabylon.wordpress.com/2014/10/18/mother-natures-tillers/#comment-8573.

10 Adam Withnall, "Britain has Only 100 Harvests Left in Its Farm Soil," *Independent*, October 20, 2014, https://www.independent.co.uk/news/uk/home-news/britain-facing-agricultural-crisis-as-scientists-warn-there-are-only-100-harvests-left-in-our-farm-9806353.html.

11 Christine Jones, "How to Build New Topsoil," *Managing Wholes*, February 8, 2010, https://managingwholes.com/new-topsoil.htm/.

12 http://www.doorsofperception.com/development-design/whole-whole-on-the-range/.

13 "Organic No Till," Rodale Institute, February 11, 2015, http://rodaleinstitute.org/our-work/organic-no-till/.

14 James W. Drescher, "Enrichment Forestry at Windhorse Farm," November, 2013, http://www.windhorsefarm.org/wp-content/uploads/2013/11/Enrichment_Forestry.pdf.

15 Per Olsson et al., "Shooting the Rapids: Navigating Transitions to Adaptive Governance of Social-Ecological Systems," *Ecology and Society* 11, no. 1 (2006): 18, https://www.ecologyandsociety.org/vol11/iss1/art18/.

16 Robert L. Thayer Jr., *LifePlace: Bioregional Thought and Practice* (Berkeley, CA: University of California Press, 2003

17 Paolo Viganò, "Lezing: Paola Viganò—The Horizontal Metropolis," Universiteit Gent, April, 2012, http://www.architectuur.ugent.be/2012/04/lazing-paola-vigano-the-horizontal-metropolis/.

18 John Tillman Lyle, *Regenerative Design for Sustainable Development* (London: Wiley, 1996).

19 http://www.landstewardship.eu/your-role/citizens.

20 http://www.rightlivelihood.org/karaca.html.

21 http://www.hedgelink.org.uk/.

22 Søren Navntoft et al., "Buffer Zones for Biodiversity of Plants and Arthropods: Is There

a Compromise on Width?," *Pesticides Research*, no.127, http://www2.mst.dk/udgiv/publications/2009/978-87-92617-09-5/pdf/978-87-92617-10-1.pdf.

23 http://www.centreforstewardship.org.uk.

24 http://peoplefoodandnature.org/about-integrated-landscape-management.

25 Rachel Friedman and Seth Shames, "Recognizing Common Ground: Finding Meaning in Integrated Landscape Management," *Landscapes for People, Food and Nature*, November 13, 2013, http://beta.landscapes.ecoagriculture.org/blog/recognizing-common-ground-finding-meaning-in-integrated-landscape-management/.

26 http://bioregion.evergreen.edu/aboutus.html.

27 http://landscapes.ecoagriculture.org.

28 Alastair McIntosh, *Soil and Soul: People versus Corporate Power* (London: Aurum Press, 2001).

第三章 守护水源：从收集雨水到恢复河流

1 http://wwf.panda.org/what_we_do/footprint/water/dams_initiative/; 同见 Maude Barlow, "Water Abuse and Climate Change," *Our Water Commons*, February 11, 2015, http://ourwatercommons.org/feature/water-abuse-and-climate-change.

2 A. Y. Hoekstra, ed., *Virtual Water Trade: Value of Water Research Report Series No. 12, 2003* (Delft, Netherlands: UNESCO-IHE, 2003).

3 M. M. Aldaya and A. Y. Hoekstra, eds. "The Water Needed for Italians to Eat Pasta and Pizza," last modified May, 2009, http://www.waterfootprint.org/Reports/Report36-WaterFootprint-Pasta-Pizza.pdf.

4 Andreas N. Angelakis, Larry W. Mays, Demetris Koutsoyiannis, and Nikos Mamassis, *Evolution of Water Supply Through the Millennia* (London: International Water Association, 2012).

5 John Thackara, "From King Parakramabahu to Ethical Fashion," *Doors of Perception*, December 3, 2009, http://www.doorsofperception.com/development-design/from-king-parakramabahu-to-ethical-fashion/.

6 Christopher D. Elvidge, et al., "Global Distribution and Density of Constructed Impervious Surfaces," *Sensors* 7 no. 9 (2007): 1962–79, http://www.mdpi.com/1424-8220/7/9/1962.

7 Keith Hayward, ed., "A World of Opportunities," International Water Association, 2011, http://www.iwapublishing.com/pdf/WorldofOpportunities_2011-2012.pdf.

8 http://www.watershedmg.org/.

9 Aajwanthi Baradwaj, "Towards a Water-Sensitive City: The story of Jakkur Lake," *Bangalore Citizen Matters*, February 12, 2014, http://bangalore.citizenmatters.in/articles/en-route-to-a-water-sensitive-city-the-story-of-jakkur-lake?utm_source=ref_article.

10 "The Ugly Indian," https://www.facebook.com/theugl.yindian.

11 Damien Cave, "A Vision of an Oasis Beneath the Sprawl," *New York Times*, May 31, 2011, http://www.nytimes.com/2011/06/01/world/americas/01mexico.html?_r=0.

12 Taller 13 Arquitectura, "ITDP_ RegeneracionLaPiedad," issuu, March 9, 2011, http://issuu.com/taller13/docs/itdp_regeneracionlapiedad.

13 "Seoul, South Korea: Cheonggye Freeway," Preservation Institute, 2007, http://www.preservenet.com/freeways/FreewaysCheonggye.html.

14 "London Rivers Action Plan," River Restoration Centre, January 2009, http://www.therrc.co.uk/lrap/lplan.pdf.

15 Juliette Jowit, "River Rescue: Project Launched to Breathe Life into Waterways Buried under London concrete and brick," *The Guardian*, January 8, 2009, http://www.theguardian.com/environment/2009/jan/08/river-restoration-london.

16 Peter Saunders, "Purple Root Water Hyacinth A Natural Remedy for Pollution," *Institute of Science in Society*, September 9, 2013, http://www.isis.org.uk/Water_Hyacinth_A_Remedy_for_Pollution.php.

17 Jeff Smith, "Sweet Solution? Licorice Could Reclaim Degraded Lands," *CGIAR*, October 19, 2013, http://wle.cgiar.org/blogs/2013/10/29/sweet-solution-licorice-could-reclaim-degraded-lands/.

18 http://www.britishflora.co.uk/.

19 "One Million Cisterns for Water Harvesting in North East Brazil," DryNet, September 9, 2014, http://www.dry-net.org/index.php?page=3&successstoryId=21.

20 J. Quintana et al., "PROJETO SERTÃO: Applying the Agro-ecological Approach to Ensure Sustainability in the Semi-arid Brazilian Northeast," The Green Line, November 2009, http://www.thegef.org/gef/greenline/Nov09/Partner1.html.

21 Howard Silverman, *Resilience & Transformation: A Regional Approach* (Portland: Ecotrust, 2012), available at http://www.ecotrust.org/media/Resilience_Report_013012.pdf.

22 Marine Elbakidze, Per K. Angelstam, Camilla Sandström, and Robert Axelsson, "Multi-Stakeholder Collaboration in Russian and Swedish Model Forest Initiatives: Adaptive Governance toward Sustainable Forest Management?," *Ecology and Society* 15, no. 2 (2010): 14, http://www.ecologyandsociety.org/vol15/iss2/art14/.

23 Samala Venkata, Govardhan Das, and Jacob Burke, *Smallholders and Sustainable Wells: Participatory Groundwater Management in Andhra Pradesh* (Food and Agriculture Organization, 2013), http://www.fao.org/docrep/018/i3320e/i3320e.pdf.

24 John Thackara, "Venice: From Gated Lagoon to Bioregion," *Doors of Perception*, December 2, 2012, http://www.doorsofperception.com/sustainability-design/venice-from-gated-lagoon-to-bioregion/.

25 Arvid Bergsten et al., "Connecting Landscapes," Stockholm Resilience Centre, February 18, 2015, http://www.stockholmresilience.org/21/research/research-news/2-18-2015-fit-to-work.html?utm_source=Stockholm+Resilience+Centre+newsletter&utm_

campaign=0aa574179a-Newsletter September_20148_26_2014&utm_medium=email&utm_term=0_216dc1ed23-0aa574179a-95166069.

26 John Thackara, "Why Bill Gates Needs to Listen to More Gamelan Music," *Design Observer*, July 18, 2012, https://designobserver.com/feature/why-bill-gates-needs-to-listen-to-more-gamelan-music/35218.

27 Ni Komang Erviani, "'Subak' Inscribed on UNESCO World Heritage List," *Bali Daily*, July 3, 2012, http://www.thejakartapost.com/bali-daily/2012-07-03/subak-inscribed-unesco-world-heritage-list.html.

28 Judith Becker, "Time and Tune in Java," in *The Imagination of Reality: Essays in Southeast Asian Coherence Systems*, ed. Alton L. Becker and Aram A. Yengoyan (Norwood, NJ: Ablex Publishing Co., 1979).

29 S. Vismanath, "Fostering a Water Culture," Rainwater Harvesting, 13 July 2013, http://rainwaterharvesting.wordpress.com/2013/07/13/on-the-naxi-water-culture/.

30 Pietro Laureano, *The Water Atlas: Traditional Knowledge to Combat Desertification* (Venice: Bollati Boringhieri editore s.r.l., 2001), available at https://www.box.com/s/xroo4hsq2bl190vjuu4x.

第四章 住：从重现城市土壤到授粉昆虫的小径

1 Stephane Kirkland, "Le Grand Paris: Party 1, the launch," October 25, 2011, http://stephanekirkland.com/le-grand-paris-part-1.

2 "La Ville Fertile," Cite de l'Architecture & du Patrimoinie, https://www.citedelarchitecture.fr/fr/exposition/la-ville-fertile.

3 http://www.doorsofperception.com/infrastructure-design/life-is-a-picnic-in-the-fertile-city/.

4 "Eco Boulevards," Buckminster Fuller Institute, 2010, http://challenge.bfi.org/2010Finalist_EcoBlvd.

5 "55, 000 hectares pour la nature," Bordeaux Métropole, January 1, 2015, http://www.lacub.fr/nature-cadre-de-vie/55-000-hectares-pour-la-nature.

6 "2010-2020 La décennie bordelaise," Bordeaux Métropole, February 2012, http://www.bordeaux-metropole.fr/sites/default/les/PDF/publications/mag-Mipim-2012pdf.pdf.

7 "Wild City," STEALTH, http://www.stealth.ultd.net/stealth/01_wildcity.html.

8 Robert Neuwirth, *Stealth of Nations: The Global Rise of the Informal Economy* (New York: Anchor Books, 2012).

9 Helge Mooshammer, ed., "Urban Informality," Other Markets, http://www.othermarkets.org/index.php?tdid=10.

10 Kevin Balmer et al., "The Diggable City: Making Urban Agriculture a Planning Priority," Community-Wealth, June 2005, http://www.diggablecity.org/dcp_nalreport_PSU.pdf.

11 "History of NeighborSpace," City of Chicago, February 11, 2015, http://www.neighborspace.org.

12 Aaron Newton, "Can We Stay in the Suburbs?," The Oil Drum, April 17, 2008, http://www.theoildrum.com/node/3833.

13 David Holmgren, "Retrofitting the Suburbs for Sustainability," *Resilience*, April 5, 2005, https://holmgren.com.au/retrofitting-the-suburbs/.

14 Jared Green, "500 Million Reasons to Rethink the Parking Lot," Grist, June 7, 2012, http://grist.org/cities/500-million-reasons-to-rethink-the-parking-lot/.

15 http://parkingday.org/resources.

16 Lauren Etter, "Roads to Ruin: Towns Rip up the Pavement," *Wall Street Journal*, July 17, 2010, http://online.wsj.com/article/SB10001424052748704913304575370950363737746.html.

17 Gunnar Rundgren, "EU Farm Land Increasingly Sealed," Garden Earth, June 13, 2011, http://gardenearth.blogspot.se/2011/06/eu-farm-land-increasingly-sealed.html.

18 Ugo Bardi, "Getting Our Land Back," Resource Crisis, April 17, 2012, http://cassandralegacy.blogspot.fr/2012/04/getting-our-land-back.html.

19 Jorick Beijer, "Samen de droom realiseren," Gebiedsontwikkeling, October 1, 2013, http://www.gebiedsontwikkeling.nu/artikel/6913-samen-de-droom-realiseren.

20 Soma Basu, "100 Smart Satellite Cities on Anvil," Down To Earth India, July 11, 2014, http://www.downtoearth.org.in/content/100-smart-satellite-cities-anvil.

21 Rick Warren, "Does Your Church Really Need a Bigger Building?," Pastors, February 6, 2015, http://pastors.com/big-buildings/.

22 http://crit.in/initiatives/emerging-urbanism/being-nicely-messy/.

23 Herman E. Daly and Kenneth N. Townsend, *Valuing the Earth: Economics, Ecology, Ethics* (Cambridge, CA: MIT Press, 1993), 267.

24 "Iowa Deconstruction & Recycling Inventory," Iowa Workforce Development, April 2011, http://www.iowaworkforce.org/greenjobs/publications/deconstruction_strategiespt3.pdf.

25 "Volunteers Harvest Old Materials for Girl Scouts Eco-Camp," *Savannah Now*, July 25, 2010, http://savannahnow.com/news/2010-07-25/volunteers-harvest-old-materials-girl-scouts-eco-camp#.UEReEnjrall.

26 http://www.bricksandbread.com/index/about-us-2/.

27 http://atu.org.uk/.

28 http://cityasbiotope.blogspot.fr.

29 http://www.appearing-and-disappearing-landscapes.blogspot.com.

30 http://www.mosaic-region.no.

31 "U.S. Environmental Footprint," Center for Sustainable Systems, University of Michigan, October 2014, http://css.snre.umich.edu/css_doc/CSS08-08.pdf.

32 "Growing Greener Cities in Africa: First Status Report on Urban and Peri-urban Horticulture in Africa," Food and Agriculture Organization, 2012, http://www.fao.org/docrep/016/i3002e/i3002e.pdf.

33 Parwinder Grewal, "Cleveland, Other Cities Could Produce Most of Their Food: Ohio State Study," Ohio Agricultural Research and Development Center, September 1, 2011, http://oardc.osu.edu/7023/Cleveland-Other-Cities-Could-Produce-Most-of-Their-Food-Ohio-State-Study.htm.

34 Debra Solomon, "Community Pickle, a Proposal," Culiblog, October 30, 2008, http://culiblog.org/2008/10/communaute-choucroute-community-picklea-proposal/.

35 http://shoetowntobrewtown.com.

36 http://www.wildaboutgardens.org.

37 http://www.pollinatorpathway.com/about/what-is-it.

38 http://www.bbc.co.uk/programmes/p00p7b36.

39 Melissae Fellet, "Cities Can Be Carbon Sinks too, not Just Sources," *New Scientist*, July 13, 2011, http://www.newscientist.com/blogs/shortsharpscience/2011/07/cities-can-be-carbon-sinks-too.html.

40 Joe Rojas-Burke, "More Trees in a City Bring Surprising Benefit, Portland Study Finds," Oregon Live, January 24, 2011, http://www.oregonlive.com/health/index.ssf/2011/01/more_trees_in_a_city_bring_sur.html.

41 http://www.treepeople.org/.

42 http://www.urbanforestcoalition.com.

43 http://www.fs.fed.us/ucf/news.html.

44 http://www.frontlinie.nl/index.html.

45 http://urbanherbology.org/tag/lynn-shore.

46 http://boskoi.org/reports.

47 Mark Kinver, "Study Shows Urbanisation's Impact on Biodiversity," *BBC News & Environment*, February 12, 2014, http://www.bbc.co.uk/news/science-environment-26140827.

48 http://cbc.iclei.org/urbis.

49 David Goode, *Nature in Towns and Cities* (London: William Collins, 2014).

50 Ken Belt et al., "Urban Wildlife," United States Department of Agriculture, April 30, 2014, http://www.fs.fed.us/research/wildlife-fish/themes/urban-wildlife.php.

51 Xinhua, "China's Forestry Developments in 2012," *China Daily*, March 12, 2013, http://www.chinadaily.com.cn/china/2013-03/12/content_16301974.htm.

52 Richard Conniff, "Urban Nature: How to Foster Biodiversity in World's Cities," *Environment360*, January 6, 2014, http://e360.yale.edu/feature/urban_nature_how_to_foster_biodiversity_in_worlds_cities/2725/.

53 Will Giron, "Biologists Studying NYC's Interesting Impact on Urban Wildlife Evolution," Inhabitat, July 27, 2011, http://inhabitat.com/nyc/biologists-studying-nycs-interesting-impact-on-urban-wildlife-evolution.

54 Daniel Mason, "City of Seeds," *Lapham's Quarterly*, https://www.laphamsquarterly.org/city/city-seeds.

55 http://www.urbanibalism.org/manifesto-of-urban-cannibalism.

第五章 食：从社会农业到食品资源共享

1 Press Association, "Obesity Bigger Cost for Britain than War and Terror," *The Guardian*, November 20, 2014, http://www.theguardian.com/society/2014/nov/20/obesity-bigger-cost-than-war-and-terror.

2 Simon Marvin and Will Medd, "Fat City," *World Watch Magazine* 18, no. 5 (2005), http://www.worldwatch.org/node/583.

3 Nicola Twilley, "Ten Landmarks of the Artificial Cryosphere," *Edible Geography*, July 26, 2014, http://www.ediblegeography.com/category/artificial-cryosphere/.

4 http://www.monsanto.com/improvingagriculture/pages/producing-more.aspx.

5 Geoff Tansey and Tasmin Rajotte, eds., *The Future Control of Food: A Guide to International Negotiations and Rules on Intellectual Property, Biodiversity and Food Security* (Oxford: Earthscan, 2008). 同见 Alice Martin-Prevel, "World Bank, Listen! The 'Doing Business' Approach to Agriculture Needs to End," *Oakland Institute*, October 10, 2014, http://www.oaklandinstitute.org/world-bank-listen.

6 BSCAL, "McKinsey Sees India As Worlds Food Factory," *Business Standard*, May 24, 1997, http://www.business-standard.com/article/specials/mckinsey-sees-india-as-worlds-food-factory-by-2005-197052401058_1.html.

7 Frances Moore Lappe et al., *World Hunger: 12 Myths* (New York: Grove Press, 1998).

8 "Telling Factory Farming Fairy Tales," *Grain*, November 7, 2014, http://www.grain.org/article/entries/5072-telling-family-farming-fairy-tales.

9 O. De Schutter, "The Transformative Potential of the Right to Food," Report of the Special Rapporteur on the right to food to the UN Human Rights Council, A/HRC/25/57.

10 Maurice Oudet, "La tomate: Un 'produit sensible,'" *Sedelan*, April 7, 2007, http://www.abcburkina.net/en/nos-dossiers/vu-au-sud-vu-du-sud/244-224-la-tomate-un-produit-sensible-qui-montre-bien-quil-ne-faut-pas-signer-trop-vite-les-ape.

11 http://www.tradekey.com/products/frozen-chicken.html.

12 Ted Genowys, "The Truth About Pork and How America Feeds Itself," *Bloomberg*, December 5, 2013, http://www.bloomberg.com/bw/articles/2013-12-05/food-safety-risk-as-pork-processors-face-fewer-usda-meat-inspectors.

13 http://www.thefoodcommons.org.

14 Mark Grossi, "Health Hazard: West Fresno the Riskiest Place to Live in California," *Fresno Bee*, March 16, 2013, http://www.fresnobee.com/2013/03/16/3217239/west-fresno-the-riskiest-place.html.

15 "Holy Water," *PBS/POV*, July 13, 2004, http://www.pbs.org/pov/thirst/special_holywater.php.

16 Vic Bedoian, "Court Ruling a Blow to Agribusiness Mogul's Kern Water Bank," *Fresno Alliance*, April 1, 2013, http://fresnoalliance.com/wordpress/?p=9205.

17 James Hamblin, "The Dark Side of Almond Use," *The Atlantic*, August 28, 2014, http://www.theatlantic.com/health/archive/2014/08/almonds-demon-nuts/379244/.

18 Office of Communication, "USDA Announces $78 Million Available for Local Food Enterprises," USDA, September 5, 2014, http://www.usda.gov/wps/portal/usda/usdahome?contentid=2014/05/0084.xml.

19 http://www.thefoodcommons.org/project/food-commons-fresno-2/.

20 Francesco Orsini et al., *Urban Agriculture in the Developing World: A Review* (INRA and Springer-Verlag, 2013).

21 Brad Masi et al., "Urban Agriculture in Rust Belt Cities," *Solutions* 5, no. 1 (2014): 44–53, http://www.thesolutionsjournal.com/node/237142.

22 André Viljoen and Katrin Bohm, *Second Nature Urban Agriculture* (London: Routledge, 2014).

23 http://transitionculture.org/2012/02/20/when-the-hop-fields-come-to-town/.

24 http://shoetowntobrewtown.com/about-the-organizers.

25 Michael Graham Richard, "New Belgium Brewing Turning Wastewater to Cash," Treehugger, June 26, 2005, http://www.treehugger.com/corporate-responsibility/new-belgium-brewing-turning-wastewater-to-cash.html.

26 Cassandra Profita, "In Chicago: Urban Farm Taps Brewery to Fuel Aquaponics," *OPB*, February 19, 2013, http://www.opb.org/news/blog/ecotrope/chicagotheplant/.

27 http://brockwell-bake.org.uk/.

28 http://www.sustainweb.org/realbread/community_supported_baking.

29 http://www.breadhousesnetwork.org.

30 同上。

31 http://www.laruchequiditoui.fr.

32 "No Agrobiodiversity without Peasants," *Grain*, March 2014, http://www.grain.org/article/entries/4911-no-agrobiodiversity-without-peasants.

33 Olivier De Schutter and Gaetan Vanloqueren, "The New Green Revolution: How Twenty-First-Century Science Can Feed the World," *Solutions* 2, no. 4 (2011): 33–44, http://thesolutionsjournal.org/node/971.

34 Fred Kirschenmann, "On 'Being There,'" *Leopold Center*, Summer 2012, http://www.leopold.iastate.edu/news/leopold-letter/2012/summer/kirschenmann-being-there#sthash.fKwz07tv.dpuf.

35 House of Commons Environmental Audit Committee, *Sustainable Food* (London: House of Commons, 2012), http://www.parliament.uk/documents/TSO-PDF/committee-reports/cmenvaud.HC879.pdf.

36 "The Impacts of Sustainable Procurement," UNEP, 2012, http://www.unep.fr/scp/procurement/docsres/projectinfo/studyonimpactsofspp.pdf.

37 http://www.mda.gov.br/portalmda/sites/default/files/ceazinepdf/cartilha-lt_PLANO_NACIONAL_DE_AGR-379811.pdf.

38 "Farming Transitions: Pathways towards Regional Sustainability of Agriculture in Europe," Farm Path, March 29, 2014, http://www.wiso.boku.ac.at/fileadmin/data/H03000/H73000/H73300/Ika/2014_FarmPath_ConceptualFramework.pdf.

39 http://afsafrica.org/what-is-afsa/.

40 "Mali: La Via Campesina and Allies Host an International Agroecology Forum to Address Food Sovereignty," La Via Campesina, February 25, 2015, http://www.viacampesina.org/en/index.php/main-issues-mainmenu-27/sustainable-peasants-agriculture-mainmenu-42/1747-mali-agroecology-is-in-our-hands-we-are-building-it-further-together-opening-of-the-international-agroecology-forum.

41 Laura Silici, "Agroecology Offers FAO a 'New Window' on Agriculture," International Institute for Environment and Development, October 2, 2014, http://www.iied.org/agroecology-offers-fao-new-window-agriculture.

42 "Farming Transitions: Pathways towards Regional Sustainability of Agriculture in Europe," *Farm Path*, March 29, 2014, http://www.wiso.boku.ac.at/fileadmin/data/H03000/H73000/H73300/Ika/2014_FarmPath_ConceptualFramework.pdf.

43 http://www.fordhallfarm.com.

44 Vivero Pol, Jose Luis, "Transition towards a Food Commons Regime: Re-commoning Food to Crowd-Feed the World," Social Science Research Network, January 13, 2015, http://papers.ssrn.com/sol3/papers.cfm?abstract_id=2548928.

第六章 衣：从农庄到衣装，从田间到肌肤

1 http://www.garmentswithoutguilt.com.

2 Kate Fletcher, *Sustainable Fashion and Textiles* (Oxford: Earthscan, 2008).

3 Elissa Jobson, "Chinese Firm Steps up Investment in Ethiopia with 'Shoe City,'" *The Guardian*, April 30, 2013, http://www.theguardian.com/global-development/2013/apr/30/chinese-investment-ethiopia-shoe-city.

4 http://www.waterfootprint.org/?page=files/home.

5 "Pollution from Tanneries," YouTube video, 3:36, posted by Pramod Mathur, February 26, 2008, https://www.youtube.com/watch?v=LyMY69tdd5o.

6 G. Durai and M. Rajasimman, "Biological Treatment of Tannery Wastewater," *Journal of Environmental Science and Technology* 4, no. 1 (2011): 1-17, http://www.scialert.net/fulltext/?doi=jest.2011.1.17&org=11.

7 http://www.ethicalfashionforum.com/the-issues/standards-labelling.

8 Kate Fletcher and Mathilda Tham, eds., *Routledge Handbook of Sustainability and Fashion* (Abingdon: Routledge, 2014).

9 "Craft of Use: The Practices of Use," Centre for Sustainable Fashion, February 11, 2015, http://craftofuse.org/home/practices.

10 http://botanicalgarden.berkeley.edu.

11 https://www.cca.edu/academics/textiles/sustainability.

12 http://flaxproject.com.

13 http://www.sustainablecotton.org/pages/show/cleaner-cotton-field-program.

14 http://www.fibershed.com.

15 Kris De Decker, "Locally Farmed Clothing: The Fibershed Project," *No Tech Magazine*, January 27, 2012, http://www.notechmagazine.com/2012/01/locally-farmed-clothing-the-fibershed-project.html.

16 http://www.fibershed.com/event/wool-symposium.

17 Juliet Braslow, "Fibershed Bringing 'Farm-Fresh' Clothing to the Region," University of California Cooperative Extension, Winter 2012, http://ucanr.edu/sites/Grown_in_Marin/Grown_In_Marin_News/Archived_Issues/Grown_in_Marin_News_Winter_2012/Fibershed_bringing_farm-fresh_clothing_to_the_region.

18 Matt Richards et al., "Leather for Life," Future Fashion White Papers, Earth Pledge Foundation, February 15, 2015, http://www.organicleather.com/organic_leather_white_paper.pdf.

19 同上。

20 http://www.leatherworkinggroup.com.

21 Sal Humphreys, "The Economies within an Online Social Network Market: A Case Study of Ravelry," ANZCA 09 annual conference, Queensland University of Technology, 2009, http://eprints.qut.edu.au/26455.

第七章 行：从两轮货运到云端通勤

1 Robert N. Charette, "This Car Runs on Code," IEE Spectrum, February, 2009, http://www.real-programmer.com/interesting_things/IEEE%20SpectrumThisCarRunsOnCode.pdf.

2 http://audi-urban-future-initiative.com/initiative.

3 Hiroyuki Iseki, Michael Smart, Brian D. Taylor, and Allison Yoh, "Thinking Outside the Bus," Access, Spring 2012, http://www.uctc.net/access/40/access40_outsidethebus.shtml.

4 http://critmumbai.files.wordpress.com/2012/10/being-nicely-messy.pdf.

5 http://audi-urban-future-initiative.com/blog/on-superpool.

6 M. Varien, "New Perspectives on Settlement Patterns: Sedentism and Mobility in a Social Landscape," University of Arizona, 1997, http://ltrr.arizona.edu/content/new-perspectives-settlement-patterns-sedentism-and-mobility-social-landscape.

7 Bernard J. Siegel, ed., *Annual Review of Anthropology*, Vol. 21, 1992, http://sspa.boisestate.edu/anthropology/files/2010/06/article14_mobility.sedentism-concepts-archaeological-meaures-and-effects.pdf.

8 John Whitelegg, "Transport and Land Take," Eco-Logica Ltd, October 1994, http://www.eco-logica.co.uk/pdf/CPRELandTake.pdf.

9 "High Speed Rail Leaves Taxpayers Saddled with Debt," *Daily Telegraph*, July 6, 2012, http://www.telegraph.co.uk/news/uknews/road-and-rail-transport/9381048/High-speed-rail-leaves-taxpayers-saddled-with-debt.html.

10 Christian Wolmar, "What's the Point of HS2?," *London Review of Books* 36, no. 8 (2014): 3–7, http://www.lrb.co.uk/v36/n08/christian-wolmar/whats-the-point-of-hs2.

11 Chris Bradshaw, "Valuing of Trips," Sierra Club, http://vault.sierraclub.org/sprawl/articles/trips.asp.

12 Jeffrey Green and Keith Naughton, "Woes of Megacity Driving Signal Dawn of 'Peak Car' Era," *Bloomberg Business*, February 24, 2014, http://www.bloomberg.com/news/articles/2014-02-24/woes-of-megacity-driving-signals-dawn-of-peak-car-era.

13 http://eprints.uwe.ac.uk/23277/.

14 http://changeobserver.designobserver.com/feature/a-tale-of-two-trains/21768.

15 Christian Rozycki, "Ecology Profile of the German High-Speed Rail Passenger Transport System, ICE," *International Journal of Life Cycle Assessment* 8, no. (2003), http://link.springer.com/article/10.1007%2FBF02978431.

16 Christine Cosgrove, “Tracking High-Speed Rail’s Energy Use and Emissions,” *Berkeley Transportation Letter*, Spring 2010, http://its.berkeley.edu/btl/2010/spring/HRS-life-cycle.

17 Marshall Sahlins, *Stone Age Economics* (New York: de Gruyter, 1972).

18 Peder Agger and Jesper Brandt, “Dynamics of Small Biotopes in Danish Agricultural Landscapes,” *Landscape Ecology* 1, no. 4, (1988): 227–40, http://www.springerlink.com/content/n2106055080v136j.

19 “Appearing and Disappearing Landscapes,” January 11, 2010, http://appearing-and-disappearing-landscapes.blogspot.fr/2010/01/encircling-field.html.

20 http://www.biotope-city.net.

21 Nayantara Narayanan, “Showing the Path to Other Indian Cities, Chennai Starts Pedestrianising Its Roads,” *Scroll*, November 10, 2014, http://scroll.in/article/687775/showing-the-path-to-other-indian-cities-chennai-starts-pedestrianising-its-roads.

22 John Thackara, “Cycle Commerce as an Ecosystem,” http://www.doorsofperception.com/development-design/cycle-commerce-as-an-ecosystem.

23 John Thackara, “Caloryville: The Two-Wheeled City,” http://www.doorsofperception.com/notopic/caloryville-the-two-wheeled-city (该文章包含了大量的链接和参考文献，此处没有罗列出来).

24 http://www.lowtechmagazine.com/2012/09/jobs-of-the-future-cargo-cyclist.html.

25 http://www.doorsofperception.com/mobility-design/cycle-commerce-the-red-blood-cells-of-a-smart-city.

26 “From Income Tourism to Tourism P2P?,” Revhotelution (sic), December 21, 2011, http://www.blogtrw.com/en/2011/12/from-income-tourism-to-tourism-p2p/.

27 Gilles Caire, “Who Benefits from Holidays?,” *Le Monde Diplomatique*, July 2012, http://mondediplo.com/2012/07/15tourism.

28 “Survey Reveals Travelers Growing Greener,” TripAdvisor, April 19, 2012, http://www.tripadvisor.com/PressCenter-i5154-c1-Press_Releases.html.

29 http://www.wwoofinternational.org.

第八章 关怀：从治疗到关怀，从小我到大我

1 “The Global Burden,” in *IDF Diabetes Atlas*, 4th ed., ed., International Diabetes Federation (International Diabetes Federation, 2009), 21–27.

2 http://ki.se/en/about/biomedicum-laboratory-of-the-future.

3 http://healthclusternet.eu.

4 http://centennial.rockefellerfoundation.org/events/entry/top-trends.

5 Juha Mikkonen and Dennis Paphael, “Social Determinants of Health: The Canadian

Facts," York University School of Health Policy and Management, May 2010, http://www.thecanadianfacts.org.

6 Barbara Starfields and M. D., "America's Healthcare System Is the Third Leading Cause of Death," World Health Education Initiative, July 26, 2000, http://www.health-care-reform.net/causedeath.htm.

7 Joseph A. Tainter, "Complexity, Problem Solving, and Sustainable Societies," Dieoff.org, 1996, http://dieoff.org/page134.htm.

8 Jack W. Scannell, Alex Blanckley, Helen Boldon, and Brian Warrington, "Diagnosing the Decline in Pharmaceutical R&D Efficiency," *Nature Reviews* 11, (2012): 191-200, http://lukemuehlhauser.com/wp-content/uploads/Scannell-Diagnosing-hte-decline-in-pharmaceutical-RD-efficiency.pdf.

9 Sally Rockey and Francis Collins, "One Nation in Support of Biomedical Research?," National Institutes of Health, September 24, 2013, http://nexus.od.nih.gov/all/2013/09/24/one-nation-in-support-of-biomedical-research/.

10 Paul K. Drain and Michael Barry, "Fifty Years of U.S. Embargo: Cuba's Health Outcomes and Lessons," *Science* 328, No. 5978 (2010): 572-73, http://www.sciencemag.org/content/328/5978/572.

11 Derek Headey et al., "The Other Asian Enigma: Explaining the Rapid Reduction of Undernutrition in Bangladesh," *World Development* 66, (2015): 749-61, http://www.sciencedirect.com/science/article/pii/S0305750X14002873.

12 http://challenge-old.bfi-internal.org/application_summary/3139#.

13 Andrew Sullivan, "How Much Do We Really Need Doctors?," The Dish, June 5, 2012, http://dish.andrewsullivan.com/2012/06/05/get-the-doctors-out-of-medicine.

14 Frederick J. Demicco and Marvin Cetron, "Club Med," *Asia Biotech* 10, no. 10 (2006), http://www.asiabiotech.com/publication/apbn/10/english/preserved-docs/1010/0527_0531.pdf.

15 Graham Leicester, "We Cannot Be Healthy Alone: Food, Health, and the Peckham Experiment," International Futures Forum, May 27, 2014, http://www.internationalfuturesforum.com/s/494.

16 Mario S. Rodriguez and Sheldon Cohen, "Social Support," Carnegie Mellon University, http://www.psy.cmu.edu/~scohen/socsupchap98.pdf.

17 http://www.lybba.org.

18 http://curetogether.com.

19 http://quantifiedself.com.

20 Charlie Cooper, "Dementia Research: Drug Firms Despair of Finding Cure and Withdraw Funding after Catalogue of Failures," *Independent*, February 17, 2015.

21 "The Importance of Social Innovation: What Can Older People in Wales Learn from Quebec?," National Assembly for Wales, Health and Social Care Committee, February 6,

2012, http://www.senedd.assemblywales.org/documents/s500000911/Consultation%20response%20RC%2066%20-%20Wales%20Progressive%20Co-operators.html?CT=2.

22 http://www.alzheimer100.co.uk.

23 http://www.designcouncil.org.uk/projects/living-well-dementia-design-challenge.

24 Robin Murray, Geoff Mulgan, and Julie Caulier-Grice, "How to Innovate: The Tools for Social Innovation," Social Innovation Exchange, February 2, 2010, http://socialinnovationexchange.org/sites/default/files/event/attachments/Copy%20of%20Generating_Social_Innovation%20v4.pdf.

25 Michel Bauwens, "The Emergence of Social Coops for Social Care: Italy and Beyond," P2P Foundation, July 30, 2013, http://blog.p2pfoundation.net/the-emergence-of-social-coops-for-social-care-italy-and-beyond/2013/07/30.

26 Pat Conaty, "Social Co-operatives a Democratic Co-production Agenda for Care Services in the UK," Co-operatives UK, 2014, http://www.uk.coop/sites/storage/public/downloads/social_co-operatives_report.pdf.

27 Benjamin Shobert, "Bank on It: Is This Volunteer Program the Solution to China's Elder-Care Crisis?," Slate, November 5, 2013, http://www.slate.com/articles/technology/future_tense/2013/11/feng_kexiong_s_volunteer_bank_plan_to_care_for_china_s_elderly.html.

28 David Pilling, "How Japan Stood Up to Old Age," *Financial Times*, January 17, 2014, http://www.ft.com/intl/cms/s/2/07d4c8a8-7e45-11e3-b409-00144feabdc0.html#slide0.

29 http://www.circlecentral.com.

30 http://omikronproject.gr/grassroots_v1.

31 http://tyze.com.

32 http://my.clevelandclinic.org/childrens-hospital/specialties-services/departments-centers/integrative-medicine.

第九章 共有权行动：从社会货币到款待的艺术

1 Leo Hickman, "Charity Condemns Tourists' Use of Fresh Water in Developing Countries," *The Guardian*, July 8, 2012, http://www.theguardian.com/global-development/2012/jul/08/fresh-water-tourist-developing.

2 Maggie Black, *The No-Nonsense Guide to International Development* (Oxford: New Internationalist, 2007).

3 Guy Standing, *The Precariat: The New Dangerous Class* (London: Bloomsbury, 2011).

4 http://www.foreignpolicy.com/articles/2011/10/28/black_market_global_economy.

5 Leo Jansen, "A Sustainable Development Strategy for the EU," Swedish Society for Nature Conservation, January 2001, http://www.eeb.org/publication/2000/Stockholm-Conf-Rep-30-1-01.pdf.

6 Lucas Reijnders, "The Factor X Debate: Setting Targets for Eco-efficiency," *Journal of Industrial Ecology* 2, no. 1 (1998): 13–22.

7 Beverly Bell, "Is Haïti Poor?," Other Worlds Are Possible, March 17, 2011, http://www.otherworldsarepossible.org/haiti-poor.

8 Teodor Shanin, introduction to *The Theory of Peasant Economy*, ed. A. V. Chayanov (University of Wisconsin Press, 1986), http://www.eng.yabloko.ru/Books/Shanin/chayanov.html.

9 "For Inspiration: Facts and Figures," Global Landscapes Forum, 2014, http://www.landscapes.org/glf-2014/data-landscapes-infographic-data-visualization-competition/inspiration-facts-figures.

10 Food and Agriculture Organization, "Growing Greener Cities in Africa," 2012, http://www.fao.org/docrep/016/i3002e/i3002e.pdf.

11 The Nubian Vault Association, "Understand," February 9, 2015, http://www.lavoutenubienne.org/en/nv-technique.

12 George Papanikolaou, "Peer to Peer Energy Production and the Social Conflicts in the Era of 'Green Development,'" P2P Foundation, March 10, 2010, http://www.re-public.gr/en/?p=1918.

13 Eurostat, "Small and Medium-Sized Enterprises," January 20, 2015, http://ec.europa.eu/eurostat/statistics-explained/index.php/Small_and_medium-sized_enterprises.

14 Steve (sic), "Small Businesses Often Choose Not to Grow," Small Business Lab, July 30, 2012, http://www.smallbizlabs.com/2012/07/small-businesses-often-choose-not-to-grow.html.

15 Manfred Max-Neef, *Human Scale Development: Conception, Application and Further Reflections* (New York: The Apex Press, 1989).

16 Leslie Paul Thiele, "Review of Ecological Utopias: Envisioning the Sustainable Society," *Ecology and Society* 4, no. 1 (2000): article 18, http://www.ecologyandsociety.org/vol4/iss1/art18.

17 Andrew Bibby, "Workers Occupy Plant as Spanish Co-operative Goes Under," *The Guardian*, November 15, 2013, http://www.theguardian.com/social-enterprise-network/2013/nov/15/spanish-co-op-workers-occupy-plant.

18 "Open Money Manifesto," Open Money, 9 February 2015, http://www.openmoney.org/top/omanifesto.html.

19 Peppe Savà, "An Interview with Giorgio Agamben," Libcom, February 10, 2014, http://libcom.org/library/god-didnt-die-he-was-transformed-money-interview-giorgio-agamben-peppe-savà.

20 Jerome Roos, "In Each Other We Trust: Coining Alternatives to Capitalism," *Roar Magazine*, March 31, 2014, http://roarmag.org/2014/03/moneylab-conference-alternative-currencies.

21 David Graeber, *Debt: The First 5,000 Years* (New York: Melville House, 2012).

22 Walter Mignolo, "The Communal and the Decolonial," Turbulence, February 9, 2015, http://turbulence.org.uk/turbulence-5/decolonial/.

23 Robert Neuwirth, "The Shadow Superpower," *Foreign Policy*, October 28, 2011, http://foreignpolicy.com/2011/10/28/the-shadow-superpower/.

24 Mignolo, "The Communal and the Decolonial."

25 Stacco Troncoso, "Prehispanic 2.0—Latin America's P2P Roots," P2P Foundation, April 28, 2014, http://blog.p2pfoundation.net/prehispanic-2-0-latin-americas-p2p-roots/2014/04/28.

26 Eduardo Gudynas, "Buen Vivir: Today's tomorrow," *Development* 54, no. 4 (2011): 441–47, http://www.palgrave-journals.com/development/journal/v54/n4/full/dev201186a.html.

27 Daniel Macmillen, "Latin American Progressives and Environmental Duplicity," Open Democracy, October 23, 2014, https://www.opendemocracy.net/daniel-macmillen/latin-american-progressives-and-environmental-duplicity.

28 http://menemania.typepad.com/helene_finidori/2012/04/the-commons-at-the-core-of-our-next-economic-models.html.

29 David Bollier and Silke Helfrich, eds., *The Wealth of the Commons: A World Beyond Market & State* (Amherst: Levellers Press, 2014), http://wealthofthecommons.org.

30 Jason Marsh, "Does Sharing Come Naturally to Kids?," Greater Good, February 24, 2011, http://greatergood.berkeley.edu/article/item/does_sharing_come_naturally_to_kids.

31 "Scientists Confirm: File Sharing Is in Our Genes," P2P Foundation, August 28, 2008, http://www.p2p-blog.com/?itemid=833.

32 Elinor Ostrom, *Governing the Commons: The Evolution of Institutions for Collective Action* (Cambridge University Press, 1991).

33 John M. Andries and Marco A. Janssen, "Sustaining the Commons," Arizona State University, 2013, http://sustainingthecommons.asu.edu/wp-content/uploads/2013/07/Sustaining-the-Commons-v101.pdf.

34 Massimo De Angelis, "Reflections on Alternatives, Commons and Communities," The Commoner, Winter 2003, http://www.commoner.org.uk/deangelis06.pdf.

35 Bollier and Helfrich, *The Wealth of the Commons*.

36 Sophy Banks, "The Power of Not Doing Stuff," Transition Network, July 2003, https://www.transitionnetwork.org/blogs/rob-hopkins/2013-07/sophy-banks-power-not-doing.

37 http://www.futureoffish.org.

38 http://reospartners.com/team-view/63.

39 Nicole Foss, "Finance and Food Insecurity," Automatic Earth, April 3, 2014, http://www.theautomaticearth.com/nicole-foss-finance-and-food-insecurity.

40 Thomas Berry, *The Great Work: Our Way into the Future* (New York: Broadway Books, 2000).

41 Klaus Bosselman and Prue Taylor, "Governance for Sustainability," IUCN Environmental Policy and Law Paper No. 70, http://cmsdata.iucn.org/downloads/eplp_70_governance_for_sustainability.pdf.

42 Christopher D. Stone, *Should Trees Have Standing? Law, Morality, and the Environment* (ChamOxford University Press, 2010).

43 http://envisionspokane.org.

44 Shannon Biggs, "Legalizing Sustainability? Santa Monica Recognizes Rights of Nature," People To People, April 11, 2013, http://www.globalexchange.org/blogs/peopletopeople/2013/04/11/legalizing-sustainability-santa-monica-recognizes-rights-of-nature.

45 "Republic of Ecuador Constitution," Political Database of the Americas, January 31, 2011, http://pdba.georgetown.edu/Constitutions/Ecuador/ecuador.html.

46 Universal Declaration of Rights of Mother Earth, April 22, 2010, http://therightsofnature.org/universal-declaration.

47 Earth System Governance Project, http://www.earthsystemgovernance.org.

48 Mumta Ito, "Being Nature—Extending Civil Rights to the Natural World," *The Ecologist*, April 24, 2014, http://www.theecologist.org/campaigning/2363662/being_nature_extending_civil_rights_to_the_natural_world.html; see also "The Law of the Seed," http://therightsofnature.org/wp-content/uploads/The-Law-of-the-Seed.pdf.

49 Arundhati Roy, "Confronting Empire," Ratical, January 27, 2003, http://ratical.org/ratville/CAH/AR012703.html.

第十章 认知：从目睹到行动

1 Harvard School of Engineering, "Synaptic Transistor Learns while It Computes," November 1, 2013, http://www.seas.harvard.edu/news/2013/11/synaptic-transistor-learns-while-it-computes.

2 Timothy Morton, "The Catastrophe Has Already Occurred," Ecology without Nature, July 13, 2008, http://ecologywithoutnature.blogspot.fr/2008/07/catastrophe-has-already-occurred.html.

3 http://techcrunch.com/2010/08/04/schmidt-data/.

4 "IDC: Big Data Biz Worth $16.9 Billion by 2015," The Register, December 3, 2012, http://www.theregister.co.uk/2012/03/12/idc_cases_big_data/.

5 Anne Field, "Venture Capital Flocks to the 'Quanti ed Self,'" Cisco, June 3, 2014, http://newsroom.cisco.com/feature/1425860/Venture-Capital-Flocks-to-the-Quantified-Self.

6 Izabella Kaminska, "Welcome to the Desert of the Real," Financial Times, October 9, 2012, http://ftalphaville.ft.com/2012/10/09/1200681/welcome-to-the-desert-of-the-real-a-postmodern-economy/.

7 Jared Diamond, *Collapse: How Societies Choose to Fail or Succeed* (London: Penguin, 2011).

8 John Zerzan, *Running on Emptiness: The Pathology of Civilization* (Los Angeles: Feral House, 2002).

9 John Young et al., *Coyote's Guide to Connecting with Nature* (Duvall: Wilderness Awareness School, 2008).

10 Donna J. Haraway, "The Promises of Monsters," in *Cultural Studies*, ed. Lawrence Grossberg, Cary Nelson, and Paula Treichler (London: Routledge, 1992), 328.

11 Charles Eisenstein, "Development in the Ecological Age," *Kosmos*, Spring/Summer 2014, http://www.kosmosjournal.org/article/development-in-the-ecological-age.

12 Mike Berners-Lee, *How Bad Are Bananas: The Carbon Footprint of Everything* (Vancouver: Greystone Books, 2011).

13 David J. C. MacKay, *Sustainable Energy—Without the Hot Air* (Cambridge: UIT, 2009).

14 Harry Heft, "The Participatory Character of Landscape," Open Space, http://www.openspace.eca.ac.uk/proceedings/PDF/Summary_Paper_Harry_Heft._AB_edit.W-out_trackg.pdf.

15 Ivan Illich, *Deschooling Society* (London: Marion Boyars, 1976).

16 Susan Sontag, *Regarding the Pain of Others* (London: Macmillan, 2004).

17 Joseph Cunningham, "Is Beauty a Sense of Belonging?," Humane Pursuits, November 21, 2014, http://humanepursuits.com/beauty-belonging-desire.

18 Andrew Simms and Ruth Potts, "The New Materialism," New Economics Foundation, November 27, 2012, https://dl.dropboxusercontent.com/u/77684614/New_Materialism_24%2011%2012.pdf.

19 Timothy Morton, *The Ecological Thought* (Harvard University Press, 2010).

20 Jane Bennett, *Vibrant Matter* (Duke University Press, 2010).

21 Peter Gratton, "Vitalism and Life," Philosophy in a Time of Error, June 15, 2010, http://philosophyinatimeoferror.com/2010/06/15/vitalism-and-life.

22 Koert van Mensvoort and Hendrik-Jan Grievink, eds., *Next Nature: How Art Saves the World* (Barcelona: Actar, 2014).

23 Fritjof Capra, *The Web of Life: A New Scientific Understanding of Living Systems* (New York: Anchor, 1997).

24 Stephan Harding, *Animate Earth: Science, Intuition and Gaia* (White River Junction: Chelsea Green, 2006).

25 Teed Rockwell, "Neither Brain nor Ghost: A Non-dualist Alternative to the Mind-Brain Identity Theory," Cognitive Questions, February 9, 2015, http://www.cognitivequestions.org/contents.htm.

26 Ethan Goffman, "God, Humanity, and Nature: Comparative Religious Views of the

Environment," ProQuest, December 2005, http://www.csa.com/discoveryguides/envrel/review.php.

27 Patt O'Neill, "Glossary of Terminology of the Shamanic and Ceremonial Traditions of the Inca Medicine Lineage," Inca Glossary, 2014, http://www.incaglossary.org/v.html.

28 Tara M. Lumpkin, "Perceptual Diversity: Is Polyphasic Consciousness Necessary for Global Survival?," Bioregionalism, December 2006, http://www.bioregionalanimism.com/2006/12/is-polyphasic-consciousness-necessary.html.

29 Claude Lévi-Strauss, *The Savage Mind* (University of Chicago Press, 1966), 307 n. 85.

30 Peter Kropotkin, *Mutual Aid: A Factor of Evolution* (New York: Alfred A. Knopf, 1919); pdf at http://www.complementarycurrency.org/ccLibrary/Mutual_Aid-A_Factor_of_Evolution-Peter_Kropotkin.pdf.

31 Martin Buber, *I and Thou* (Eastford: Martino Fine Books, 2010).

32 Guy McPherson, "Rewilding Community Toolbox," February 2012, http://guymcpherson.com/2012/02/a-rewilding-community-toolbox.

33 Edgar Morin, *Homeland Earth: A Manifesto for the New Millennium—Advances in Systems Theory, Complexity and the Human Sciences* (New York: Hampton Press, 1999).

参考文献

1 Bacon, Christopher M., V. Ernesto Méndez, Stephen R. Gliessman, David Goodman, Jonathan A. Fox. *Confronting the Coffee Crisis: Fair Trade, Sustainable Livelihood and Ecosystems in Mexico and Central America*. Cambridge, MA: MIT Press, 2008.

2 Berger, John. *Hold Everything Dear: Dispatches on Survival and Resistance*. London: Verso, 2003.

3 Berry, Thomas. *The Great Work: Our Way into the Future*. New York: Broadway Books, 2000.

4 Bollier, David, and Silke Helfrich, eds. *The Wealth of the Commons: A World Beyond Market & State*. Amherst: Levellers Press, 2014.

5 Bortoft, Henri. *Taking Appearance Seriously: The Dynamic Way of Seeing*. Edinburgh: Floris Books, 2012.

6 Buber, Martin. *I and Thou*. Eastford: Martino Fine Books, 2010 (1923).

7 Capra, Fritjof. *The Web of Life*. New York: Random House, 1996.

8 Daly, Herman E., and Kenneth N. Townsend. *Valuing the Earth: Economics, Ecology, Ethics*. Cambridge, MA: MIT Press, 1993.

9 Darwish, Leila. *Earth Repair: A Grassroots Guide to Healing Toxic and Damaged Landscapes*. Gabriola Island: New Society, 2013.

10 Eisenstein, Charles. *Sacred Economics: Money, Gift and Society in the Age of Transition*. Berkeley: Evolver Editions, 2011.

11 Fernández-Galiano, Luis. *Fire and Memory: On Architecture and Energy*. Cambridge, MA: MIT Press, 2000.

12 Fleming, David. *Lean Logic: A Dictionary for the Future and How to Survive It*. Oxon: Court Farm House, 2011, http://www.leanlogic.net.

13 Fletcher, Kate. *Sustainable Fashion and Textiles*. Oxford: Earthscan, 2008.

14 Fletcher, Kate, and Mathilda Tham, eds. *Routledge Handbook of Sustainability and Fashion*. Abingdon: Routledge, 2014.

15 Foer, Jonathan Safran. *Eating Animals*. London: Hamish Hamilton. 2009.

16 Gowdy, John. *Limited Wants, Unlimited Means: A Reader on Hunter-Gatherer Economics and the Environment*. Washington, DC: Island Press. 1988.

17 Graeber, David. *Debt: The First 5,000 Years*. New York: Melville House. 2012.

18 Greer, John Michael. *The Long Descent: A User's Guide to the End of the Industrial Age*. Gabriola Island: New Society. 2008.

19 Harding, Stephan. *Animate Earth: Science, Intuition and Gaia*. White River Junction: Chelsea Green. 2006.

20 Heinrich-Böll-Stiftung. *Soil Atlas: Facts and Figures about Earth, Land and Fields*. Berlin: Institute for Advanced Sustainability Studies, 2015.

21 Hine, Dougald, and Paul Kingsnorth. Dark Mountain. The Dark Mountain Project, 2010.

22 Hopkins, Rob. *The Transition Companion: Making Your Community More Resilient in Uncertain Times*. London: Green Books, 2011.

23 Illich, Ivan. *Energy and Equity*. London: Marion Boyars, 2000 (1974).

24 King, F. H. *Farmers of Forty Centuries: Organic Farming in China, Korea, and Japan*. Mineola: Dover Books, 2004.

25 Klein, Naomi. *This Changes Everything: Capitalism vs. the Climate*. New York: Simon & Schuster, 2014.

26 Laureano, Pietro. *The Water Atlas: Traditional Knowledge to Combat Desertification*. Torino: Unesco/ Bollati Boringhieri editore s.r.l., 2001. https://www.box.com/s/ xroo4hsq2bl190vjuu4x.

27 Lévi-Strauss, Claude. *The Savage Mind*. University of Chicago Press, 1966.

28 MacKay, David J. C. *Sustainable Energy—Without the Hot Air*. Cambridge, MA: UIT, 2009.

29 Macy, Joanna. *Coming Back to Life*. Gabriola Island: New Society, 2014.

30 McIntosh, Alastair. *Soil and Soul: People versus Corporate Power*. London: Aurum Press, 2001.

31 Meadows, Donatela. *Thinking in Systems*. Oxford: Earthscan, 2009,

32 Mignolo, Walter. *The Darker Side of the Renaissance: Literacy, Territoriality, and Colonization*. Ann Arbor: University of Michigan Press, 2003.

33 Monbiot, George. *Feral: Searching for Enchantment on the Frontiers of Rewilding*. London: Penguin, 2013.

34 Morin, Edgar. *Homeland Earth: A Manifesto for the New Millennium*. New York: Hampton Press, 1999.

35 Morton, Timothy. *The Ecological Thought*. Cambridge, MA: Harvard University Press, 2010.

36 Murray, Robin. "Co-operation in the Age of Google," Cooperatives UK, 2011.

37 Neile, Frank. *Energy: Engine of Evolution*. Amsterdam: Elsevier, 2005.

38 Neuwirth, Robert. *Stealth of Nations: The Global Rise of the Informal Economy*. New York: Anchor Books, 2012.

39 Shepard, Paul. *Coming Home to the Pleistocene*. Washington, DC: Island Press, 2004.

40 Silvester, Hans. *Natural Fashion: Tribal Decoration from Africa*. London: Thames and Hudson, 2008.

41 Snyder, Gary. *The Practice of the Wild*. Berkeley: Counterpoint, 2010.

42 Sontag, Susan. *Regarding the Pain of Others*. London: Macmillan, 2004.

43 Stamets, Paul. *Mycelium Running: How Mushrooms Can Help Save the World*. New York: Ten Speed Press, 2005.

44 Steele, Carolyn. *Hungry City: How Food Shapes Our Lives*. London: Random House, 2013.

45 Thackara, John. *In the Bubble: Designing in a Complex World*. Cambridge, MA: MIT Press, 2005.

46 Thackara, John. *Wouldn't It Be Great If: The Dott 07 Manual*. Design Council, 2007, http://www.doorsofperception.com/wp-content/uploads/2013/12/a-Dott07.pdf.

47 Thayer, Robert L. Jnr. *LifePlace: Bioregional Thought and Practice*. Berkeley: University of California Press, 2003

48 Woelfe-Erskine, Cleo, Laura Allen, July Oskar Cole, eds. *Dam Nation: Dispatches from the Water Underground*. New York: Soft Skull Press, 2007.

49 Zerzan, John. *Against Civilization: Readings and Reflections*. Los Angeles: Feral House, 2005.

50 Further reading lists and resources are available from the Doors of Perception website, http://www.doorsofperception.com/.

词语对照索引

* 本索引根据英文版译出，并按汉语拼音排序。其中人名按中译名姓氏拼音排序；所指页码为英文版页码，即本书边码。

K

M

Y

致 谢

马丁·布伯告诉我们，所有真实的生活都是相遇。这本书充满了这种精神，它是过去十年中各种接触和经验分享的成果，这些接触和经验触发了全书讨论的种种问题。我最难忘的对话者包括：米歇尔·鲍文斯（Michel Bauwens）、阿德里亚·伯吉斯（Adélia Borges）、布莱恩·鲍伊尔（Bryan Boyer）、吉米·卡朋（Jimmy Carbone）、西蒙内塔·卡波纳洛（Simonetta Carbonaro）、詹妮弗·卡尔森（Jennifer Carlson）、奥索拉·德·卡斯卓（Orsola de Castro）、艾利亚斯·卡坦（Elias Cattan）、本·柯福尼（Ben Cerveny）、布莱恩·库克（Blaine Cook）、克莱尔·库克（Clare Cooper）、谢丽尔·达勒（Cheryl Dahle）、克里斯·德·戴克（Kris De Decker）、宝拉·迪伯（Paula Dib）、休·杜伯利（Hugh Dubberly）、尼克·杜兰（Nick Durrant）、安娜·佐科奇（Ana Dzokic）、凯特·佛莱切（Kate Fletcher）、西诺弗·弗莱德里克（Synnove Fredericks）、埃德·吉莱斯皮（Ed Gillespie）、多莉·吉斯莱森（Dori Gislason）、艾娃·格拉德（Eva Gladek）、琳达·格罗斯（Lynda Grose）、克莱尔·哈腾（Claire Hartten）、索尔·哈腾（Thor Hartten）、保罗·霍肯（Paul Hawken）、杜格尔德·海因（Dougald Hine）、索菲亚·霍维茨（Sophia Horwitz）、贾默·亨特（Jamer Hunt）、尤哈·胡斯科能（Juha Huuskonen）、黛泽莉·艾伯奈利嘉（Desiree Ibinarriaga）、阿历克斯·爱奥尼斯（Alex Ioannis）、金润任（Yun Im Kim，音译）、琳达·权（Linda Kwon）、埃佐·曼奇尼（Ezio Manzini）、约翰·穆塔基（John Manoochehri）、罗宾·穆雷（Robin Murray）、马克·奈林（Marc Neelen）、珀·奥尔森（Per Olsson）、娜塔莉·奥提兹（Natalie

Ortiz)、乔吉·潘盖尔（Jogi Panghaal)、保罗·波拉克（Paul Polak)、M· P· 兰詹(M. P. Ranjan)、比尔格·塞瓦尔德森(Birger Sevaldson)、艾依莎·斯勒(Aaisha Slee)、卡洛琳·斯蒂尔(Carolyn Steele)、安德鲁·塔格特（Andrew Taggart)、白薇·塔克卡里奥（Päivi Tahkokallio)、本·特伦特（Ben Terrett)、尼古拉·特维利（Nicola Twilley)、斯特凡·文森特（Stéphane Vincent)、吉尔·怀尔德曼（Gill Wildman）和迪丽斯·威廉姆斯（Dilys Williams)。

许多问题在我密集地参加双年展和奖项评审这样的特定工作时成为了我的关注焦点。我要感谢以下人们的邀请，令我有幸参与这些重要活动：来自英格兰“时代设计双年展”(Designs of the Time, 简称Dott 07）的戴维·科斯特（David Kester)、罗伯特·奥多德（Robert O'Dowd)、戴维·巴里（David Barrie)、克莱尔·拜尔斯（Clare Byers)、尼克·德维特（Nick Devitt)、苏珊·修尔（Susan Hewer)、露西·罗宾森（Lucy Robinson）和劳伦·谭（Lauren Tan)；法国圣艾提安国际设计双年展的艾尔莎·法兰萨斯（Elsa Francès)、娜塔莉·阿诺德（Nathalie Arnould)、克洛伊·海洛德（Chloé Heyraud)、玛丽-修德·卡雷斯（Marie-Haude Caraes)、盖尔·盖比耶（Gaëlle Gabillet）和尼古拉斯·亨宁格(Nicholas Henninger)；德里“开箱节”(Unbox Festival）的阿育希·查汗（Ayush Chauhan)、巴比塔·乔治（Babitha George）和阿维纳什·库玛（Avinash Kumar)；埃因霍温世界设计论坛的马汀·柯宁斯(Maarten Konings)、海尔布伦特·巴斯(Gerbrand Bas）和汉斯·罗伯特斯(Hans Robertus)；奥迪城市创新奖的卡特琳·迪宝拉（Kathrin diPaola)、迈克尔·科斯特（Michael Köster）和苏菲·施提利阿诺（Sophie

Stigliano)；安盛工作坊的爱丽丝·斯蒂兰（Alice Steenland）和娜塔莉亚·斯维尔延斯基（Natalya Sverjensky）；柯里史东基金会设计奖（Curry Stone Design Prize）的迪莱特·斯通（Delight Stone）、克里夫·柯里（Cliff Curry）和艾米丽阿诺·甘道菲（Emiliano Gandolphi）；电影《灯泡阴谋》的琼·乌伯塔（Joan Ubeda）和柯斯玛·丹纳里泽（Cosima Dannoritzer）；巴克敏斯特·富勒挑战赛的戴维·麦克康维尔（David McConville）。

本书中出现的许多人物最早和我结识于在印度举办的第九届“感知之门”会议。我要感谢阿迪塔·戴夫·苏德（Aditya Dev Sood）和他的团队为那次难忘的盛会做出了宝贵的贡献。自那以后，和感知之门 xskools 工作坊的主办方和参会者们的合作一直都是愉快而且充满启发的。我要特别感谢：在英格兰西勒克瑟姆主办了第一届 xskool 工作坊的爱德蒙·科维尔（Edmund Colville）；我们正在瑞典主办的 xskools 工作坊的迈克尔·托维奥（Michael Toivio）、艾雅·弗雷马内（Aija Freimane）、波·威斯特隆德（Bo Westerlund）、马丁·阿维拉（Martin Avila）、曼努斯·林弗斯（Magnus Lindfors）、佩特拉·利拉（Petra Lijla）、英维·古纳森（Yngve Gunnarson）和卡琳娜·维森诺娃（Karina Vissonova）；澳大利亚卡通巴蓝山文化中心的伊丽莎白·巴斯汀（Elisabeth Bastian）；澳大利亚费利曼图的克里斯托弗·克鲁奇（Christopher Crouch）、萨莉·霍尔姆斯（Sally Holmes）和布拉德·佩蒂特（Brad Pettit）；墨尔本的阿兰·佩特（Alan Pert）、吉尼·李（Gini Lee）和洛利·海德（Rory Hyde）；印度坎普尔的曼西·古珀塔（Mansi Gupta）；布里斯班的克里斯蒂安·杜尔（Christian Duell）和彼得·霍尔（Peter Hall）；威尼斯的克劳斯·K. 罗恩哈特（Klaus K. Loenhart）和米歇尔・萨沃阿诺（Michele Savorgnano）；邓迪的唐娜・霍尔福德-罗威尔（Donna Holford-Lovell）和多恩・坎贝尔（Dawn Campbell）；维也纳的艾莉森・克拉克（Alison Clarke）和迈克尔・基斯林（Michael Kieslinger）；苏黎世的杰奎琳・奥腾（Jacqueline Otten）、迈克尔・克罗恩（Michael Krohn）和卡琳・岑戴尔(Karin Zindel)；北威尔士的西蒙・奥拉菲蒂(Simon O'Rafferty)、法兰克・奥康纳（Frank O'Connor）和安德鲁・古德曼(Andrew Goodman)；卡内基梅隆大学的泰利・厄温(Terry Irwin)；卢瑟恩的安德鲁・波莱尼（Andrew Polaine）；特雷维索的西蒙娜・卡萨洛托（Simona Casarotto）；都柏林的安德鲁・布莱德利（Andrew Bradley）、琳达・道尔（Linda Doyle）和巴里・希恩(Barry Sheahan)；兰卡斯特的斯图尔特・沃克(Stuart Walker)；比利时的塞齐・吉尔德(Serge Gheldere)；约纳斯・范德梅伦（Joannes Vandermeulen）和海琳・范・卢恩（Heleen van Loon)；巴塞罗那的阿尔多・德・扬(Aldo de Jong)和艾比・马格利斯(Abby Margolis)；卢布尔雅那的芭芭拉・普里丹(Barbara Predan）；伊斯坦布尔的努顿・梅里齐（Nurten Meriçer）、图纳・奥茨库哈达（Tuna Ozkuhadar）、阿汗・因斯齐（Ayhan Ensici）、玛维・提提兹（Merve Titiz）和朱莉・乌麦耶（Julie Upmeyer）；冰岛的多莉・吉斯莱森、索莉・斯蒂凡多蒂（Soley Stefansdottir）、安德烈・马格纳森（Andri Magnasson）和吉斯利・欧・比安廷森(Gísli Örn Bjarnhéðinsson)；挪威的比尔格・塞瓦尔德森、比安・林斯塔(Bjarne Ringstad)、佩兰・西尔维娅・斯托克（Perann Sylvia Stokke）和简・佩尼尔（Jane Pernille）；丹
186 麦的彼得・克罗赫（Peter Krogh）；波兰的艾娃・戈尔比沃茨（Ewa Gołebiowsk）；芬兰罗瓦涅米的尤里斯・奥弗沙德（Julius

Oförsagd)；巴西的卡拉·马由米（Carla Mayumi)、克里斯蒂娜·比尔山德（Cristina Bilsand)、卡米罗·贝儿乔（Camilo Belchior) 和马赛罗·梅洛(Marcelo Melo)；墨西哥的奥斯卡萨利纳斯弗洛斯(Oscar Salinas Flores)、西梅纳阿科斯塔(Jimena Acosta)、埃米里阿诺戈多伊（Emiliano Godoy）和 黛泽莉·艾伯奈利嘉；中国香港的叶长安；斯坦福的班尼·班纳吉(Banny Banerjee)；洛杉矶的凯蒂·鲁宾伊（Kati Rubinyi)、玛德·巴伦(Mud Baron)、丽贝卡·门德兹(Rebeca Mendez) 和亚当·尤文斯（Adam Eeuwens)；湾区的爱德华韦斯特（Edward West)、萨拉布洛克斯(Sarah Brooks) 莱斯利·罗伯茨(Leslie Roberts) 和柯克·伯格斯托姆（Kirk Bergstrom)；加拿大新斯科舍省哈利法克斯的彼得·温施（Peter Wünsch) 和蕾秋·德勒（Rachel Deller)；"转型网络"(Transition Network) 的本·布朗温（Ben Brangwyn)、伊莎贝尔·卡莱尔（Isabel Carlisle) 以及埃德·米切尔(Ed Mitchell)。

一路走来，机构合作者一直是我珍贵的绿洲。我特别要感谢伦敦皇家艺术学院的保罗·汤普森(Paul Thompson)、杰里米·迈尔森（Jeremy Myerson) 和克莱尔·布拉斯（Clare Brass)；纽约视觉艺术学院的阿兰·乔奇诺夫（Allan Chochinov)；伦敦设计博物馆，馆长迪安·萨德吉奇曾邀请我去做过彪马可持续设计讲座。我对《设计观察者》(*Design Observer*) 的出版商心怀感激，尤其是已故的威廉·德伦特尔（William Drenttel) 还有杰西卡·赫尔凡德（Jessica Helfand)，他们给予我一个如此优质、正直的平台。与泰晤士和哈德逊（Thames & Hudson) 出版集团的合作是一次特别愉快的经历；多年以前詹米·坎普林（Jamie Camplin) 出版了我最初的两本书——他对品质和明晰度的投入令我和许多作者受益终身；而菲比·克拉彭(Phoebe Clapham)和乔·莫雷（Jo Murray）对这本书稿事无巨细的关照体现了同样惊人的高标准。

在那些从 1993 年就成为感知之门大家庭中一员的众多同事中，我要特别感谢黛博拉·所罗门（Debra Solomon），她一直巧妙地为活动提供食物和设计。我们的软件、工程和设计大师扬·亚普·斯普雷（Jan Jaap Spreij）、保罗·永斯玛（Paul Jongsma）、尼克·桑德斯（Nique Sanders），他们不仅术业有专攻，还是我珍视的好友。多年以来，托尼·格雷厄姆（Tony Graham）和金·隆吉诺托（Kim Longinotto）一直是我慷慨的朋友和款待者。我要感谢我的老师瓦莱利·卡茨（Valérie Katz）让我的头脑、身体和灵魂连为一体。我的妻子克丽丝蒂（Kristi）和女儿凯特（Kate），她们不得不长期包容一位专注的作家，但她们也是我完成本书的最大的动力。

译后记

我第一次接触到约翰·萨卡拉（John Thackara）的名字，是在同济大学设计创意学院主办的 CUMULUS[i] 国际艺术、设计与媒体院校联盟 2010 年（上海）会议上。当时，约翰·萨卡拉受娄永琪教授之邀，与蒂姆·布朗(Tim Brown)、埃佐·曼奇尼(Ezio Manzini)、杰里米·迈尔森（Jeremy Myerson）等为大会做了主旨演讲。对他更加深入地了解，是 2015 年，翻译埃佐·曼奇尼的《设计，在人人设计的时代》(*Design, When Everybody Designs*）的时候。在那本社会创新设计导论中，曼奇尼屡屡提及约翰·萨卡拉的书作和他协调、推广的项目，如 2006 年出版的《泡沫之中：复杂世界里的设计》(*In the Bubble: Designing a Complex World*)；2007 年在英格兰东北部开展的为期一整年的社区行动“Dott07 项目”，运用设计专业技能探索一个可持续的地区的生活面貌。

那段时间，正是我自己在通过翻译、期刊编审和参与学院的各种行动项目，学习什么是社会创新与可持续设计的入门阶段。初次较为系统地接触这些观念、思想、理论、实践，还有文献，会有一种设计的未来之门在面前轰然洞开的感受。但必须诚实地说，虽然译完曼奇尼的书作，我还没有去读过约翰·萨卡拉的书作。直到《设计，在人人设计的时代》出版数月之后，我突然收到萨卡拉的来信，信中委托我翻译出版他最近的一本著作，推荐人正是曼奇尼教授。

[i] CUMULUS，全称为“CUMULUS, International Association of Universities and Colleges of Art, Design and Media”，即国际艺术、设计与媒体院校联盟。成立于 1990 年，是世界上唯一一个全球性的艺术、设计与媒体院校联盟。目前在全球 54 个国家有个 257 会员院校。同济大学设计创意学院承办的 2010 年 CUMULUS 大会是中国第一次承办 CUMULUS 的年度大会。见 www.cumulusassociation.org。

萨卡拉的新书《新经济的召唤：设计明日世界》（*How to Thrive in the Next Economy: Designing Tomorrow's World Today*）对整个人类社会面临的生态危机和可持续发展的机遇做出了系统的阐述。人们专注于寻找宏大的技术解决方案的同时，却往往忽略了身边一起劳作、与世界和谐共处的人们产生的无比惊人的创造力。本书用丰富的实例告诉我们，来自全球不同社群的自下而上的力量正在创造一种新的替代性经济，一种滋养自然而不是危害未来的新经济。这些案例，以大地、水源、衣、食、住、行、健康等人类永恒的需求为线索，编织成一幅新经济的图景，给人以希望。

全书描绘的无数小行动，从治愈土壤到留出城市中的授粉昆虫小径，从食品共享"流域"到共有权行动，大多与社会和生态系统相关。它们大多发生在一片农场、一个社区、一座城市，每一个都似乎还太小，尤其是在全人类的生存危机面前，看似微不足道。但萨卡拉站在系统思维的视角上，坚信无数小行动终将改变大局：小规模的颠覆随着时间不断积累，直至越过某个未知的临界点，整个系统将随之改变。毕竟历史已经反复验证："所有伟大的转变都曾是无法想象的，直到它们真的发生。"人类要继续在地球上生存下去，并且欣欣向荣，就必须放弃在一个物质资源有限的世界里追求无止境的经济增长。在新的经济体系中，实现整个地球生命系统的生生不息，才是唯一有意义的"增长"——我们需要健康的土壤、清洁的水、拥有活力和多样性的生态系统，以及更有弹性的社会。这正是全书传递的核心信息。

本书和一般理论书籍的不同之处，在于萨卡拉吸引人的叙述方式。阅读的过程，我仿佛变成了作者旅途中的同伴，与他一同亲历在塞文山区学习制造土壤，穿过印度德里街边数百个出售或修理小产品的工坊和商贩，在加州中央谷地的小集市上，享用当地食物，共享行动成员自酿的啤酒和新鲜的奶酪、色拉。

严峻的现实在他富有场景感的描述中，不再是冷冰冰的数字和事实。他向读者发出邀约，透过他的眼睛、他的体验去重新认识被人类的经济活动严重破坏的世界。通过这本书，我第一次了解到：过度耕作导致未来大不列颠可能只能再迎来 100 次像样的收成；单单生产一件纯棉T恤，就需要消耗2 700升的淡水，而为了在沙漠里种棉花，乌兹别克斯坦的咸海有85%的水域面积现已消失；美国加州的弗雷斯诺市虽然地处世界上最肥沃的土壤带，却被社会和生态灾难拖入深渊，成为“食物荒漠”，等等。同时，我也是第一次知晓许多存在于自然界和人类社会中的生存智慧：例如，由菌根真菌在地下产生的巨大的菌丝网络，将植物根系连接在一起，除了输送水和养分，还能交换化学信息，同远方的网络节点进行通信；或者，印尼的“苏巴克”系统，是把神、人、自然三者结合到一起的农业种植和水利灌溉体系。

科学家们在过去 60 年中从未停止向人类发出警告。但大众何以安然自得，无视这样的警告和现实，依旧选择不可持续的生活和生产方式？萨卡拉说，我们的认识与真正重要的知识之间存在四种隔绝方式：因为危机不可见；因为它发生在别处；因为我们的感官通道太狭窄；因为我们所受的教育使然。

我想，萨卡拉正是在用自己的文字打破那四道阻隔：他让危机的临场感漫过壁垒将我们包裹起来；把我们自认为理所当然的舒适生活对“别处”的人与地造成的破坏性影响，推到我们眼前；他的文字调动起我们的五感去修复人与生命系统之间破裂的纽带；他让我们看到未来教育的方向。真不愧是一位用文字进行“视觉化”的高明的讲述者。

值得一提的是，英文版原著的设计优雅简洁，以纯文字呈现。一方面，定是对作者写作功底的信心，另一方面也与西方的阅读文化有关。在制作中文版的过程中，为了让这本可持续设计的普及读物能够引发更多读者的兴趣，我们邀请了插画设计师铁勋，为文本创作配图。我们搜索了书中提及的众多案例，遍布全球的设计行动从文字变成了鲜活的社群，他们有网站，有产品，有主张，有独特的面貌。我们再从中选择可以用插画表现的元素，制作配图，整个过程变成了一条寻宝之路。也许，这样的学习路径，也正是作者精心埋下的伏笔。

无巧不成书。两个月前，就在书稿即将排印之际，学院出版平台又接到《翻转极限：生态文明的觉醒之路》（*Come On! Capitalism, Short-termism, Population and the Destruction of the Planet*）一书的编辑出版工作。这本书是罗马俱乐部为庆祝其成立 50 周年而撰写的全新报告的中文版，再论全球的生态、社会和经济危机，从哲学根源去审视危机，并号召所有人彻底地转变经济和生活方式，加入生态文明的觉醒之路。就这样，《新经济的召唤》和《翻转极限》不约而同地出现在同济大学设计创意学院出版平台推出的"一点设计"丛书的第一季中，组成了围绕可持续专题的二重唱。前者出自哲学家和设计活动家之手，后者出自政治家、科学家和经济学家之手，两个视角独到且互补。

培养可持续设计创新领军人才是同济大学设计创意学院的重要使命，我希望《新经济的召唤：设计明日世界》中文版的面世，能够为中国的可持续设计教育略尽绵薄之力。本书的顺利出版，离不开学院和同济大学出版社的大力支持。同时，我要感谢我的团队：英语专业的马越与我合作完成了全书的翻译，马越负责 1 ～ 8 章的初译，我负责 9 ～ 10 章的初译以及全书的统稿、精修和出版工作；学院同事周慧琳、谢怡华、胡佳颖和杜晓君为整书的编校、排版和装帧设计付出了巨大的心血；同济大学出版社的袁佳麟编辑为本书提供了全方位的出版支持。当然，还要感谢作者约翰·萨卡拉和推荐人埃佐·曼奇尼的信任。谢谢你们将这本发人深省又鼓舞人心的书交到我的手上。希望透过译文，一个恳切又迫切的声音——“人类的未来，取决于今天我们每个人的行动和智慧”——可以萦绕在每个设计人的耳畔和心田。

马 谨

同济大学设计创意学院出版平台 主任

《设计、经济与创新学报》运营主编

2018年9月

图书在版编目（CIP）数据
新经济的召唤：设计明日世界 / (英) 约翰・萨卡拉 (John Thackara) 著；马谨, 马越译. -- 上海：同济大学出版社, 2018.11
书名原文: How to Thrive in the Next Economy
ISBN 978-7-5608-8188-1

Ⅰ. ①新… Ⅱ. ①约… ②马… ③马… Ⅲ. ①技术革新一研究 Ⅳ. ①F062.4

中国版本图书馆CIP数据核字(2018)第231245号

新经济的召唤：设计明日世界

[英] 约翰・萨卡拉 (John Thackara) 著　马 谨 马 越 译

出 品 人：华春荣
责任编辑：袁佳麟
特约编辑：谢怡华 周慧琳
插　　画：铁 勋
装帧设计：杜晓君
内文设计：胡佳颖
责任校对：徐春莲
出版发行：同济大学出版社
地址：上海市杨浦区四平路1239号
邮政编码：200092

网址：http://www.tongjipress.com.cn
经销：全国各地新华书店
版次：2018年11月第1版
印次：2018年11月第1次印刷
印刷：上海安兴汇东纸业有限公司
开本：889mm×1 194mm 1/32
印张：9
字数：242 000
书号：ISBN 978-7-5608-8188-1
定价：68.00 元

本书由2018年上海市设计学IV类高峰学科资助出版。